Rust Atomics and Locks

러스트 동시성 프로그래밍

| 표지 설명 |

표지 그림은 코디악곰(학명: *Ursus arctos middendorffi*)입니다. 이 종의 불곰은 알래스카의 코디악 군도에 서식하는 고유종이며 약 12,000년 동안 다른 곰들과 격리되어 살아왔습니다. 코디악곰은 세계에서 가장 큰 곰입니다. 수컷은 뒷다리로 10피트, 네 다리를 모두 합쳐 5피트 높이로 설 수 있습니다. 수컷의 몸무게는 최대 1,500파운드에 달하며 암컷은 이보다 20~30% 작습니다. 불곰의 일종이지만 짙은 갈색에서 밝은 금발까지 다양한 털색으로 쉽게 구분할 수 없습니다. 코디악 군도는 곰이 살기 좋은 자연 그대로의 풍경을 자랑합니다. 온대림은 충분한 양의 비로 인해 무성한 녹지로 가득 차 있습니다. 이 군도의 겨울은 길고 춥고 여름은 온화합니다. 곰들은 제철에 맞는 식단을 최적화하여 기후를 이용합니다. 봄과 초여름에는 빠르게 자라는 풀을 먹습니다. 늦여름과 초가을에는 열매를 먹습니다. 연어는 5월부터 9월까지 서식하며, 곰은 인근 호수와 하천에서 산란하는 태평양 연어를 잡아먹습니다. 세계자연보전연맹(IUCN)은 코디악곰을 '관심 대상least concern'으로 분류했습니다. 오라일리 표지에 있는 동물들은 대부분 멸종위기종이며, 이들은 모두 소중한 존재입니다. 표지 그림은 흑백 판화를 기반으로 캐런 몽고메리Karen Mongomery가 그린 작품입니다.

러스트 동시성 프로그래밍

Atomic과 Lock으로 안전하고 효율적인 동시성 코드 작성하기

초판 1쇄 발행 2024년 1월 29일

지은이 마라 보스 / **옮긴이** 윤인도 / **펴낸이** 전태호
펴낸곳 한빛미디어(주) / **주소** 서울시 서대문구 연희로2길 62 한빛미디어(주) IT출판2부
전화 02-325-5544 / **팩스** 02-336-7124
등록 1999년 6월 24일 제25100-2017-000058호 / **ISBN** 979-11-6921-200-7 93000

총괄 송경석 / **책임편집** 박민아 / **기획 · 편집** 김지은
디자인 표지 최연희 내지 박정화 / **전산편집** 강창효
영업 김형진, 장경환, 조유미 / **마케팅** 박상용, 한종진, 이행은, 김선아, 고광일, 성화정, 김한솔 / **제작** 박성우, 김정우

이 책에 대한 의견이나 오탈자 및 잘못된 내용에 대한 수정 정보는 한빛미디어(주)의 홈페이지나 아래 이메일로 알려주십시오. 잘못된 책은 구입하신 서점에서 교환해드립니다. 책값은 뒤표지에 표시되어 있습니다.
한빛미디어 홈페이지 www.hanbit.co.kr / **이메일** ask@hanbit.co.kr

지금 하지 않으면 할 수 없는 일이 있습니다.
책으로 펴내고 싶은 아이디어나 원고를 메일(**writer@hanbit.co.kr**)로 보내주세요.
한빛미디어(주)는 여러분의 소중한 경험과 지식을 기다리고 있습니다.

Rust Atomics and Locks

러스트 동시성 프로그래밍

O'REILLY® 한빛미디어 Hanbit Media, Inc.

이 책은 러스트를 이용한 동시성 프로그래밍 방법뿐 아니라 다양한 예제를 통해 그 내부 원리까지 자세히 설명하고 있습니다. 또한 프로세서의 하드웨어적인 특성부터 러스트 코드가 컴파일되면 어떤 어셈블리 코드로 생성되는지까지 상세하게 다루고 있습니다. 메모리 장벽이나 재정렬의 기본적인 지식부터 실제 코드까지 쉽게 이해할 수 있도록 구성되어 있어, 동시성 프로그래밍을 근본 원리부터 배우고 싶은 사람에게 큰 도움이 될 것입니다.

김기오, 라인플러스

동시성에 대한 큰 개념은 러스트 언어를 넘어 C, C++, 자바 언어에서도 모두 비슷하다고 생각할 수 있습니다. 하지만 이 책에서는 러스트의 동시성이 내부적으로 어떻게 동작하는지에 대해 Deep-dive하게 다가가서 러스트가 다루는 동시성의 철학까지도 느낄 수 있습니다. 안전하고 효율적인 동시성 애플리케이션을 작성하고자 하는 러스트 개발자라면 책상에 꽂아놓고 생각이 날 때마다 읽어보는 것을 적극 추천합니다.

김동진, 한화정밀기계 솔루션개발팀

러스트 언어를 활용해 다양한 락과 채널을 처음부터 구현하며 동시성 프로그래밍이 무엇인지 설명하고 있습니다. 단순히 코드를 작성하는 것을 넘어, 프로세서와 운영체제에 대한 깊은 이해를 통해 동시성 프로그래밍이 요구하는 핵심 요소들을 배울 수 있습니다. 동시성 프로그래밍에 처음 도전하는 분이라면 이 책을 통해 새롭게 배워나갈 수 있는 기회가 될 것이며, 이미 숙련된 분이라면 이 책을 통해 더욱 세밀한 부분을 깊게 이해하는 데 도움이 될 것입니다.

박태준, 둡

러스트의 메모리 모델 및 동시성 도구들에 대한 내부 구현을 심도 있게 설명하고 있습니다. 따라서 러스트의 기초를 알고 있는 상태에서 Arc나 Mutex 같은 동시성 도구들이 어떻게 동작하는지 평소에 궁금했다면 이 책을 통해 강력한 인사이트를 얻을 수 있으리라 생각됩니다. 동시성에 대해 잘 모르는 사람이라도 이해할 수 있도록 아주 간단한 기본 개념부터 시작해서 상세한 부분까지 단계별로 설명하고 있어서 관련 지식이 필요한 모든 러스트 개발자 분에게 이 책을 추천합니다.

이원규, 삼성전자 Cloud팀(MX)

이 유명한 책을 드디어 한국어로 접할 수 있게 되었습니다! 꼭 러스트 공부가 아니더라도, 동시성 프로그래밍 혹은 저수준 메모리 모델에 대해 알고 싶은 분들에게 추천드립니다.

조경민, KAIST 동시성 및 병렬성 연구실

동시성을 다루는 대개의 IT 서적은 플랫폼이나 프로그래밍 언어가 지원하는 동시성 도구의 종류를 나열하고 사용 방법을 설명하는 데 그치는 반면 본서는 동시성 도구의 내부가 어떻게 구현되어 있는지, 아키텍처나 OS별 특성을 어떻게 추상화하는지에 대해 깊이 있게 설명하고 있습니다. 원리에 대한 조금의 이해만으로도 동시성에 기반한 프로그램의 버그나 성능 병목 지점을 잡아내는 데 큰 도움이 될 것이라 생각하여 모든 개발자에게 이 책을 적극 추천합니다.

차정윤, 삼성전자 S/W인프라개발그룹(MX)

지은이·옮긴이 소개

지은이 **마라 보스** Mara Bos

러스트 라이브러리 팀의 리더. 러스트 표준 라이브러리를 유지하고 러스트에서 실시간 제어 시스템을 구축합니다. 그녀가 설립한 회사 Fusion Engineering에서 수년간 동시성 시스템을 운영했습니다. 또한 러스트 시스템에서 가장 많이 사용되는 라이브러리를 유지하고 안전에 중요한 시스템을 매일 작업하면서 실무에 실제로 적용할 수 있는 경험을 쌓았습니다.

옮긴이 **윤인도**

SAP Labs Korea의 백엔드 개발자. 한 줄의 코드가 세상을 더 나은 곳으로 바꿀 수 있다고 믿으며, 많은 이에게 지식을 전파하기 위해 여러 기업과 대학을 오가며 강연을 하고 있습니다. 최근에는 프로그래머스 스쿨에서 '파이썬 프로그래머를 위한 러스트 입문' 온라인 강의를 진행습니다. 이 외에도 클래스 101에서 '파이썬 기초부터 업무 자동화', 베어유에서 'React App 만들기' 등 온라인 교육 경력이 다수 있습니다.

옮긴이의 말

러스트는 그야말로 잠재력이 무한한 언어라고 할 수 있습니다. 고수준 언어와 같은 편리한 문법을 바탕으로 하면서도, 저수준 언어와 같은 성능을 안전하게 얻을 수 있기 때문입니다. 마이크로소프트, 구글, 아마존 같은 글로벌 IT 기업들에서 러스트를 적극적으로 채용하고 있는 것은 결코 우연이 아닙니다. 러스트는 미래의 언어가 될 것이며, 러스트를 배우는 것은 여러분의 미래를 위한 투자라고 할 수 있습니다.

러스트의 여러 장점 중에서도 가장 까다로운 부분은 단연 '동시성 프로그래밍'입니다. 운영체제의 특성, 사용하고자 하는 자료형의 특성 등 고려해야 할 요소가 많고, 때에 따라서는 unsafe 코드를 작성해야 하는 만큼 까다로운 부분이 많습니다. 그런 점에서 이 책은 실제로 사용할 수 있는 다양한 예제를 코드로 보여주며 하나하나 설명합니다. 러스트로 좋은 동시성 코드를 짜고 싶다면 반드시 읽어야 하는 책으로 추천하고 싶습니다.

첫 실용 서적을 번역해서 생각지 못한 많은 문제와 어려움이 있었습니다. 특히 운영체제와 저수준 프로그래밍 경험이 부족해 용어 번역이 잘못되거나 문맥에 맞지 않는 번역을 하는 경우도 있었습니다. 이 부분을 세밀하게 짚어주고 나아가야 할 방향을 알려주신 편집자님과 베타리더 분들께 진심으로 감사의 말씀을 드립니다.

끝으로 번역이라는 새로운 기회를 붙잡고 도전할 수 있게 응원해준 아내에게, 항상 고맙고 미안하다는 말을 전합니다.

윤인도

서문

러스트는 시스템 프로그래밍의 진입 장벽을 낮추는 데 큰 역할을 해왔습니다. 그러나 아토믹이나 메모리 순서와 같은 저수준 동시성 문제는 여전히 많은 사람에게 어려운 주제입니다.

지난 몇 년간 러스트로 제어 시스템과 러스트 표준 라이브러리를 작업하면서 아토믹과 관련된 많은 자료를 찾아보았지만, 이 자료들은 필자가 원했던 내용의 극히 일부분만 다루었습니다. 특히, 대부분의 자료가 C나 C++만 다루고 있어서 러스트의 메모리/스레드 안전성과 타입 시스템을 연결 짓기가 어려웠습니다. C++의 메모리 모델과 같은 추상적인 이론을 다루는 자료들은 실제 하드웨어와의 연결점을 자세히 설명하지 않습니다. 프로세스 명령어나 캐시 일관성 등을 다루는 실제 하드웨어와 관련된 자료가 많았지만, 이들을 완벽히 이해하려면 여러 곳에서 정보를 수집해야 하는 경우가 많았습니다.

이 책은 러스트 아토믹과 하드웨어에 대한 정보를 한 곳에 모으고 연결하기 위해 노력한 결과물입니다. 그리고 가능한 한 정확하고, 안전하며, 개발자 친화적인 동시성에 대한 기초를 쌓을 수 있는 모든 것을 담았습니다. 물론 하드웨어와 운영체제를 충분히 잘 이해하고 있어야 기본적인 최적화 방법들에 대해서 설계 방향을 결정할 수 있을 것입니다.

대상 독자

이 책은 러스트 개발자를 주요 독자층으로 하지만, 러스트에 익숙하지 않은 개발자도 충분히 이해할 수 있도록 구성되어 있습니다. 특히 저수준 동시성에 대한 깊은 이해를 바라는 독자를 위한 도서로, 러스트의 저수준 동시성에 대한 기본 개념부터 체계적으로 배워나갈 수 있습니다.

동시성의 중요한 개념들은 상세하게 설명하므로 러스트의 동시성에 대한 사전 지식은 필요하지 않습니다. 하지만 러스트의 기본 문법을 숙지하고 최신 러스트 컴파일러가 설치되어 있어야 하며 cargo를 사용하여 러스트 코드를 컴파일하고 실행하는 방법에 대해 알고 있다고 가정합니다.

이 책의 구성

이 책은 다음과 같이 총 10장으로 구성되어 있습니다.

1장 러스트 동시성의 기초

1장에서는 스레드^{thread}, 뮤텍스^{mutex}, 스레드 안전성^{thread safety}, 공유 및 독점 레퍼런스^{shared and exclusive reference}, 내부 가변성^{interior mutability} 등 이 책의 기초가 되는 동시성에 필요한 기본적인 도구와 개념을 소개합니다.

이러한 개념이 익숙한 러스트 개발자라면 1장을 빠르게 읽으며 기본 개념을 복습할 수 있습니다. 러스트에 익숙하지 않지만 다른 언어로 이러한 개념을 다루어 본 적이 있다면 러스트를 통해 다시 한번 기본 개념을 익힐 수 있습니다.

2장 아토믹

2장에서는 러스트의 아토믹 타입과 이들을 활용한 모든 연산에 대해 다룹니다. 간단한 load and store 연산부터 **compare-and-exchange** 루프까지, 실제 사용 사례와 함께 설명합니다.

메모리 순서^{memory ordering}는 3장에서 더 깊이 있게 다루므로 2장에서는 느슨한 메모리 순서를 간단하게 소개합니다.

3장 메모리 순서

앞에서 배운 다양한 아토믹 연산과 그 사용법을 바탕으로 이 책에서 가장 복잡한 주제인 메모리 순서 지정에 대해 소개합니다.

메모리 모델이 어떻게 작동하는지, **happens-before 관계**란 무엇이고 이 관계를 어떻게 생성하는지, 다양한 메모리 순서가 무엇을 의미하는지 그리고 **순차적이고 일관된 순서**^{sequentially}

consistent ordering가 모든 경우에 적합하지 않은 이유에 대해 알아봅니다.

4장 스핀 락 구현해보기

앞에서 배운 이론을 기반으로 4장부터 6장에서는 동시성의 핵심 요소들을 직접 만들어보는 실습을 진행합니다. 4장에서는 **스핀 락**spin lock을 구현해봅니다.

해제 및 획득 메모리 순서release and acquire memory ordering 기능을 포함한 아주 간단한 예제에서 시작해서, 개발자 친화적이고 실수를 미리 예방할 수 있는 타입 시스템을 통해 러스트의 안전성에 대해 살펴봅니다.

5장 채널 구현해보기

5장에서는 한 스레드에서 다른 스레드로 데이터를 전송하는 데 사용할 수 있는 기본 요소인 원샷 채널의 몇 가지 버전을 밑바닥부터 구현해봅니다.

간단한 **언세이프**unsafe 버전부터 시작해서 다양한 방법으로 안전한 인터페이스를 구현해 나갈 것입니다. 이때 선택한 각각의 설계 방향들이 프로그램에 어떠한 영향을 미치는지도 함께 살펴봅니다.

6장 Arc 구현해보기

6장에서는 마치 퍼즐을 맞추는 것과 같은 좀 더 복잡한 메모리 순서를 다뤄보겠습니다. 아토믹 레퍼런스 카운터를 바닥부터 구현해봅니다.

위크 포인터weak pointer 기능을 추가하고, 위크 포인터의 성능을 최적화한 후의 최종 버전은 러스트 표준 라이브러리의 std::sync::Arc와 실질적으로 동일한 기능을 갖출 것입니다.

7장 프로세서 이해하기

7장에서는 저수준에서 발생할 수 있는 모든 일에 대해 자세히 살펴봅니다. 프로세서processor

수준에서 어떤 일이 일어나는지, 가장 널리 사용되는 두 가지 프로세서 아키텍처에서 아토믹 연산을 실제로 수행하는 **어셈블리 명령어**^{assembly instruction}는 무엇인지, 캐시^{cache}의 개념과 캐싱^{caching}이 코드 성능에 어떤 영향을 미치는지 살펴봅니다. 마지막으로 하드웨어 수준에서 다룰 수 있는 메모리 모델과 관련된 개념을 알아봅니다.

8장 운영체제의 기본 요소

8장에서는 운영체제의 커널을 사용해야만 할 수 있는 일들을 살펴봅니다. 리눅스, 맥, 윈도우에서 어떤 기능을 사용할 수 있는지 알아봅니다.

POSIX 시스템에서 **pthread**를 통해 사용할 수 있는 기본적인 동시성에 대해 논의하고, 윈도우 API와 리눅스 퓨텍스^{futex} 시스템 콜이 무엇을 하는지 알아봅니다.

9장 잠금 구현해보기

8장에서 배운 내용을 바탕으로 9장에서는 뮤텍스, 조건 변수^{condition variable}, 읽기/쓰기 잠금^{reader-writer lock}과 같은 여러 동기화 도구를 밑바닥부터 구현해봅니다.

뮤텍스, 조건 변수, 읽기/쓰기 잠금을 가장 간단한 기능부터 구현해보고, 이후에 다양한 방법으로 최적화를 시도해보겠습니다. 몇 가지 간단한 벤치마크 테스트를 통해 다양한 최적화 시도가 모두 성능을 향상시키는 것은 아니라는 사실을 알아보고, 다양한 설계 절충안에 대해 논의해봅니다.

10장 아이디어와 제안

마지막 장에서는 책에서 배운 새로운 지식과 기술로 무엇을 만들어볼 수 있는지 그리고 저수준 동시성을 좀 더 깊게 탐구할 수 있는 방향을 보여줍니다.

소스 코드

이 책의 모든 코드는 2022년 12월 15일에 릴리즈된 러스트 1.66.0을 사용하여 작성되었습니다. 이전 버전의 러스트에는 이 책에 사용된 모든 기능이 포함되어 있지 않습니다. 그러나 이후 버전에서는 정상적으로 작동합니다.

간결성을 위해 코드 예제에는 표준 라이브러리의 새 항목이 처음 도입되는 경우를 제외하고는 use 문을 포함하지 않았습니다. 편의를 위해 다음 prelude를 사용하여 이 책의 코드 예제를 컴파일하는 데 필요한 모든 것을 가져올 수 있습니다.

```rust
#[allow(unused)]
use std::{
    cell::{Cell, RefCell, UnsafeCell},
    collections::VecDeque,
    marker::PhantomData,
    mem::{ManuallyDrop, MaybeUninit},
    ops::{Deref, DerefMut},
    ptr::NonNull,
    rc::Rc,
    sync::{*, atomic::{*, Ordering::*}},
    thread::{self, Thread},
};
```

모든 코드 예제의 전체 버전을 포함한 보충 자료는 *https://marabos.nl/atomics*에서 확인할 수 있습니다.

CONTENTS

CONTENTS

CONTENTS

CONTENTS

러스트 동시성의 기초

멀티코어 프로세서가 등장하기 전에도 컴퓨터 운영체제는 여러 개의 프로그램을 '동시에 concurrently' 실행할 수 있었습니다. 이는 여러 개의 프로세스 사이를 빠르게 전환하면서, 각각의 프로세스를 조금씩 실행시키는 방식이었습니다. 현재는 스마트폰과 스마트워치부터 시작해 거의 모든 컴퓨터가 멀티코어 프로세서를 가지고 있습니다. 덕분에 이제는 컴퓨터가 여러 개의 프로세스를 병렬적으로 실행할 수 있게 되었습니다.

운영체제는 각 프로세스를 최대한 서로로부터 안전하게 격리시켜서 각 프로세스가 다른 프로세스로부터 간섭받지 않고 자신의 작업만 수행하도록 합니다. 예를 들어 일반적으로 프로세스는 다른 프로세스가 점유하고 있는 메모리 공간에 접근할 수 없습니다. 또한 다른 프로세스와 직접 통신할 수도 없습니다. 이러한 작업은 모두 운영체제의 커널을 통해 이루어집니다.

하지만 프로그램은 하나의 **프로세스**process로부터 **여러 개의 작업 스레드**threads of execution를 만들 수 있습니다. 한 프로세스 안에 속한 스레드들은 서로 격리되어 있지 않습니다. 따라서 서로의 메모리를 공유하며 상호작용하는 것이 가능합니다.

이번 장에서는 러스트의 스레드가 어떻게 만들어지는지, 어떻게 여러 개의 스레드가 안전하게 메모리를 공유하는지와 같은 러스트 스레드의 기본 개념을 알아볼 것입니다. 이번 장에서 다루는 내용은 책 전반을 이해하는 데 기본이 되는 내용이므로 확실하게 이해하고 그다음 장으로 넘어가길 바랍니다.

1.1 러스트의 스레드

모든 프로그램은 메인 스레드로부터 시작합니다. 메인 스레드가 main 함수를 실행하고, 다른 스레드를 실행시킬 수도 있습니다.

러스트에서는 새로운 스레드를 만들 때 표준 라이브러리의 std::thread::spawn 함수를 사용합니다. spawn 함수는 스레드에서 실행시킬 함수를 인수로 받습니다. 만일 전달받은 함수가 종료된다면 스레드도 종료됩니다.

다음 예제를 살펴보겠습니다.

```
use std::thread;

fn main() {
    thread::spawn(f);
    thread::spawn(f);
    println!("Hello from the main thread.");
}

fn f() {
    println!("Hello from another thread!");
    let id = thread::current().id();
    println!("This is my thread id: {id:?}");
}
```

f 함수를 실행하는 스레드 2개를 만들었습니다. 두 스레드 모두 메시지와 자신의 **스레드 식별자**^{thread id}를 출력합니다. 이때 두 스레드가 실행되는 메인 스레드 역시 메시지를 출력합니다.

바로 앞에서 소개한 f 함수를 실행할 때마다 다른 출력 결과가 나오는 것을 확인할 수 있습니다. 따라서 다음과 같은 출력도 가능합니다.

```
Hello from the main thread.
Hello from another thread!
This is my thread id:
```

프로그램 실행 도중에 출력이 멈춘 것을 눈치채셨나요?

메인 스레드의 main 함수가 종료되면서 만들어진 두 스레드 역시 함께 종료되었기 때문입니다.

main 함수가 종료되면 다른 스레드가 실행 중이더라도 프로그램 자체가 끝나게 됩니다.

방금 살펴본 출력 결과에서는 한 스레드가 두 번째 메시지를 출력하던 도중에 프로그램이 종료된 것입니다.

main 함수가 끝나기 전에 모든 스레드가 작업을 끝까지 마치도록 하려면 이 스레드를 **기다립니다**^{joining}. 그러기 위해서는 spawn 함수에서 리턴된 JoinHandle을 사용합니다.

```rust
fn main() {
    let t1 = thread::spawn(f);
    let t2 = thread::spawn(f);

    println!("Hello from the main thread.");

    t1.join().unwrap();
    t2.join().unwrap();
}
```

.join() 메서드는 스레드가 작업을 종료할 때까지 기다렸다가 std::thread::Result를 리턴합니다. 만일 스레드에서 패닉^{panic}이 발생해서 작업을 정상적으로 끝마치지 못했다면, std::thread::Result는 해당 패닉의 메시지를 포함하게 됩니다. 이런 경우 에러를 처리하는 코드를 넣을 수도 있고 .unwrap()을 사용해 해당 스레드의 작업이 종료될 때 프로그램이 패닉을 발생시키도록 할 수도 있습니다.

방금 수정한 코드를 실행해보면 이제 더 이상 스레드들이 중간에 종료되지 않는 것을 알 수 있습니다.

```
Hello from the main thread.
Hello from another thread!
This is my thread id: ThreadId(3)
Hello from another thread!
This is my thread id: ThreadId(2)
```

하지만 스레드 내부에서 출력되는 메시지의 순서는 바뀔 수 있습니다.

```
Hello from the main thread.
Hello from another thread!
Hello from another thread!
This is my thread id: ThreadId(2)
This is my thread id: ThreadId(3)
```

출력 잠금

println 매크로는 std::io::Stdout::lock() 함수를 사용해 출력 결과가 다른 스레드로부터 간섭받지 않도록 합니다. println!() 매크로가 실행되면 현재 실행 중인 다른 println!() 가 종료될 때까지 기다립니다. 만일 다른 println!()을 기다리지 않으면 다음과 같이 혼란스러운 출력 결과가 나올 것입니다.

```
Hello fromHello from another thread!
another This is my threthreadHello fromthread id: ThreadId!
( the main thread.
2)This is my thread
id: ThreadId(3)
```

---

std::thread::spawn에는 함수 이름을 전달할 수도 있지만 **클로저**closure를 전달할 수도 있습니다. 실제 코드에서는 함수 이름보다는 클로저가 전달되는 경우가 더 많습니다. 클로저를 사용하면 특정 값을 스레드 안으로 이동시키는 것이 가능합니다.

```
let numbers = vec![1, 2, 3];

thread::spawn(move || {
    for n in numbers {
        println!("{n}");
    }
}).join().unwrap();
```

변수 numbers의 소유권이 새로 만들어진 스레드로 이동됩니다. 바로 move 키워드가 클로저에 사용되었기 때문입니다. 만일 move를 사용하지 않았다면 클로저는 numbers를 레퍼런스로 캡처capture하게 되고, 이는 컴파일 에러의 원인이 됩니다. 소유권을 빌린 변수 numbers보다 스레드가 더 오래 지속될 수 있기 때문입니다.

스레드는 프로그램이 종료될 때까지도 계속 실행될 수 있기 때문에 spawn 함수는 인수로 'static 라이프타임을 갖는 타입을 입력받습니다. 즉 프로그램이 종료될 때까지 존재할 수 있는 함수만 입력받는 것입니다. 레퍼런스로 지역 변수를 캡처하는 클로저는 지역 변수가 더 이상 존재하지 않는 순간 해당 레퍼런스가 유효하지 않게 되기 때문에 영원히 유지되지 않을 수 있습니다.

클로저의 리턴값은 스레드로 전달됩니다. 이 값은 join 메서드가 호출될 때 Result로 감싸져서 리턴됩니다.

```
let numbers = Vec::from_iter(0..=1000);

let t = thread::spawn(move || {
    let len = numbers.len();
    let sum = numbers.into_iter().sum::<usize>();
    sum / len ①
});

let average = t.join().unwrap(); ②
println!("average: {average}");
```

위의 예제에서, 스레드의 클로저(①)에서 리턴된 값은 join 메서드(②)를 통해 메인 스레드로 전달됩니다.

만일 변수 numbers의 길이가 0이라면 스레드는 ①에서 값을 0으로 나누려고 하다가 패닉을 발생시키게 됩니다. 그러면 join은 패닉 메시지를 포함한 에러를 리턴하게 되고, unwrap(②)에 의해 메인 스레드 역시 패닉이 발생합니다.

스레드 빌더(Thread Builder)

사실 std::thread::spawn 함수는 std::thread::Builder::new().spawn().unwrap()를 좀 더 간편하게 사용하기 위한 형태입니다.

std::thread::Builder를 사용하면 스레드를 만들기 전에 여러 가지 설정을 할 수 있습니다. 새로 만들어지는 스레드의 스택 메모리 크기를 지정하거나, 스레드에 이름을 붙일 수 있습니다. 스레드의 이름은 std::thread::current().name()를 통해 확인이 가능합니다. 스레드의 이름은 패닉 메시지에 포함되므로 모니터링 도구나 디버깅 도구에서 스레드 이름을 확인할 수 있습니다.

스레드 생성이 실패할 수 있기 때문에 Builder의 spawn 메서드는 std::io::Result를 리턴합니다. 여기에는 여러 가지 이유가 있습니다. 예를 들어 운영체제에 메모리가 부족하거나, 프로그램에 메모리와 같은 리소스가 제한되는 경우 스레드 생성이 실패할 수 있습니다. 만일 새로운 스레드 생성이 실패한다면, std::thread::spawn 함수는 패닉을 발생시킵니다.

1.2 범위 스레드

만일 어떤 스레드가 특정 범위에서만 존재한다면 이 스레드는 해당 범위에서 존재하는 지역 변수의 소유권을 빌려올 수 있습니다. 스레드 역시 지역 변수와 같이 특정 범위에서만 존재하기 때문입니다.

이러한 스레드를 **범위 스레드**scoped thread라고 부릅니다. 범위 스레드를 만들기 위해서는 std::thread::scope를 사용하면 됩니다. 이제 지역 변수를 입력받는 클로저와 범위가 동일한 스레드를 만들 수 있습니다.

```
let numbers = vec![1, 2, 3];

thread::scope(|s| {  ①
    s.spawn(|| {  ②
        println!("length: {}", numbers.len());
    });
    s.spawn(|| {  ②
        for n in &numbers {
            println!("{n}");
        }
    });
});  ③
```

① 먼저 스레드의 범위를 만들어주기 위해 std::thread::scope 함수에 클로저를 전달합니다. 해당 클로
저는 즉시 실행되고 현재 범위를 나타내는 인수 s를 입력으로 받습니다.

② 그다음 s를 사용해 스레드를 생성합니다. 스레드에 전달되는 클로저는 지역 변수 numbers를 사용할 수
있습니다.

③ 범위가 끝날 때 아직 종료되지 않은 스레드를 기다립니다.

이러한 패턴을 사용하면 범위 안의 스레드들이 절대 범위 밖으로 나가지 못하는 것이 보장됩
니다. 따라서 spawn 함수에 'static 타입이 아닌 인수를 입력받을 수 있게 됩니다. 예를 들
어 numbers 변수의 경우는 해당 범위 s보다 오래 존재하기 때문에 범위 안의 스레드에서
numbers를 참조할 수 있습니다.

위의 예제에서 두 스레드 모두 numbers 변수에 동시적으로 접근할 수 있습니다. 메인 스레드
를 포함해 어느 스레드도 numbers의 값을 바꾸고 있지 않기 때문에 동시에 접근하는 것 자체
는 괜찮습니다. 하지만 코드를 아래와 같이 바꿔서 numbers에 새로운 값을 넣으려고 하면 컴
파일 오류가 발생합니다.

```
let mut numbers = vec![1, 2, 3];

thread::scope(|s| {
    s.spawn(|| {
        numbers.push(1);
    });
    s.spawn(|| {
```

```
        numbers.push(2); // 오류 발생!
    });
});
```

컴파일 오류는 다음과 같습니다. 참고로 러스트 컴파일러 버전에 따라 에러 메시지는 조금씩 다를 수 있습니다.

```
error[E0499]: cannot borrow `numbers` as mutable more than once at a time
--> example.rs:4:13
  |
4 |   s.spawn(|| {
  |           -- first mutable borrow occurs here
5 |     numbers.push(1);
  |     ------- first borrow occurs due to use of `numbers` in closure
  |
7 |   s.spawn(|| {
  |           ^^ second mutable borrow occurs here
  |
8 |     numbers.push(2);
  |     ------- second borrow occurs due to use of `numbers` in closure
```

누수 재앙

러스트 1.0 버전 이전에는 std::thread::scope 함수가 std::thread::spawn과 마찬가지로 직접 스레드를 생성했습니다. 이때 JoinHandle 대신 JoinGuard가 리턴되었기 때문에 'static 라이프타임을 갖지 않는 인수를 캡처하는 것이 가능했습니다. JoinGuard는 드랍될 때 스레드가 종료될 때까지 기다리는 역할을 수행했습니다. JoinGuard가 적절하게 드랍된다면 이 방법은 충분히 스레드 안전성을 보장할 수 있었습니다.

하지만 JoinGuard가 적절하게 드랍되지 않는 경우가 발견되기 시작했습니다. 순환 참조가 있는 노드를 만드는 것도 그중 한 가지 방법으로, JoinGuard가 드랍되지 않고 메모리가 누수되는 문제가 발생합니다.

객체의 라이프타임이 끝나면 반드시 객체가 드랍된다는 틀린 가정으로부터 만들어진 안전하지 않은 스레드 생성 방법은 결국 커뮤니티에서 '누수 재앙The Leakpocalypse'이라는 이름으로 불리기 시작했습니다. 객체 하나가 누수될 수 있다는 것은 다른 객체들도 충분히 누수될 수 있다는 것을 의미하기 때문입니다. 예를 들어 Vec 객체가 누수된다면 자연스럽게 벡터의 원소들도 누수되기 때문입니다. 따라서 std::thread::scope 함수는 더 이상 안전하지 않다고 판단되어 표준 라이브러리에서 삭제되었습니다. 또한 특정 객체가 잊혀지는 것, 즉 누수되는 것이 항상 가능하다는 것을 강조하기 위해 std::mem::forget 함수가 unsafe에서 안전한 함수로 승격되었습니다.

러스트 1.63 버전에 이르러서는 정확성을 위해 Drop 트레이트에 의존하지 않는 새로운 std::thread::scope가 추가되었습니다.

1.3 스레드 소유권과 레퍼런스 카운팅

지금까지 객체의 소유권을 move 키워드를 사용해 클로저로 넘기거나, 더 긴 생명주기를 갖는 부모 스레드로부터 값을 빌려오는 범위 스레드를 사용하는 방법을 살펴보았습니다. 스레드 간에 데이터를 공유할 때 어느 스레드가 다른 스레드보다 오래 지속된다는 보장이 없는 경우 두 스레드 중 어느 쪽도 해당 데이터의 소유자가 될 수 없습니다. 두 스레드 간에 공유되는 모든 데이터는 오래 지속되는 스레드만큼 길게 유지되어야 합니다.

1.3.1 static

러스트에는 특정 스레드에 종속되지 않는 변수를 만드는 방법이 있는데, 그중 가장 간단한 방법이 바로 static입니다. static 변수는 프로그램 자체가 소유권을 가지기 때문에 어떤 스레드보다 더 오래 존재할 수 있습니다. 다음 예제에서는 두 스레드 모두 X에 접근할 수 있지만, 두 스레드 모두 X를 소유할 수는 없습니다.

```
static X: [i32; 3] = [1, 2, 3];
thread::spawn(|| dbg!(&X));
thread::spawn(|| dbg!(&X));
```

static으로 선언된 변수는 일정한 **이니셜라이저**initializer를 갖으며 드랍되지 않고 프로그램이 시작되기 전에 생성됩니다. 따라서 어떤 스레드도 static 변수로부터 값을 빌려올 수 있게 됩니다.

1.3.2 누수

또 다른 데이터 공유 방법은 값의 할당을 **누수**[leaking]하는 방법입니다. Box::leak 함수를 사용하면 Box의 소유권을 해제하고 이 값이 드랍되지 않게 할 수 있습니다. 이때부터 Box는 프로그램이 종료될 때까지 존재하게 되고, 어느 스레드에서도 값을 빌려갈 수 있게 됩니다.

```
let x: &'static [i32; 3] = Box::leak(Box::new([1, 2, 3]));

thread::spawn(move || dbg!(x));
thread::spawn(move || dbg!(x));
```

여기서 move 클로저가 값의 소유권을 스레드로 가져가는 것처럼 보이지만, 자세히 살펴보면 x는 단순히 원래 Box의 **레퍼런스**[reference]라는 사실을 알 수 있습니다.

> **TIP_** 레퍼런스는 값을 이동시키더라도 정수형이나 불리언 타입처럼 원본 데이터가 유지되는 Copy 트레이트를 가집니다.

여기서 주의해야 할 점은 'static 라이프타임은 프로그램 시작할 때부터 이 값이 존재한다는 의미가 아닌 프로그램이 종료될 때까지 유지된다는 의미입니다.

이렇게 Box를 누수시키게 되면 메모리가 누수되는 단점이 있습니다. 객체를 메모리에 할당한 다음 객체를 드랍하거나 메모리에서 할당을 해제하지 않는 것입니다. 전체 프로그램에서 이러한 상황이 자주 발생하지 않는다면 큰 상관이 없지만, 이러한 패턴이 반복되면 프로그램의 힙 메모리 공간이 부족해집니다.

1.3.3 레퍼런스 카운팅

스레드 사이에서 공유된 데이터가 확실히 드랍되고 할당된 메모리도 해제되게 하려면, 해당 데이터의 소유권을 포기해서는 안 됩니다. 대신, **소유권을 공유하면 가능합니다.** 해당 데이터의 소유자들을 지속적으로 관리함으로써 더 이상 해당 데이터의 소유자가 없을 때 객체를 삭제할 수 있습니다.

이러한 방법을 '레퍼런스 카운팅reference counting'이라 하며, 러스트에서는 std::rc::Rc 타입을 사용해 구현이 가능합니다. Box와 비슷하지만, 데이터를 복제하게 되면 새로운 데이터가 메모리에 할당되는 것이 아니고 레퍼런스 카운터의 값이 증가합니다. 결론적으로 원본 Rc와 복제된 Rc 모두 같은 메모리에 할당된 값을 참조합니다. 이러한 원리 때문에 소유권을 공유한다고 말하는 것입니다.

```
use std::rc::Rc;

let a = Rc::new([1, 2, 3]);
let b = a.clone();

assert_eq!(a.as_ptr(), b.as_ptr()); // 같은 메모리를 가리킴
```

위 예제에서는 Rc 타입의 변수 a를 clone() 메서드로 복제해서 b를 만들었습니다. 그리고 두 변수의 메모리 주소를 확인해보면 동일하다는 것을 알 수 있습니다.

Rc가 삭제되면 카운터가 감소됩니다. 가장 마지막으로 존재하는 Rc가 드랍되면, 카운터가 0이 되고 메모리에서 값이 할당 해제됩니다.

하지만 Rc를 다른 스레드로 보내려고 하면 에러가 발생합니다.

```
error[E0277]: `Rc` cannot be sent between threads safely
   |
8  |       thread::spawn(move || dbg!(b));
   |                     ^^^^^^^^^^^^^^^^
```

결론적으로 Rc는 **스레드 안전성**thread safe이 보장되지 않는 타입입니다. 여러 개의 스레드가 특정 값에 대해 Rc를 사용한다면, 각 스레드에서 레퍼런스 카운터를 동시에 변경할 가능성이 있고 이것은 예측 불가능한 결과를 발생시킵니다.

대신 아토믹한 레퍼런스 카운팅을 사용하는 std::sync::Arc를 사용할 수 있습니다. Rc와 동일한 기능을 제공하지만, Arc는 여러 스레드에서 레퍼런스 카운터를 변경하는 것이 허용된다는 점이 다릅니다. 레퍼런스 카운터가 변경되는 작업이 **아토믹**atomic하게 이루어지기 때문에, 여러 개의 스레드에서 동시에 카운터를 변경하더라도 스레드 안전성이 보장됩니다.

```
use std::sync::Arc;

let a = Arc::new([1, 2, 3]); ①
let b = a.clone(); ②

thread::spawn(move || dbg!(a)); ③
thread::spawn(move || dbg!(b)); ③
```

① Arc를 사용해 배열을 메모리에 할당합니다. 이때 레퍼런스 카운터는 1이 됩니다.

② Arc를 클론하면 레퍼런스 카운트는 2가 되고, a와 b 모두 같은 메모리 주소를 사용합니다.

③ 가 스레드마다 고유한 Arc를 전달받습니다. 즉 배열이 스레드 사이에 공유됩니다. 각 스레드에서 Arc가 삭제될 때마다 레퍼런스 카운터가 감소하고, 카운터가 0이 되면 배열은 메모리에서 할당 해제됩니다.

클론에 이름 붙이기

Arc를 클론할 때마다 새로운 이름을 계속 지어줘야 한다면 코드의 가독성이 떨어지게 됩니다. 모든 Arc의 클론은 별도의 객체지만, 모든 클론은 같은 값을 공유하고 있습니다. 따라서 클론마다 다른 이름을 붙인다면 같은 값을 공유한다는 사실을 표현하기가 어렵습니다.

러스트에서는 이런 경우 같은 이름으로 새로운 변수를 만드는 방법인 **섀도잉**shadowing을 사용하는 것이 좋습니다. 같은 범위 안에서 섀도잉할 경우, 새로운 변수가 만들어지기 때문에 기존 변수명을 더 이상 사용할 수 없습니다. 하지만 새로운 범위를 생성하게 되면 let a = a.clone();와 같은 코드에서 a라는 변수명을 재사용할 수 있습니다. 중요한 점은 기존 변수명은 범위 바깥에서 그대로 사용할 수 있다는 것입니다.

중괄호({})를 사용해서 새로운 범위 안에서 클로저를 만드는 경우, 클로저 안으로 변수를 이동시키기 전에 변수를 클론할 수 있습니다. 따라서 클론된 변수에 새로운 이름을 붙일 필요가 없어집니다.

```
let a = Arc::new([1, 2, 3]);
let b = a.clone();
thread::spawn(move || {
    dbg!(b);
});
dbg!(a);
```

```
let a = Arc::new([1, 2, 3]);
thread::spawn({
    let a = a.clone();
    move || {
        dbg!(a);
    }
});
dbg!(a);
```

Arc와 Arc의 클론이 모두 같은 범위 안에 있습니다. 각 스레드가 서로 다른 이름을 갖는 클론을 입력받습니다.

Arc와 Arc의 클론은 서로 다른 범위 안에 있습니다. 각 스레드 안에서 계속 같은 이름을 사용할 수 있습니다.

레퍼런스 &T는 서로 다른 코드에서 소유권 대여를 통해 원래 값을 사용하고 있는 경우, 원래 값을 바꿀 수 없습니다. 레퍼런스 카운팅 포인터 Rc<T>와 Arc<T>도 마찬가지로 공유된 소유권 때문에 내부 값을 수정할 수 없습니다.

예를 들어 Arc<[i32]> 안에 있는 정수 슬라이스 [i32]를 정렬하려고 하면 코드가 컴파일되지 않습니다. 컴파일러 메시지를 보면 슬라이스의 값을 수정할 수 없습니다.

```
error[E0596]: cannot borrow data in an `Arc` as mutable
  |
6 |         a.sort();
  |         ^^^^^^^^
```

1.4 소유권 대여와 데이터 경합

러스트에서 값을 대여할 수 있는 방법은 두 가지가 있습니다.

불변 대여immutable borrowing

&을 사용해서 값을 빌리면 기본적으로 **불변 레퍼런스**immutable reference가 됩니다. 불변 레퍼런스는 복사할 수 있는 레퍼런스입니다. 어떤 레퍼런스가 참조하고 있는 값은 이 레퍼런스를 복사한 모든 레퍼런스와 함께 공유하고 있습니다. 불변이라는 이름에서 알 수 있듯이, 컴파일러는 불변 레퍼런스를 통해 참조하는 값을 바꾸는 걸 허용하지 않습니다. 만일 불변 레퍼런스로 참조하는 값이 바뀐다면, 이 값을 참조하고 있는 다른 모든 레퍼런스도 예상치 못하게 값이 변경되기 때문입니다.

가변 대여mutable borrowing

&mut 키워드를 사용하면 **가변 레퍼런스**mutable reference가 만들어집니다. 어떤 값을 가변으로 대여한다는 말의 의미는, 현재의 가변 레퍼런스가 유일하게 이 값을 가변으로 대여하고 있다는 것을 의미합니다. 따라서 가변 레퍼런스로 값을 바꾸더라도, 코드의 다른 부분에서 예상치 못하게 값이 바뀌는 걸 막을 수 있습니다.

불변 대여와 가변 대여를 통해 **데이터 경합**data race이 일어나는 것을 미리 막을 수 있습니다. 데이터 경합이란 한 스레드가 값에 접근하고 있을 때 다른 스레드에서 이 값을 바꾸는 상황을 말합니다. 데이터 경합은 일반적으로 컴파일러에게 **정의되지 않은 동작**undefined behavior이기 때문에 컴파일러는 이런 상황을 고려할 필요가 없습니다. 다시 말해 컴파일러는 데이터 경합이 발생하지 않을 것이라고 가정하고 있습니다.

다음 예제에서 컴파일러가 소유권 대여 규칙을 통해 데이터 경합이 발생하지 않을 것이라고 가정하는 이유를 좀 더 자세히 살펴보겠습니다.

```
fn f(a: &i32, b: &mut i32) {
    let before = *a;
    *b += 1;
    let after = *a;
    if before != after {
```

```
        x(); // 절대 실행되지 않음
    }
}
```

이 예제에서는 정수 값에 대한 불변 레퍼런스 a를 입력받아 b가 참조하는 값을 증가시키는 코드의 위와 아래에서 각각 before와 after에 값을 저장하고 있습니다. 컴파일러는 소유권 대여 규칙과 데이터 경합에 대한 가정을 바탕으로, a와 b가 같은 값을 참조하고 있다고 생각하지 않습니다. a가 소유권을 대여하고 있는 중에는, 프로그램의 전체 코드 어디에서도 원래 값을 가변 레퍼런스로 대여할 수 없습니다. 따라서 컴파일러는 *a가 절대 값이 변하지 않는다고 생각하기 때문에 if 문의 조건은 절대 참이 될 수가 없습니다. 따라서 컴파일 과정에서 프로그램의 최적화를 위해 if 문 전체를 프로그램에서 제거할 수 있습니다.

소유권 대여 규칙과 데이터 경합에 대한 컴파일러의 가정을 깨는 러스트 코드를 작성하는 유일한 방법은 unsafe를 사용해 컴파일러의 안전 검사의 일부를 비활성화하는 방법밖에 없습니다.

정의되지 않은 동작

C, C++, 러스트 같은 언어들은 **정의되지 않은 동작**undefined behavior을 피하기 위한 규칙을 가지고 있습니다. 예를 들어 러스트에서는 객체에 한 개 이상의 가변 레퍼런스를 만들 수 없습니다.

러스트에서 이런 규칙을 무시하려면 unsafe 키워드를 사용해야 합니다. 언세이프unsafe라는 말은 코드가 잘못되었다거나 사용하기 위험하다는 뜻이 아니라 컴파일러가 코드가 안전한지 검사하지 않는 것을 의미합니다. 이러한 컴파일러 규칙을 위반하는 코드는 **불건전**unsound하다고 합니다.

컴파일러는 코드를 실제로 들여다보지 않고도 규칙이 항상 지켜진다고 생각합니다. 만일 규칙이 깨진다면 이런 상황이 **정의되지 않은 동작**이 되고, 이런 상황은 무슨 수를 써서라도 막아야 합니다. 만일 컴파일러가 이런 규칙을 지키지 않는다면, 우리가 작성한 코드의 여러 부분에서 잘못된 결과가 발생합니다.

슬라이스의 get_unchecked 메서드를 사용하는 예제를 살펴보겠습니다.

```
let a = [123, 456, 789];
let b = unsafe { a.get_unchecked(index) };
```

get_unchecked 메서드는 주어진 인덱스를 사용해서 슬라이스의 원소 1개를 가져옵니다. a[index]를 사용하면 컴파일러가 인덱스가 범위를 벗어나지 않았는지를 확인하지만, get_unchecked 메서드를 사용하면 컴파일러가 이런 부분까지 꼼꼼하게 확인하지 않습니다.

즉, a의 길이가 3이기 때문에 컴파일러는 인덱스가 항상 3보다 작은 값이라고 가정하게 됩니다. 이런 상황에서는 index의 값에 따라 컴파일러의 가정이 맞을 수도, 틀릴 수도 있습니다.

만일 index가 3이라면 이 가정이 깨지게 되고, 슬라이스의 메모리 범위보다 1바이트 뒤에 있는 아무 값이나 읽어오게 됩니다. 그렇게 되면 프로그램이 예상치 못하게 종료되거나 의도한 바와 전혀 다른 결과를 실행하게 될 수도 있습니다.

놀랍세노 성의되지 않은 동작은 시간을 거슬러 올라가서 그 이전의 코드에 문제를 일으킬 수도 있습니다. match 문을 이전 예제 위에 추가해보겠습니다.

```
match index {
    0 => x(),
    1 => y(),
    _ => z(index),
}

let a = [123, 456, 789];
let b = unsafe { a.get_unchecked(index) };
```

unsafe 코드 때문에 컴파일러는 인덱스가 0, 1, 2 중에 하나라고 생각합니다. 즉, match에서 마지막 경우는 index가 2에 해당된다고 생각해서 match의 결과는 z(2)가 됩니다. 컴파일러가 match 문을 최적화할 때 사용된 방법은 함수 z를 최적화할 때도 사용될 수 있습니다. z(index)가 항상 z(2)로 사용된다면 필요 없는 코드를 컴파일 과정에서 버릴 수 있기 때문입니다.

만일 이 코드에서 index의 값을 3으로 실행하면 match 문에서 z(3)을 실행하려고 시도하기 때문에 마지막 줄의 unsafe에 도달하기도 전에 예상치 못한 행동을 발생시킬 수 있습니다. 이처럼 정의되지 않은 동작은 예상치 못한 방법으로 프로그램의 진행 방향 또는 반대 방향으로 전파될 수 있습니다.

unsafe 함수를 호출할 때는 해당 함수의 문서를 주의 깊게 읽고, 정의되지 않은 동작을 피하기 위해 지켜야 할 안전 요구 사항safety requirement을 잘 이해하는 것이 중요합니다.

1.5 내부 가변성

앞에서 살펴봤던 소유권 대여 규칙borrowing rule은 간단하지만, 멀티스레드 환경에서는 명확한 한 계점이 존재합니다. 소유권 대여 규칙은 스레드 사이의 정보 교환을 매우 제한적으로, 또는 거의 불가능하게 만듭니다. 여러 스레드에서 접근 가능한 값은 수정될 수 없기 때문입니다.

다행히 **내부 가변성**interior mutability을 사용하면 이 문제를 해결할 수 있습니다. 내부 가변성을 가진 자료형은 소유권 대여 규칙을 살짝 우회합니다. 특정 조건이 만족되는 경우에 '불변' 레퍼런스를 사용해 참조하는 값을 변경할 수 있습니다.

1.3.3절에서 이미 내부 가변성과 관련된 예제를 살펴봤습니다. Rc와 Arc는 같은 레퍼런스 카운터를 사용하는 클론이 여러 개 존재하는 상황에서도 레퍼런스 카운터의 값을 변경합니다.

내부 가변성 타입을 사용하면 레퍼런스를 '불변' 또는 '가변'이라고 말하는 것은 굉장히 헷갈리고 때로는 부정확한 표현이 됩니다. 두 가지 레퍼런스 모두 참조하는 값을 변경시킬 수 있기 때문입니다. 가장 정확한 표현은 '공유' 또는 '독점'라는 표현입니다. 즉 **공유 레퍼런스**shared reference (&T)는 복사되어서 다른 코드에 공유될 수 있습니다. **독점 레퍼런스**exclusive reference (&mut T)는 해당 레퍼런스가 유일하게 T라는 값을 독점적으로 소유권을 대여하고 있다는 것을 의미합니다. 대부분의 타입에서 공유 레퍼런스는 값을 변경할 수 없지만 몇 가지 예외가 있습니다. 특히 이 책에서는 대부분 이러한 예외적인 경우를 다루기 때문에 정확한 용어를 사용하는 것이 중요합니다.

> **CAUTION_** 내부 가변성은 값을 공유할 때 값을 변경하는 것을 허용하기 위해 소유권을 공유 상태로 대여하는 경우의 규칙만 우회한다는 점에 주의해야 합니다. 독점 레퍼런스와 관련해서는 아무것도 바뀌지 않습니다. 독점적 소유권 대여의 경우. 여전히 단 하나의 독점 레퍼런스만 존재할 수 있습니다. 여러 개의 독점 레퍼런스를 만드는 언세이프 코드는 내부 가변성과 상관없이 항상 정의되지 않은 동작을 발생시킵니다.

내부 가변성을 갖는 몇 가지 타입들에 대해 살펴보고, 어떻게 그것들이 정의되지 않은 동작을 발생시키지 않으면서 공유 레퍼런스를 통한 수정을 허용하는지 살펴보겠습니다.

1.5.1 Cell

std::cell::Cell<T>은 단순히 T를 감싸고 있는 타입으로, 공유 레퍼런스로 값을 변경할 수 있는 타입입니다. 이 타입은 정의되지 않은 동작을 발생시키지 않기 위해 값을 꺼내서 복사하거나(만일 T가 Copy 트레이트를 구현한다면) 값 전체를 다른 값으로 교체하는 것만 가능합니다. 이런 작업은 오직 단일 스레드에서만 가능합니다.

이전 절에서 살펴봤던 예제를 i32 대신 Cell<i32>로 바꿔보겠습니다.

```rust
use std::cell::Cell;

fn f(a: &Cell<i32>, b: &Cell<i32>) {
    let before = a.get();
    b.set(b.get() + 1);
    let after = a.get();
    if before != after {
        x(); // 실행될 수도 있음
    }
}
```

지난 번과는 다르게 이제는 if 문의 조건이 만족될 수 있습니다. Cell<i32>의 내부 가변성 때문에 컴파일러는 공유 레퍼런스가 존재하는 동안에는 더 이상 해당 변수의 값이 바뀌지 않는다고 가정할 수 없습니다. a와 b 모두 같은 값을 참조할 수 있어서, b를 변경하는 것이 a의 값에도 영향을 줄 수 있습니다. 하지만 여전히 이 함수가 단일 스레드에서 작동하는 상황만 가정하고 있다는 점을 기억해야 합니다.

Cell에 대한 이런 제한점은 Cell을 사용하기 어렵게 만드는 이유 중 하나입니다. Cell에 있는 값을 직접 대여해올 수 없으므로 Cell로부터 값을 꺼내고 다른 값을 채워넣어야 합니다. 이동하고 (그 자리에 무언가를 남겨둡니다) 그 값을 변경하고 다시 Cell 안으로 넣어서 내용을 변경해야 합니다. 이렇게 Cell 내부의 값을 변경하는 과정은 다음 코드와 같습니다.

```rust
fn f(v: &Cell<Vec<i32>>) {
    let mut v2 = v.take(); // Cell의 값을 빈 Vec로 대체
    v2.push(1);
    v.set(v2); // 값이 변경된 Vec을 다시 입력
}
```

1.5.2 RefCell

일반적인 Cell과 다르게, 사용자는 std::cell::RefCell에서 내부의 값을 대여할 수 있습니다. 대신 런타임에서 약간의 비효율성을 감수해야 합니다. RefCell<T>는 단순히 T를 가지고 있는 것이 아니라 T를 외부에서 몇 번 대여했는지를 내부적으로 추적하고 있습니다. 만일 가변 소유권 대여로 이미 대여된 상태라면, 새롭게 가변 소유권 대여를 만들려고 하는 순간 정의되지 않은 동작이 발생하는 것을 막기 위해 패닉이 발생합니다. Cell과 마찬가지로, RefCell 역시 단일 스레드에서만 사용할 수 있습니다.

RefCell 내부의 값을 대여하려면 borrow 또는 borrow_mut 메서드를 사용합니다.

```
use std::cell::RefCell;

fn f(v: &RefCell<Vec<i32>>) {
    v.borrow_mut().push(1); // `Vec`을 직접 수정할 수 있음
}
```

Cell과 RefCell도 나름대로 매우 유용하지만, 멀티스레드 환경에서는 사용할 수 없어서 동시성을 위해서는 다른 타입을 사용해야 합니다.

1.5.3 뮤텍스와 RwLock

RwLock은 **읽기/쓰기 잠금**^{reader-writer lock}이라는 뜻으로, RefCell의 동시성 버전입니다. RwLock<T>는 T를 가지고 있으면서, 값이 몇 번 대여되었는지를 내부적으로 추적합니다. 하지만 RefCell과 다르게, 서로 상충되는 소유권 대여가 발생하더라도 패닉을 일으키지 않습니다. 대신 상충되는 소유권 대여가 해결되는 동안 현재 스레드를 잠시 차단해서 잠자기 상태로 만듭니다. 즉 다른 스레드가 현재 데이터에 접근하는 것이 끝나기를 기다렸다가 현재 스레드가 데이터에 접근할 차례가 되면 작업을 재개합니다.

RwLock의 값을 대여하는 것을 **잠금**^{lock}이라고 합니다. 잠금을 사용해서 일시적으로 동시에 여러 개의 상충되는 대여가 발생하는 것을 막을 수 있게 되고, 결과적으로 데이터 경합을 막을 수 있게 됩니다.

Mutex는 RwLock과 매우 비슷하지만 개념적으로는 좀 더 간단합니다. 공유 혹은 독점적 소유

권 대여가 몇 번 일어났는지를 추적하는 대신 오직 독점적 소유권 대여만 허용합니다.

Mutex와 RwLock에 대해서는 1.6절에서 좀 더 자세히 다루겠습니다.

1.5.4 아토믹

아토믹 타입들은 대표적인 Cell의 동시성 버전으로, 2장과 3장의 핵심 주제입니다. 이들은 Cell과 마찬가지로 값 자체를 대여하지 않고, 값을 복사하는 방식으로 정의되지 않은 동작을 미리 예방합니다.

하지만 Cell과는 다르게 아토믹 타입들은 미리 정해진 크기만을 가질 수 있습니다. 이러한 이유로 임의의 타입 T에 대해서 제네릭 타입 Atomic<T>를 정의하는 대신 AtomicU32나 AtomicPtr<T>와 같은 특정 아토믹 타입만 사용할 수 있습니다. 이들은 데이터 경합을 피하기 위해 프로세서의 지원이 필요하므로 플랫폼에 따라 사용할 수 있는 기능이 다릅니다(자세한 내용은 7장에서 다룹니다).

아토믹 타입의 크기가 제한돼 있기 때문에 대부분의 상황에서 아토믹 타입은 여러 스레드에서 공유되는 값을 직접 포함하고 있지 않습니다. 대신 아토믹 타입들은 여러 스레드에서 값이 공유될 수 있도록 하는 도구로서의 역할만 수행합니다. 아토믹을 다른 데이터에 대해 설명하는 데 사용하면 상황이 매우 복잡해질 수 있습니다.

1.5.5 UnsafeCell

UnsafeCell은 내부 가변성을 위한 기본 구성 요소입니다.

UnsafeCell<T>는 T를 감싸고 있지만 정의되지 않은 동작을 막기 위한 어떠한 조건이나 제한을 가지고 있지 않습니다. 대신 get() 메서드는 unsafe 블록에서만 사용 가능한 T에 대한 원시 포인터를 제공합니다. 따라서 UnsafeCell을 사용할 때 정의되지 않은 동작이 발생하지 않도록 하는 것은 사용자의 책임입니다.

대부분의 경우 UnsafeCell을 직접 사용하기보다는 Cell 또는 Mutex와 같이 제한된 인터페이스를 통해 안전하게 사용할 수 있는 타입으로 UnsafeCell을 감싸서 사용합니다. 위에서 설명한 모든 타입을 포함하여 내부 가변성이 있는 모든 타입은 UnsafeCell 기반으로 만들어졌습니다.

1.6 스레드 안전성: Send와 Sync

앞에서 단일 스레드에서만 사용이 가능한 Rc나 Cell과 같은 **스레드 간의 안전성**이 보장되지 않는 몇 가지 타입을 살펴봤습니다. 이 타입들을 단일 스레드에서만 사용할 수 있도록 제한하면 정의되지 않은 동작이 발생하는 걸 막을 수 있습니다. 컴파일러는 컴파일 타임에 이러한 제한 조건이 충족되는지를 검사하기 때문에 코드에서 unsafe 블록을 사용하지 않고도 이러한 타입을 사용할 수 있습니다.

러스트는 어떤 타입이 멀티스레드에서 사용 가능한지를 구별하기 위해 두 가지 트레이트를 사용합니다.

Send

어떤 타입의 값을 다른 스레드로 보낼 수 있다면, 다시 말해 해당 타입의 값에 대한 소유권을 다른 스레드로 이전할 수 있다면 해당 타입은 Send 트레이트를 구현합니다. 예를 들어 Arc<i32>는 Send를 구현하지만 Rc<i32>는 그렇지 않습니다.

Sync

어떤 타입의 값을 여러 스레드에 공유할 수 있다면 해당 타입은 Sync 트레이트를 구현하고 있는 것입니다. 다시 말해 공유 레퍼런스 &T가 Send를 구현하는 경우에만 타입 T는 Sync 트레이트를 구현하고 있습니다. 예를 들어 i32는 Sync 트레이트를 구현하지만, Cell<i32>는 아닙니다. (참고로 Cell<i32>는 Send를 구현합니다).

i32, bool, str과 같은 모든 원시 타입들은 Send와 Sync를 모두 구현하고 있습니다.

이 두 가지 트레이트는 구조체 필드의 타입에 따라서 구조체에 해당 트레이트가 자동으로 구현되는 **자동 트레이트**auto trait입니다. 즉 구조체의 필드가 모두 Send 및 Sync를 구현하는 구조체는 그 자체로도 Send 및 Sync 트레이트를 구현합니다.

std::marker::PhantomData<T>를 사용하면 Send 및 Sync를 구현하는 필드로 인해 구조체 자체가 Send 및 Sync를 자동으로 구현하는 것을 막을 수 있습니다. 이 타입은 컴파일러가 T 타입으로 인식하지만 런타임에는 실제로 해당 타입은 존재하지 않습니다. 크기가 0인 타입으로 메모리를 전혀 차지하지 않습니다.

다음과 같은 구조체를 살펴보겠습니다.

```rust
use std::marker::PhantomData;

struct X {
    handle: i32,
    _not_sync: PhantomData<Cell<()>>,
}
```

이 예제에서 X의 필드가 오직 handle뿐이라면 X는 Send와 Sync 트레이트를 구현하게 될 것입니다. _not_sync 필드는 PhantomData<Cell<()>> 타입이고 Cell<()>은 Sync 트레이트를 구현하지 않기 때문에 X는 Sync 트레이트를 갖지 않습니다. 하지만 Cell<()>은 Send 트레이트를 를 구현하기 때문에 X는 Send 트레이트를 갖는 타입입니다.

컴파일러는 *const T나 *mut T 같은 원시 포인터들이 어떤 값을 가리키고 있는지 알기 어렵기 때문에 이들은 Send와 Sync 트레이트를 모두 구현하지 않습니다.

이 경우 Send나 Sync 트레이트를 구현하는 방법은 다른 모든 트레이트를 구현하는 방법과 동일하게 impl 블록을 구조체에 추가하는 것입니다.

```rust
struct X {
    p: *mut i32,
}

unsafe impl Send for X {}
unsafe impl Sync for X {}
```

이때 컴파일러가 실제로 이 포인터가 가리키는 대상이 Send나 Sync를 갖고 있는지 확인할 수 없기 때문에 impl 블록에 unsafe 키워드를 추가해야 합니다. unsafe를 사용하면 컴파일러는 이 타입이 Send나 Sync가 있을 것이라고 믿는 수밖에 없습니다. 따라서 이 코드가 제대로 동작하는 것은 개발자의 책임이 됩니다.

만일 Send 트레이트를 구현하지 않는 타입의 객체를 다른 스레드로 소유권을 넘기려고 하면, 컴파일러는 이 동작을 허용하지 않습니다. 즉 다음 코드는 컴파일되지 않습니다.

```
fn main() {
    let a = Rc::new(123);
    thread::spawn(move || {
        // 에러!
        dbg!(a);
    });
}
```

여기서는 다른 스레드로 Rc<i32>를 보내려고 하지만 Arc<i32>와 달리 Rc<i32>는 Send 트레이트를 구현하지 않기 때문에 위의 예제를 컴파일하려고 하면 다음과 같은 오류가 발생합니다.

```
error[E0277]: `Rc<i32>` cannot be sent between threads safely
    --> src/main.rs:3:5
     |
3    |        thread::spawn(move || {
     |        ^^^^^^^^^^^^^ `Rc<i32>` cannot be sent between threads safely
     |
     = help: within `[closure]`, the trait `Send` is not implemented for
`Rc<i32>`
     note: required because it's used within this closure
    --> src/main.rs:3:19
     |
3    |        thread::spawn(move || {
     |                      ^^^^^^^
     note: required by a bound in `spawn`
```

thread::spawn 함수는 인수가 모두 Send 트레이트를 구현해야 하며, 클로저는 캡처된 모든 변수가 Send 트레이트를 구현하는 경우에만 클로저가 Send 트레이트를 구현할 수 있습니다. 여기에서 Send가 아닌 것을 캡처하면 정의되지 않은 동작을 발생시키지 않기 위해 코드가 컴파일되지 않습니다.

1.7 잠금: 뮤텍스와 RwLock

뮤텍스^{mutex}는 'mutual exclusion(상호 독점)'의 앞 글자를 따서 만든 단어로, 여러 스레드에서 (가변) 데이터를 공유하는 데 자주 사용됩니다. 뮤텍스의 역할은 동시에 데이터에 액세스

하려는 다른 스레드를 일시적으로 차단하여 특정 스레드만 데이터에 독점적으로 접근할 수 있도록 합니다.

개념적으로 뮤텍스는 잠금[lock]과 해제[unlock]라는 두 가지 상태를 가지고 있습니다. 만일 어떤 스레드가 잠금 해제 상태인 뮤텍스의 잠금을 획득하면 뮤텍스는 즉시 잠금 상태가 되고 스레드는 데이터에 접근해 작업을 진행할 수 있습니다. 만일 다른 스레드가 이미 잠금 상태인 뮤텍스의 잠금을 얻으려고 하면 잠금 획득은 실패하고 해당 작업은 **차단**[block]됩니다. 차단된 스레드는 뮤텍스의 잠금이 해제될 때까지 잠자기 상태가 됩니다. 잠금을 해제하는 것은 이미 잠금 상태인 뮤텍스에만 가능하고, 뮤텍스를 잠금 상태로 만들었던 스레드만 가능합니다. 다른 스레드가 뮤텍스의 잠금이 해제되기를 기다리고 있다면, 뮤텍스이 잠금을 해제하지미자 이 중 하나의 스레드가 뮤텍스의 잠금을 얻어서 작업을 진행합니다.

뮤텍스를 사용한 데이터 보호 방법은 여러 스레드 간에 뮤텍스의 잠금을 획득한 다음에만 데이터에 접근하겠다는 약속과 같습니다. 이 약속으로 인해 동시에 여러 스레드가 같은 데이터에 접근할 수 없게 되어서 데이터 경합이 발생하지 않습니다.

1.7.1 러스트의 뮤텍스

러스트에서는 방금 설명한 뮤텍스를 표준 라이브러리의 `std::sync::Mutex<T>`로 사용할 수 있습니다. `std::sync::Mutex<T>`는 뮤텍스가 보호하고 있는 데이터의 타입인 T에 대한 제네릭입니다. T를 뮤텍스의 일부로 사용하면 모든 스레드들이 오직 뮤텍스를 통해서만 내부의 데이터에 접근할 수 있는 안전한 인터페이스를 제공할 수 있습니다.

뮤텍스를 잠근 스레드만 잠금 해제할 수 있도록 하기 위해서 뮤텍스는 `unlock()` 메서드를 가지지 않습니다. 대신 `lock()` 메서드는 특별한 타입인 `MutexGuard`를 리턴합니다. `MutexGuard`는 현재 뮤텍스가 잠김 상태임을 나타냅니다. `DerefMut` 트레이트를 통해 독점 레퍼런스처럼 사용할 수 있으며, 뮤텍스가 보호하는 데이터에 접근할 수 있도록 합니다. `MutexGuard`가 드랍되는 순간 뮤텍스는 즉시 잠금 해제 상태가 됩니다. `MutexGuard`가 드랍되면 더 이상 현재 스레드에서 뮤텍스가 보호하는 데이터에 접근할 수 없게 되고, `MutexGuard`의 `Drop` 트레이트 구현체가 뮤텍스의 잠금 해제를 수행합니다.

실제로 뮤텍스를 어떻게 쓸 수 있는지 코드를 통해 살펴보겠습니다.

```
use std::sync::Mutex;
fn main() {
    let n = Mutex::new(0);
    thread::scope(|s| {
        for _ in 0..10 {
            s.spawn(|| {
                let mut guard = n.lock().unwrap();
                for _ in 0..100 {
                    *guard += 1;
                }
            });
        }
    });
    assert_eq!(n.into_inner().unwrap(), 1000);
}
```

정수 값을 보호하고 있는 **Mutex<i32>**를 선언하고, 총 10개의 스레드를 생성해서 각각의 스레드에서 뮤텍스가 보호하는 정수를 100번 증가하도록 합니다. 각 스레드는 먼저 뮤텍스를 잠금 상태로 만들어 **MutexGuard**를 얻은 다음 **guard**를 이용해 정수에 접근해서 값을 1씩 증가시킵니다. **guard**는 범위를 벗어나면 자연스럽게 드랍됩니다.

모든 스레드의 작업이 끝나면 이제 뮤텍스에서 **into_inner()**를 사용해서 안전하게 값을 제거할 수 있습니다. **into_inner** 메서드는 뮤텍스의 소유권을 가져가기 때문에 더 이상 뮤텍스의 레퍼런스가 존재할 수 없어서 더 이상 뮤텍스를 잠글 필요가 없어집니다.

위의 **for** 루프에서 정수를 1씩 증가시켰지만, 스레드들이 값을 증가시키기 시작하는 순간에서는 정수가 항상 100의 배수를 값으로 갖습니다. 뮤텍스의 잠금이 해제되어야만 값에 접근이 가능하기 때문입니다. 뮤텍스 덕분에 정수의 값을 100씩 증가시키는 작업은 더 이상 나눌 수 없는 아토믹한 작업 단위가 됩니다.

뮤텍스의 효과를 좀 더 확실하게 보기 위해서는, 뮤텍스의 잠금을 해제하기 전 1초를 기다리도록 코드를 변경했습니다.

```
use std::time::Duration;
fn main() {
    let n = Mutex::new(0);
    thread::scope(|s| {
        for _ in 0..10 {
```

```
        s.spawn(|| {
            let mut guard = n.lock().unwrap();
            for _ in 0..100 {
                *guard += 1;
            }
            thread::sleep(Duration::from_secs(1)); // 추가됨
        });
    }
});
assert_eq!(n.into_inner().unwrap(), 1000);
}
```

프로그램을 실행해보면 이제 코드 실행에 약 10초 정도가 소요되는 것을 알 수 있습니다. 스레드들이 모두 1초를 기다리지만, 뮤텍스는 한 번에 한 스레드만 접근을 허용하기 때문입니다.

만일 guard를 강제로 메모리에서 삭제한다면 1초간 잠자기 상태가 되기 전에 뮤텍스가 즉시 잠금 해제되고 작업이 동시에 수행되는 것을 알 수 있습니다.

```
use std::time::Duration;
fn main() {
    let n = Mutex::new(0);
    thread::scope(|s| {
        for _ in 0..10 {
            s.spawn(|| {
                let mut guard = n.lock().unwrap();
                for _ in 0..100 {
                    *guard += 1;
                }
                drop(guard); // 추가됨: 스레드 대기 이전에 guard를 삭제
                thread::sleep(Duration::from_secs(1));
            });
        }
    });
    assert_eq!(n.into_inner().unwrap(), 1000);
}
```

각 스레드가 동시에 1초간 잠자기 상태가 되기 때문에 이제 프로그램은 단 1초만에 수행됩니다. 이 예제에서 뮤텍스를 획득해 잠금 상태로 만들었을 때 소요되는 시간을 최소화하는 것이 얼마나 중요한지를 알 수 있습니다. 뮤텍스를 필요 이상으로 잠금 상태로 사용하면 병렬 처리의 이점이 사라지고 작업이 순서대로 진행됩니다.

1.7.2 잠금 오염

위 코드에서 unwrap()은 **잠금 오염**^{lock poisoning}과 관련이 있습니다.

러스트의 Mutex가 잠금을 획득한 상태에서 패닉을 발생시키면 Mutex가 오염되었다고 합니다. 이 상황에서는 Mutex가 더 이상 잠금 상태가 아니지만, 다른 스레드에서 lock 메서드를 호출하면 뮤텍스가 오염 상태임을 알리기 위해 Err를 리턴합니다.

뮤텍스를 항상 일관된 상태로 유지하기 위해 이러한 방법이 사용됩니다. 앞에서 살펴본 예제에서 스레드가 값을 100까지 진행하기 전에 패닉을 일으키면 뮤텍스는 잠금이 해제되고 정수 값은 100의 배수가 아닌 예상치 못한 값이 됩니다. 이런 경우 뮤텍스를 오염 상태로 두면 다른 스레드에서 예외 상황을 처리하도록 할 수 있습니다.

오염된 뮤텍스에서 lock() 메서드를 호출하더라도 뮤텍스는 잠금 상태가 됩니다. lock()에서 리턴된 Err는 MutexGuard를 가지고 있어서 이러한 상태를 해결합니다.

잠금 오염은 강력한 기능처럼 보이지만 실제로는 일관되지 못한 상태를 회복시키는 것은 자주 있는 일은 아닙니다. 대부분의 코드는 오염 상태를 무시하거나 unwrap()을 사용해 스레드를 패닉 상태로 만들어서 뮤텍스의 모든 사용자에게 패닉 상태를 전파합니다.

MutexGuard의 라이프타임

MutexGuard가 드랍될 때 뮤텍스가 잠금 해제되는 것은 매우 편리하지만, 가끔 예상치 못한 일이 발생하곤 합니다. MutexGuard 변수의 이름을 let을 사용해 선언하면 (위에서 살펴본 예제와 같이) 지역 변수는 선언된 범위를 벗어날 때 드랍되므로 해당 변수가 언제 드랍되는지 쉽게 예측할 수 있습니다. 하지만 명시적으로 메모리에서 **guard**를 삭제하지 않는 것은 뮤텍스를 필요 이상으로 잠금 상태로 오래 유지시킬 가능성이 있습니다.

MutexGuard를 변수로 **선언하지 않고** 사용하는 것도 물론 가능하고, 몇몇 경우에는 매우 편리할 수 있습니다. MutexGuard가 보호된 데이터에 대한 독점 레퍼런스처럼 작동하기 때문에, 변수로 만들지 않고 바로 사용하는 것이 가능합니다. 예를 들어, 단 한 줄의 코드로 Mutex<Vec<i32>> 타입의 뮤텍스를 잠금 상태로 만들고, Vec에 새로운 원소를 추가한 다음 다시 뮤텍스를 잠금 해제해보겠습니다.

```
list.lock().unwrap().push(1);
```

더 긴 표현식 내에서 생성된 임시 변수들, 즉 lock()이 리턴하는 MutexGuard와 같은 모든 임시 변수들은 해당 선언문이 끝날 때 삭제됩니다. 이것이 당연해 보이지만 match, if let, while let 문을 사용하는 경우 문제가 발생합니다. 다음 예제를 살펴봅시다.

```
if let Some(item) = list.lock().unwrap().pop() {
    process_item(item);
}
```

이 코드에서 하려는 일은 리스트를 잠근 다음 아이템을 하나 꺼내고, 리스트를 **잠금 해제**한 다음 작업을 처리하는 것입니다. 여기엔 미묘하지만 중요한 문제가 하나 있습니다. 바로 임시적인 MutexGuard가 if let 문이 끝날 때까지 삭제되지 않는다는 것입니다. 따라서 꺼낸 아이템을 처리하는 동안 뮤텍스가 잠금 상태로 남게 됩니다.

비슷하게 if 문을 사용하는 코드는 놀랍게도 이 문제가 발생하지 않습니다.

```
if list.lock().unwrap().pop() == Some(1) {
    do_something();
}
```

여기서는 임시 MutexGuard가 if 문의 본문이 실행되기 전에 삭제됩니다. 그 이유는 if 문의 조건문은 항상 아무 값도 대여하지 않는 불리언^{boolean} 값이기 때문입니다. 조건문에 사용된 변수들의 라이프타임을 if 문의 본문까지 연장할 필요가 전혀 없습니다. 하지만 if let 문의 경우에는 상황이 조금 다릅니다. 만일 pop() 대신 front()를 쓴다면, item은 list로부터 값을 대여하므로 guard를 범위 안에 계속 유지해야 합니다. 대여 체커^{borrow checker}는 여기서 검사만 할 뿐, 실제로 언제 그리고 무엇이 드랍되는지에는 **영향을 주지 않아서** pop()을 사용하는 경우에도 같은 일이 발생합니다.

하지만 pop()을 별도의 라인으로 분리하면 문제가 해결됩니다. 이제 guard가 if let에 들어가기 전에 드랍됩니다.

```
let item = list.lock().unwrap().pop();
if let Some(item) = item {
    process_item(item);
}
```

1.7.3 읽기/쓰기 잠금

뮤텍스는 오직 독점적인 접근만을 다루는 자료형입니다. MutexGuard는 보호된 데이터에 대한 독점 레퍼런스(&mut T)를 제공하기 때문에 값을 변경하지 않고 읽기만 하는 경우에는 공유 레퍼런스만(&T) 사용해도 충분합니다.

읽기/쓰기 잠금은 뮤텍스보다 약간 더 복잡합니다. 이 잠금은 독점적 접근과 공유적 접근의 차이점을 이해하고 두 가지 방법을 모두 제공합니다. 읽기/쓰기 잠금은 잠금 해제, 단일 **작성자**(독점 접근)에 의한 잠금, 다수의 **독자**(공유 접근)에 의한 잠금의 세 가지 상태를 가지고 있습니다. 멀티스레드 환경에서 대부분의 스레드가 값을 읽기만 하고 값이 자주 변경되지 않을 때 유용합니다.

러스트 표준 라이브러리는 읽기/쓰기 잠금을 std::sync::RwLock<T>로 제공합니다. 일반 뮤텍스와 비슷하게 동작하지만 인터페이스가 두 부분으로 나뉘어져 있다는 점이 다릅니다. 하나의 lock() 메서드 대신 독자를 위한 read()와 작성자를 위한 write()가 존재합니다. 마찬가지로 RwLockReadGuard와 RwLockWriteGuard의 가드 타입이 존재합니다. RwLockReadGuard는 Deref만 구현하여 공유 레퍼런스처럼 동작하고, RwLockWriteGuard는 DerefMut를 구현하여 독점 레퍼런스처럼 동작합니다.

이는 사실상 소유권 대여 규칙이 준수되는지 확인하기 위해 레퍼런스 수를 동적으로 추적하는 RefCell의 멀티스레드 버전입니다.

Mutex<T>와 RwLock<T>는 모두 T가 Send 트레이트를 구현해야 합니다. T를 다른 스레드로 보내는 데 사용될 수 있기 때문입니다. 또한 여러 스레드가 보호된 데이터에 대한 공유 레퍼런스(&T)를 보유할 수 있기 때문에, RwLock<T>는 추가로 T가 Sync를 구현해야 합니다(엄격하게 따지면 이러한 조건을 만족하지 않는 T에 대한 잠금을 만들 수 있지만, 잠금이 Sync를 구현하지 않으므로 스레드 간에 값을 공유할 수는 없습니다).

러스트 표준 라이브러리는 범용적인 RwLock 타입 한 가지만을 제공하지만, 실제 구현은 운영체제마다 조금씩 다릅니다.

읽기/쓰기 잠금은 구현체마다 미묘한 차이가 존재합니다. 대부분의 구현은 잠금이 이미 읽기 잠금 상태인 경우에도 대기 중인 작성자가 있으면 새로운 독자를 대기 상태로 만듭니다. 이는 많은 독자가 집단적으로 잠금을 해제하지 않아 어떤 작성자도 데이터를 업데이트할 수 없는 상황인 **작성자 고갈**^{writer starvation}을 방지하기 위해서입니다.

다른 언어의 뮤텍스

러스트 표준 Mutex와 RwLock 타입은 C나 C++와 같은 다른 언어와 약간 다릅니다.

가장 큰 차이점은 러스트의 Mutex<T>는 보호하고 있는 데이터를 **포함하고 있다**는 것입니다. C++에서는 std::mutex가 보호하는 값을 포함하고 있지 않고 어떤 값을 보호하고 있는지도 알 수 없습니다. 즉 어떤 값이 뮤텍스에 의해 보호되고 있는지를 기억하고 보호된 데이터에 접근할 때마다 올바른 뮤텍스가 잠금 상태가 되는지를 확인하는 것이 사용자의 책임이라는 뜻입니다. 다른 언어의 뮤텍스 관련 코드를 살펴보거나, 러스트에 익숙하지 않은 프로그래머들과 대화할 때에는 이 사실을 기억해두면 유용합니다. 러스트 프로그래머는 '뮤텍스 안의 데이터' 혹은 '뮤텍스로 감싸진 데이터'라고 말하겠지만 다른 언어의 개발자들에게는 매우 이상한 이야기로 들릴 수 있습니다.

예를 들어 외부 하드웨어를 보호하기 위해 아무 값도 갖고 있지 않은 뮤텍스 그 자체만 필요하다면 Mutex<()>를 사용할 수 있습니다. 하지만 이런 경우에도 해당 하드웨어와 상호작용할 수 있는 (아마도 크기가 0일 수 있는) 타입을 정의하고 이를 Mutex로 감싸는 것이 더 나을 수 있습니다. 그러면 하드웨어와 상호작용을 하기 전에도 반드시 뮤텍스를 잠금 상태로 만들어야 하기 때문입니다.

1.8 대기: 파킹과 조건 변수

데이터가 여러 스레드에 의해 값이 변경된다면 스레드는 어떤 이벤트가 발생하거나 데이터에 대한 특정 조건이 만족되기를 기다리게 됩니다. 예를 들어, 비어 있는 Vec을 보호하고 있는 뮤텍스가 있을 때 이 벡터가 어떤 값이든 담고 있기를 기다리고 있을 수 있습니다.

뮤텍스는 여러 스레드가 뮤텍스의 잠금이 해제되는 것을 기다리는 걸 허용하지만, 다른 조건을 만족하는 걸 기다리도록 하는 기능은 제공하지 않습니다. 뮤텍스가 여러 스레드에서 값을 접근하고 변경하도록 하는 유일한 방법이라면, 조건이 만족되는지를 검사하기 위해 계속해서 뮤텍스를 잠금 상태로 만들고 Vec에 어떤 값이 담겨있는지를 검사해야 할지도 모릅니다.

뮤텍스는 잠금이 해제될 때까지 스레드가 대기할 수 있게 해주지만, 다른 조건을 기다리는 기능은 제공하지 않습니다. 뮤텍스가 전부라면 뮤텍스를 계속 잠그고 Vec에 아직 아무것도 없는지 반복해서 확인해야 합니다.

1.8.1 스레드 파킹

다른 스레드의 알림을 기다리는 한 가지 방법은 **스레드 파킹**thread parking입니다. 스레드 파킹 상태에서는 CPU 사이클을 소모하지 않습니다. 스레드는 스스로를 **파킹**park할 수 있으며, 다른 스레드가 파킹된 스레드의 **파킹을 해제**unpark할 수 있습니다.

std::thread::park() 함수를 사용해 스레드 파킹을 사용할 수 있습니다. 파킹 해제는 unpark() 메서드를 파킹 해제하기를 원하는 스레드에 해당하는 Thread 객체에서 호출합니다. 이런 객체는 spawn으로부터 리턴되는 조인 핸들join handle로부터 얻거나 혹은 스레드 스스로가 std::thread::current()를 사용해서 얻을 수 있습니다.

두 스레드에서 뮤텍스를 사용해 큐 하나를 공유하는 예제를 살펴봅시다. 아래 예제에서는 메인 스레드가 큐에 매 초마다 아이템을 추가하고, 새롭게 만들어진 스레드가 큐의 아이템을 가져갑니다. 스레드 파킹은 큐가 비었을 때 스레드가 기다리도록 하기 위해서 사용됩니다.

```
use std::time::Duration;
use std::collections::VecDeque;
fn main() {
    let queue = Mutex::new(VecDeque::new());
    thread::scope(|s| {
        // 소비자 스레드
        let t = s.spawn(|| loop {
            let item = queue.lock().unwrap().pop_front();
```

```
            if let Some(item) = item {
                dbg!(item);
            } else {
                thread::park();
            }
        });
        // 생산자 스레드
        for i in 0.. {
            queue.lock().unwrap().push_back(i);
            t.thread().unpark();
            thread::sleep(Duration::from_secs(1));
        }
    });
}
```

소비자 스레드는 무한 루프 안에서 큐의 아이템을 하나 빼서 **dbg** 매크로를 사용해 값을 출력합니다. 큐가 비었다면 스레드는 작동을 멈추고 park() 함수를 사용해 잠자기 상태로 들어갑니다. 만일 파킹 상태가 해제되면 park() 함수의 호출이 리턴되고 다시 큐가 빌 때까지 loop가 계속됩니다.

생산자 스레드는 매 초마다 새로운 숫자를 만들어 큐에 넣습니다. 큐에 아이템을 추가할 때마다 unpark() 메서드를 소비자 스레드에 사용해 파킹 상태를 해제합니다. 이제 소비자 스레드가 대기 상태에서 해제되고 다음 원소를 처리할 수 있습니다.

여기서 눈 여겨봐야 할 점은 이 프로그램이 이론적으로는 오류가 없지만 파킹을 코드에서 삭제한다면 실제로 매우 비효율적이라는 것입니다. 매우 중요한 사실은 park() 함수를 리턴하는 경우는 unpark()가 실행될 때만이 아니라는 것입니다. 매우 드물게 스레드를 **속여서 깨우는 상황**spurious wake-up이 발생합니다. 하지만 이 문제는 앞에서 살펴본 예제에서는 발생하지 않습니다. 소비자 스레드가 큐를 잠금 상태로 만들고 큐가 빈 상태라면 즉시 잠금을 해제한 다음 스스로 파킹 상태가 되기 때문입니다.

스레드 파킹의 중요한 특징은 스레드가 파킹되기 전에 unpark()를 호출해도 이 요청이 사라지지 않고 유지된다는 점입니다. 파킹 해제 요청은 어딘가에 잘 기록되어 있어서 스레드가 파킹 상태가 되려고 하는 순간, 해당 요청을 기억해서 잠자기 상태로 진입하지 않고 작업을 계속합니다. 올바른 작동을 위해 이것이 왜 중요한지 알아보기 위해 두 스레드에서 실행되는 작업의 순서를 살펴보겠습니다.

1. 소비자 스레드^{consumer thread}(C)가 큐를 잠급니다.

2. C가 큐에서 아이템을 꺼내려고 시도하지만 큐가 비어 있어 None이 리턴됩니다.

3. C가 큐의 잠금을 해제합니다.

4. 생산자 스레드^{producer thread}(P)가 큐를 잠급니다.

5. P가 새 아이템을 큐에 추가합니다.

6. P가 큐의 잠금을 다시 해제합니다.

7. P가 unpark()를 호출하여 새 아이템이 있음을 C에게 알립니다.

8. C는 park()를 호출하여 더 많은 아이템을 기다리기 위해 잠자기 상태가 됩니다.

3번에서 큐의 잠금을 해제하는 것과 8번에서 스레드를 파킹하는 사이의 매우 짧은 시간 동안에, 즉 실제로 스레드가 파킹되기 전에 4~7번 과정이 수행될 수 있습니다. 만일 스레드가 파킹되지 않은 상태에서 unpark()가 아무 일도 하지 않는다면 파킹 해제 요청은 사라질 것입니다. 소비자 스레드는 큐에 값이 존재함에도 불구하고 여전히 기다리는 상태일 것입니다. 파킹 해제 요청이 저장되었다가 park()가 호출되었을 때 사용되므로 이런 문제는 걱정할 필요가 없습니다.

하지만 파킹 해제 요청이 여러 개로 쌓이지는 않습니다. unpark()를 두 번 호출하고 park()를 두 번 호출하면 여전히 스레드는 잠자기 상태가 됩니다. 첫 번째 park() 호출이 파킹 해제 요청을 받자마자 함수가 종료되고, 두 번째 호출은 평소와 같이 잠자기 상태로 들어갑니다.

즉, 위의 예제에서는 모든 아이템이 처리된 후 스레드를 파킹하는 것이 아니라 큐가 비어 있는 것으로 확인된 경우에만 스레드를 파킹한다는 것이 중요합니다. 위의 예제에서는 1초라는 긴 시간 동안 잠자기 상태가 되기 때문에 일어날 가능성이 매우 낮지만, 여러 번의 unpark() 호출이 단 하나의 park() 호출만 종료할 가능성이 있습니다.

만일 park() 함수가 종료된 시점과 큐가 잠금 상태가 되고 비워진 시점 중간에 unpark()가 호출된다면 사실 unpark()를 호출할 필요가 없습니다. 하지만 여전히 unpark()는 다음 park() 호출이 즉시 종료되게끔 합니다. 이로 인해 (비어 있는) 큐가 잠금 상태가 되었다가 해제되는 데 추가로 시간이 소요됩니다. 프로그램의 결과는 여전히 정확하겠지만, 효율성과 성능 측면에는 영향이 있습니다.

이 메커니즘은 위의 예시처럼 간단한 경우에는 매우 잘 작동하지만 복잡한 상황에서는 쉽게 작동하지 않게 됩니다. 예를 들어, 여러 개의 소비자 스레드가 하나의 큐로부터 아이템을 가져간다면 생산자 스레드는 어떤 스레드가 기다리고 있는지 알 수 없고 어떤 스레드를 깨워야 하는지도 알 수 없습니다. 따라서 생산자 스레드는 어떤 스레드가 대기 중이고, 어떤 조건이 만족되기를 기다리고 있는지를 정확히 알고 있어야 합니다.

1.8.2 조건 변수

조건 변수^{condition variable}는 뮤텍스에 의해 보호되는 데이터에 어떤 일이 발생할 때까지 기다리는 데 보다 일반적으로 사용되는 방법입니다. 조건 변수는 **대기**^{wait}와 **알림**^{notify}이라는 두 가지 메서드가 있습니다. 스레드는 조건 변수의 대기 메서드를 통해 대기하고 있을 수 있으며, 다른 스레드가 해당 조건 변수의 알림 메서드를 사용하면 대기하고 있던 스레드가 깨어납니다. 여러 개의 스레드는 하나의 조건 변수를 기다리고 있을 수 있으며, 하나의 대기 스레드만 깨울 수도 있고 모든 대기 스레드를 깨울 수도 있습니다.

즉 조건 변수를 특정한 이벤트, 혹은 우리가 관심이 있는 이벤트를 위해 생성할 수 있다는 의미입니다. 앞에서 본 비어 있는 큐에 값이 들어오기를 기다리는 것과 같은 이벤트를 위해서 조건 변수를 생성할 수 있습니다. 이벤트를 발생시키거나 조건을 만족시키는 스레드는 조건 변수를 기다리고 있는 스레드에 대해 알지 못하는 상태로 조건 변수에 해당 내용을 알리게 됩니다.

뮤텍스를 잠금 해제하고 조건 변수를 기다리는 동안 알림을 놓치는 일이 발생할 수 있는데, 이를 막기 위해서 조건 변수는 **아토믹하게** 뮤텍스를 잠금 해제하고 대기를 시작합니다. 알림은 절대 놓칠 수가 없다는 의미입니다.

러스트 표준 라이브러리는 조건 변수를 std::sync::Condvar로 제공합니다. wait 메서드는 뮤텍스가 잠김 상태임을 정확하게 알기 위해 MutexGuard를 입력으로 받습니다. 먼저 조건 변수는 뮤텍스를 잠금 해제하고 스레드를 잠자기 상태로 만듭니다. 스레드가 깨어나면 뮤텍스를 다시 잠근 후 뮤텍스가 다시 잠김 상태임을 검증하기 위해 새로운 MutexGuard를 리턴합니다.

조건 변수에는 하나의 스레드만을 깨우는 notify_one과 모든 스레드를 깨우는 notify_all이 있습니다.

스레드 파킹에서 보았던 예제를 Condvar를 사용해 수정해보겠습니다.

```
use std::time::Duration;
use std::sync::Condvar;

fn main() {
    let queue = Mutex::new(VecDeque::new());
    let not_empty = Condvar::new();
    thread::scope(|s| {
        s.spawn(|| loop {
            let mut q = queue.lock().unwrap();
            let item = loop {
                if let Some(item) = q.pop_front() {
                    break item;
                } else {
                    q = not_empty.wait(q).unwrap();
                }
            };
            drop(q);
            dbg!(item);
        });
        for i in 0.. {
            queue.lock().unwrap().push_back(i);
            not_empty.notify_one();
            thread::sleep(Duration::from_secs(1));
        }
    });
}
```

여기서 바뀐 점은 다음과 같습니다.

- 이제 큐를 포함하는 Mutex뿐만 아니라 '비어 있지 않음' 조건을 전달하기 위한 Condvar도 있습니다.

- 더 이상 어떤 스레드를 깨울지 알 필요가 없기 때문에 더 이상 spawn의 리턴값을 저장하지 않습니다. 대신 조건 변수의 notify_one 메서드로 대기하는 스레드를 깨웁니다.

- 잠금 해제, 대기, 다시 잠그기는 모두 wait 메서드를 통해 이루어집니다. 가드를 wait 메서드에 전달하면서도 아이템을 처리하기 전에 가드를 드랍할 수 있도록 제어 흐름을 약간 재구성해야만 했습니다.

이제 아무것도 변경하지 않고도 원하는 만큼의 소비자 스레드를 생성하고, 심지어는 나중에 더 많이 생성할 수도 있습니다. 조건 변수는 관심 있는 스레드에 알림을 전달하는 역할을 합니다.

서로 다른 조건에 관심이 있는 스레드가 있는 더 복잡한 시스템이라면 각 조건에 대해 Condvar

를 정의할 수 있습니다. 예를 들어 대기열이 비어 있지 않음을 나타내기 위해 하나를 정의하고 대기열이 비어 있음을 나타내기 위해 다른 하나를 정의할 수 있습니다. 그러면 각 스레드는 자신이 수행 중인 작업과 관련된 조건에서 알림이 발생할 때까지 대기합니다.

일반적으로 Condvar는 단일 뮤텍스에서만 사용됩니다. 두 개의 스레드가 서로 다른 뮤텍스를 사용하여 동시에 조건 변수를 기다리려고 하면 패닉이 발생할 수 있습니다.

Condvar의 단점은 Mutex와 함께 사용할 때만 작동한다는 것이지만, 대부분의 경우 데이터를 보호하기 위해 이미 뮤텍스를 사용하고 있기 때문에 큰 문제는 아닙니다.

thread::park()와 Condvar::wait()의 시간 제한이 있는 변형인 thread::park_timeout() 과 Condvar::wait_timeout()도 있습니다. 이 함수는 알림을 기다리는 것을 포기하고 무조건 깨어나야 하는 시간인 Duration을 추가 인수로 받습니다.

요점 정리

- 동일한 프로그램 내에서 여러 스레드를 동시에 실행할 수 있으며 언제든지 새로운 스레드를 생성할 수 있습니다.
- 메인 스레드가 종료되면 전체 프로그램이 종료됩니다.
- 데이터 경합은 정의되지 않은 동작으로, 러스트의 타입 시스템에 의해 (unsafe 코드가 아니라면) 완전히 방지할 수 있습니다.
- Send 트레이트를 구현하는 데이터는 다른 스레드로 전송할 수 있고, Sync 트레이트를 구현하는 데이터는 스레드 간에 공유할 수 있습니다.
- 일반 스레드의 라이프타임은 프로그램의 실행 시간과 같으므로 'static 라이프타임의 데이터 또는 누수된 할당^{leaked allocation}만 소유권을 대여할 수 있습니다.
- 레퍼런스 카운팅(Arc)을 사용하면 소유권을 공유하여 적어도 하나의 스레드가 데이터를 사용하는 한 데이터가 지속되도록 할 수 있습니다.
- 범위 제한 스레드는 스레드의 라이프타임을 제한해 로컬 변수와 같은 'static 라이프타임이 아닌 데이터를 대여할 수 있도록 하는 데 유용합니다.
- &T는 공유 레퍼런스이고 &mut T는 독점 레퍼런스입니다. 일반 타입은 공유 레퍼런스를 통한 값의 변경을 허용하지 않습니다.

- 일부 타입은 UnsafeCell 덕분에 내부 가변성을 가지고 있어서 공유 레퍼런스를 통한 값의 변경이 가능합니다.

- 단일 스레드에서 내부 가변성을 위한 표준 타입은 Cell과 RefCell입니다. Atomics, Mutex, RwLock은 멀티 스레드에 해당하는 타입입니다.

- Cell과 아토믹 타입들은 전체 값만 교체할 수 있는 반면, RefCell, Mutex, RwLock은 접근 규칙을 동적으로 적용하여 값을 직접 변경할 수 있습니다.

- 스레드 파킹은 스레드가 특정 조건을 기다리는 데 편리한 방법입니다.

- 스레드가 기다리는 조건이 Mutex로 보호되는 데이터와 관련되었다면 Condvar를 사용하는 것이 스레드 파킹보다 더 편리하고 효율적입니다.

아토믹

아토믹^{atomic}은 그리스어 $\acute{\alpha}\tau o\mu o\varsigma$에서 유래한 말로, **더 이상 작은 것으로 나누어질 수 없다는 의미**를 지닙니다. 컴퓨터 과학에서 아토믹이라는 단어는 더 이상 나눌 수 없는 연산, 즉 완전히 수행되었거나 아직 수행되지 않은 상태를 표현하는 데 사용합니다.

1.4절에서 언급했듯이, 여러 스레드가 동시에 동일한 변수를 읽고 변경하는 것은 정의되지 않은 동작을 발생시킵니다. 하지만 아토믹 연산을 사용하면 여러 스레드가 안전하게 동일한 변수를 읽고 변경할 수 있습니다. 이러한 아토믹 연산은 더 이상 작게 나눌 수 없기 때문에 다른 아토믹 연산이 완전히 끝나거나 다른 연산이 시작되기 전에 수행하여 정의되지 않은 동작을 발생시키지 않습니다. 하드웨어 수준에서 아토믹이 어떻게 작동하는지는 7장에서 상세히 살펴보겠습니다.

아토믹 연산은 멀티스레드와 관련된 모든 것의 기초가 됩니다. 뮤텍스나 조건 변수와 같은 모든 동시성의 기본 구성 요소가 바로 아토믹 연산으로 구현된 것들입니다.

러스트에서는 아토믹 연산이 `std::sync::atomic`에 정의된 표준 아토믹 타입들의 메서드로 사용 가능합니다. 이들은 모두 **AtomicI32**나 **AtomicUsize**와 같이 **Atomic**으로 시작하는 이름을 갖고 있습니다. 사용 가능한 아토믹 타입은 하드웨어 아키텍처와 운영체제에 따라 다르지만, 거의 모든 플랫폼에서 최소한 단일 포인터 크기까지의 모든 아토믹 타입을 제공합니다.

대부분의 타입들과 다르게, 아토믹 타입들은 공유 레퍼런스(예: **&AtomicU8**)를 통한 값의 변경이 가능합니다. 1.5절에서 다루었던 내부 가변성 덕분에 가능한 일입니다.

아토믹 타입들은 모두 데이터의 store-and-load, fetch-and-modify, compare-and-exchange 연산들에 대해서 동일한 인터페이스를 가지고 있습니다. 각각에 대해서는 이 장의 나머지 부분에서 좀 더 자세히 다루겠습니다.

서로 다른 아토믹 연산에 대해 알아보기 전에 **메모리 순서**^{memory ordering}라는 개념을 먼저 살펴봐야 합니다.

모든 아토믹 연산은 `std::sync::atomic::Ordering` 타입의 파라미터를 입력받는데, 이 파라미터는 아토믹 연산 간의 상대적인 연산 순서에 대해서 무엇을 보장할지를 결정합니다. 가장 적은 보장을 제공하는 간단한 변형은 `Relaxed`입니다. `Relaxed`는 단일 아토믹 변수에 대해서는 일관성을 보장하지만, 서로 다른 변수 사이의 상대적인 언신 순시는 아무것도 보장하지 않습니다.

좀 더 자세히 설명하면 두 스레드에서 변수들에 대한 연산이 스레드마다 다른 순서로 발생할 수 있다는 의미입니다. 예를 들어 하나의 스레드가 한 변수에 값을 먼저 쓴 다음 이어서 매우 빠르게 두 번째 변수에 쓴 경우, 다른 스레드에서는 해당 내용이 반대 순서로 발생하는 것처럼 보일 것입니다.

이번 장에서는 이런 문제 대신 간단하게 `Relaxed`를 사용해서 아토믹 연산을 간단하게 살펴볼 것입니다. 메모리 순서에 대해서는 3장에서 자세히 다루겠습니다.

2.1 아토믹한 데이터 load 및 store 연산

가장 먼저 살펴볼 아토믹 연산 load와 store는 가장 기본적인 연산입니다. AtomicI32를 예로 들어 각각의 함수 시그니처를 살펴보면 다음과 같습니다.

```
impl AtomicI32 {
    pub fn load(&self, ordering: Ordering) -> i32;
    pub fn store(&self, value: i32, ordering: Ordering);
}
```

load 메서드는 아토믹 변수에 저장된 값을 아토믹하게 읽어들이고, store 메서드는 아토믹하게 새 값을 변수에 씁니다. store 메서드는 값을 수정하더라도 독점적 참조(&mut T)가 아닌 공유 참조(&T)를 사용한다는 점에 유의하세요.

이번에는 이 두 메서드의 좀 더 실제적인 예제를 살펴보겠습니다.

예제 1 정지 플래그

첫 번째 예시는 AtomicBool을 **정지 플래그**[stop flag]로 사용하는 것입니다. 해당 플래그는 다른 스레드를 멈추는 데 사용됩니다.

```
use std::sync::atomic::AtomicBool;
use std::sync::atomic::Ordering::Relaxed;

fn main() {
    static STOP: AtomicBool = AtomicBool::new(false);
    // 작업을 수행할 스레드를 생성함
    let background_thread = thread::spawn(|| {
        while !STOP.load(Relaxed) {
            some_work();
        }
    });
    // 메인 스레드에서 사용자 입력을 받음
    for line in std::io::stdin().lines() {
        match line.unwrap().as_str() {
            "help" => println!("commands: help, stop"),
            "stop" => break,
            cmd => println!("unknown command: {cmd:?}"),
        }
    }
    // 백그라운드 스레드가 멈추도록 함
    STOP.store(true, Relaxed);
    // 백그라운드 스레드가 멈출 때까지 기다림
    background_thread.join().unwrap();
}
```

이 예제에서는 백그라운드 스레드가 some_work()를 반복적으로 실행하는 동시에 메인 스레드에서는 사용자가 프로그램과 상호작용하기 위해 몇 가지 명령을 입력할 수 있습니다. 이 간단한 예제에서 유용한 명령은 프로그램을 중지하는 stop입니다.

백그라운드 스레드가 중지되도록 하려면 아토믹 STOP 불리언을 사용해 이 조건을 백그라운드 스레드에 전달합니다. 메인 스레드가 사용자로부터 중지 명령을 받으면 플래그를 true로 설정하고, 백그라운드 스레드는 새로운 반복이 시작되기 전에 이 플래그를 확인합니다. 메인 스레드는 join 메서드를 사용하여 백그라운드 스레드가 현재 반복을 완료할 때까지 기다립니다.

이 간단한 해결책은 백그라운드 스레드가 플래그를 정기적으로 확인하는 한 잘 작동합니다. 하지만 스레드가 some_work()에 오랫동안 멈춰 있으면 중지 명령과 프로그램 종료 사이에 상당히 긴 지연이 발생할 수 있습니다.

예제 2 진행 상황 보고

다음 예제에서는 백그라운드 스레드에서 100개의 아이템을 하나씩 처리하고, 메인 스레드는 진행 상황을 정기적으로 사용자에게 보고합니다.

```rust
use std::{sync::atomic::AtomicUsize, time::Duration};

fn main() {
    let num_done = AtomicUsize::new(0);

    thread::scope(|s| {
        // 백그라운드 스레드가 아이템 100개를 처리함
        s.spawn(|| {
            for i in 0..100 {
                process_item(i); // 이 작업에 시간이 소요된다고 가정함
                num_done.store(i + 1, Relaxed);
            }
        });

        // 메인 스레드는 매초 상태 업데이트를 출력함
        loop {
            let n = num_done.load(Relaxed);
            if n == 100 {
                break;
            }
            println!("Working.. {n}/100 done");
            thread::sleep(Duration::from_secs(1));
        }
    });
```

```
        println!("Done!");
    }
```

이번에는 범위 스레드(1.2절 참조)를 사용해 스레드가 자동으로 조인되고, 지역 변수의 소유권을 대여할 수 있도록 구성했습니다.

매번 백그라운드 스레드가 아이템 작업을 끝내면, 지금까지 처리한 아이템 수를 `AtomicUsize`에 저장합니다. 메인 스레드는 1초에 한 번 이 숫자를 사용자에게 보고합니다. 만일 메인 스레드가 100개 모두가 처리되었다고 판단하면, 즉시 범위를 벗어나고 스레드를 암시적으로 조인한 다음 사용자에게 모든 작업이 끝났음을 보고합니다.

동기화

마지막 항목이 처리되면 메인 스레드가 이를 인식하는 데 최대 1초가 걸릴 수 있어서 마지막에 불필요한 지연이 발생할 수 있습니다. 이 문제를 해결하기 위해 스레드 파킹(1.8.1절 참조)을 사용하여 관심을 가질 만한 새로운 정보가 있을 때마다 메인 스레드를 잠자기 상태에서 깨울 수 있습니다.

다음은 위에서 살펴본 것과 동일한 예시인데 `thread::sleep` 대신 `thread::park_timeout`을 사용했습니다.

```rust
fn main() {
    let num_done = AtomicUsize::new(0);
    let main_thread = thread::current();
    thread::scope(|s| {
        // 백그라운드 스레드가 아이템 100개를 처리함
        s.spawn(|| {
            for i in 0..100 {
                process_item(i); // 이 작업에 시간이 소요된다고 가정함
                num_done.store(i + 1, Relaxed);
                main_thread.unpark(); // 메인 스레드를 깨움
            }
        });
        // 메인 스레드는 매초 상태 업데이트를 출력함
        loop {
            let n = num_done.load(Relaxed);
            if n == 100 {
```

```
            break;
        }
        println!("Working.. {n}/100 done");
        thread::park_timeout(Duration::from_secs(1));
    }
});
println!("Done!");
}
```

크게 달라진 것은 없습니다. 이제 백그라운드 스레드에서 모든 상태가 업데이트되면 메인 스레드의 파킹을 해제합니다. 이때 thread::current()를 통해 획득한 메인 스레드 핸들을 사용할 수 있습니다. 이제 메인 스레드는 sleep 대신 park_timeout을 사용하여 중단될 수 있습니다.

이제 모든 상태 업데이트가 사용자에게 즉시 보고되는 동시에 프로그램이 계속 실행 중임을 표시하기 위해 매초 마지막 업데이트를 반복합니다.

예제 3 게으른 초기화

고급 아토믹 연산으로 넘어가기 전에 마지막으로 살펴볼 예제는 **게으른 초기화**lazy initialization입니다.

파일에서 읽거나 운영체제에서 얻거나 다른 방식으로 계산해서 얻은 값 x가 프로그램을 실행하는 동안 일정할 것으로 가정해보겠습니다. x는 운영체제의 버전일 수도 있고, 총 메모리 크기일 수도 있고, 타우[1]의 400번째 숫자일 수도 있습니다. 이 예제에서는 크게 중요하지 않습니다.

x 값이 변경되지 않을 것이라고 가정하고 있기 때문에 값 x가 필요한 첫 시점에만 x를 요청하거나 계산하고 결과를 기억해두면 됩니다. 이 값이 필요한 첫 번째 스레드가 값을 계산하고 아토믹 static으로 값을 저장해두면 첫 스레드를 포함한 모든 스레드에서 나중에 이 값이 필요할 때 값에 접근이 가능합니다.

다음 예제에서는 문제를 간단하게 만들기 위해서 x가 절대 0이 아니라고 가정하고, x가 계산되기 전의 기본값으로 0을 선택했습니다.

....
1 베타리더_ *https://madethisthing.com/iq/Tau-Digits*

```
use std::sync::atomic::AtomicU64;

fn get_x() -> u64 {
    static X: AtomicU64 = AtomicU64::new(0);
    let mut x = X.load(Relaxed);
    if x == 0 {
        x = calculate_x();
        X.store(x, Relaxed);
    }
    x
}
```

get_x()를 처음 호출하는 스레드는 static X를 확인하는 데 값이 0이기 때문에 값을 계산하고 그 결과를 다시 static에 저장하여 나중에 사용할 수 있도록 합니다. 나중에 get_x()를 호출하면 static의 값이 0이 아닌 것을 확인하고 다시 계산하지 않고 즉시 반환합니다.

그러나 첫 번째 스레드가 여전히 x를 계산하는 동안 두 번째 스레드가 get_x()를 호출하면 두 번째 스레드도 0을 보고 동시에 x를 계산합니다. 어느 스레드가 먼저 완료하는지에 따라 스레드 중 하나가 다른 스레드의 결과를 덮어쓰게 됩니다. 이런 상황을 **경합**race이라고 합니다. 데이터 경합이 아닌 이유는 unsafe를 사용한 정의되지 않은 동작이 아니기 때문입니다. 하지만 여전히 어느 스레드가 값에 먼저 접근하는지 알 수 없기 때문에 경합 상태입니다.

우리는 x의 값이 항상 일정할 것으로 예상하기 때문에 누가 경합에서 이기느냐는 중요하지 않습니다. 이에 상관없이 결과는 동일하기 때문입니다. calculate_x()에 걸리는 시간에 따라 이 전략은 매우 효과적일 수도 있고, 그렇지 않을 수도 있습니다.

calculate_x()을 실행하는 데 시간이 오래 걸릴 것으로 예상되는 경우, 첫 번째 스레드가 X를 계산하는 동안 다른 스레드가 대기 상태로 있다면 프로세서 시간을 효율적으로 사용할 수 있습니다. 조건 변수나 스레드 파킹을 사용하여 이를 구현할 수 있지만, 지금과 같은 간단한 예제에는 이 코드를 적용하기에 너무 복잡합니다. 러스트 표준 라이브러리는 std::sync::Once와 std::sync::OnceLock을 통해 이 기능을 제공하기 때문에 우리가 직접 구현할 필요가 없습니다.

2.2 fetch-and-modify 연산

기본적인 읽기와 쓰기 연산에 대한 몇 가지 예제를 살펴보았습니다. 이제 **fetch-and-modify** 연산을 살펴보겠습니다. 아토믹 변수의 값을 변경하는 연산임과 동시에 원래 값을 읽어오는 (가져오는) 아토믹 연산입니다.

가장 많이 사용되는 함수는 덧셈을 수행하는 `fetch_add`와 뺄셈을 수행하는 `fetch_sub`입니다. 이 외에도 비트 연산을 위한 `fetch_or`, `fetch_and`가 있고, 최대/최소를 계산하는 `fetch_max`와 `fetch_min`이 있습니다.

이 함수들의 `AtomicI32`를 사용하는 시그니처는 다음과 같습니다.

```
impl AtomicI32 {
    pub fn fetch_add(&self, v: i32, ordering: Ordering) -> i32;
    pub fn fetch_sub(&self, v: i32, ordering: Ordering) -> i32;
    pub fn fetch_or(&self, v: i32, ordering: Ordering) -> i32;
    pub fn fetch_and(&self, v: i32, ordering: Ordering) -> i32;
    pub fn fetch_nand(&self, v: i32, ordering: Ordering) -> i32;
    pub fn fetch_xor(&self, v: i32, ordering: Ordering) -> i32;
    pub fn fetch_max(&self, v: i32, ordering: Ordering) -> i32;
    pub fn fetch_min(&self, v: i32, ordering: Ordering) -> i32;
    pub fn swap(&self, v: i32, ordering: Ordering) -> i32; // "fetch_store" 대신 사용
}
```

함수들의 이름 규칙에서 단 하나의 예외는 이전 값에 관계없이 단순히 새 값을 저장하는 연산으로 `fetch_store` 대신 `swap`이라는 이름을 갖고 있습니다.

`fetch_add` 함수가 연산 전에 값을 어떻게 리턴하는지 다음 예제를 통해 살펴보겠습니다.

```
use std::sync::atomic::AtomicI32;

let a = AtomicI32::new(100);
let b = a.fetch_add(23, Relaxed);
let c = a.load(Relaxed);

assert_eq!(b, 100);
assert_eq!(c, 123);
```

`fetch_add`는 값을 100에서 123으로 증가시키지만, 증가되기 전 값인 100을 리턴합니다. 이 다음에 이루어지는 어떤 연산이든 사용하는 값은 123이 됩니다.

이처럼 연산에서 리턴되는 값이 항상 의미가 있지는 않습니다. 만일 아토믹 변수에 연산이 적용되기만을 원하고 원래 값 자체는 필요 없다면 리턴값은 무시해도 괜찮습니다.

여기서 기억해야 할 가장 중요한 점은 `fetch_add`와 `fetch_sub`의 구현이 오버플로를 **감싸는** wrapping 구현이라는 것입니다. 내부의 자료형이 표현 가능한 최댓값 이상으로 값을 증가시킬 경우, 오버플로가 감싸져서 값이 최솟값이 됩니다. 일반 정수 자료형에 대한 덧셈/뺄셈이 디버그 모드에서 오버플로가 발생하는 경우 패닉을 일으키는 것과는 다른 결과가 나오게 됩니다.

2.3절에서 아토믹 덧셈이 오버플로를 어떻게 확인하고 있는지 소개할 예정입니다.

그 전에 먼저 fetch-and-modify 연산의 실제 사례를 살펴보겠습니다.

예제 1 여러 스레드의 진행 상황 보고

2.1.2절에서 `AtomicUsize`를 백그라운드 스레드의 진행 상황을 확인하는 데 사용했습니다. 만일 아이템 100개를 4개의 스레드로 분산시켜서 각각 25개씩 처리하는 경우 스레드 4개의 각 진행 상황을 알고 싶을 것입니다.

각 스레드마다 `AtomicUsize`를 만들고, 메인 스레드에서 4개의 값들을 불러와 더하면 전체 진행도를 알 수 있습니다. 하지만 더 쉬운 방법은 단 하나의 `AtomicUsize`로 전체 스레드의 진행 상황을 계산하는 것입니다.

`store` 메서드는 다른 스레드의 진행 상황을 덮어쓰기 때문에 더 이상 사용할 수 없습니다. 대신 아토믹 덧셈 연산을 사용해 모든 항목이 처리된 후 카운터를 증가시킬 수 있습니다.

2.1.2절의 예제를 다음과 같이 4개의 스레드로 분산시켜 보겠습니다.

```
fn main() {
    let num_done = &AtomicUsize::new(0);

    thread::scope(|s| {
        // 아이템 100개를 스레드 4개가 각각 25개씩 처리
        for t in 0..4 {
            s.spawn(move || {
```

```
            for i in 0..25 {
                process_item(t * 25 + i); // 이 작업에 시간이 소요된다고 가정함
                num_done.fetch_add(1, Relaxed);
            }
        });
    }
    // 메인 스레드는 매초 상태 업데이트를 출력함
    loop {
        let n = num_done.load(Relaxed);
        if n == 100 {
            break;
        }
        println!("Working.. {n}/100 done");
        thread::slccp(Duration::from_secs(1));
    }
});

    println!("Done!");
}
```

몇 가지가 바뀌었지만 가장 중요한 점은 백그라운드에 이제 4개의 스레드가 생성된다는 것입니다. 그리고 store 메서드 대신 fetch_add를 써서 num_done 변수를 변경시킵니다.

이제 백그라운드 스레드의 클로저가 move 키워드를 사용하고 num_done은 레퍼런스가 되었습니다. fetch_add 때문이 아니고 4개의 스레드를 만들기 위해서입니다. 클로저는 t를 캡처해서 어떤 스레드인지를 파악하고, 값을 0, 25, 50, 75 중에서 어디서부터 더해나갈지를 결정합니다. move가 없다면 클로저는 t를 레퍼런스로 캡처하려고 하지만, t의 라이프타임은 루프 안에서만 유효하기 때문에 이보다 더 오래 생존하는 클로저에서는 t를 캡처할 수 없습니다.

move 클로저는 값을 소유권 대여로 빌려가지 않고 클로저 안으로 캡처해서 가져갑니다(복사합니다). 클로저가 num_done 역시 캡처하기 때문에, 이 값은 레퍼런스가 되었습니다. 모두 동일한 AtomicUsize의 소유권을 대여하기 때문입니다. 아토믹 타입들은 Copy 트레이트를 갖고 있지 않아서 해당 타입을 하나 이상의 스레드로 이동시키려고 하면 에러가 발생합니다.

클로저에서 값을 캡처하는 것의 차이점을 제외한다면, fetch_add 함수를 쓰도록 바꾼 것은 매우 간단한 변경입니다. 스레드가 어떤 순서로 num_done을 증가시킬지는 알 수 없지만, 덧셈 연산은 아토믹하기 때문에 모든 스레드의 작업이 끝나면 정확히 결과가 100이 될 것이라고 확신할 수 있습니다.

아토믹을 통해 다른 스레드가 수행하는 작업 상황을 보고하는 예제를 확장하여 각 아이템을 처리하는 데 걸리는 시간에 대한 통계도 수집해보겠습니다.

num_done에 이어서, total_time과 max_time이라는 2개의 아토믹 변수를 추가해 아이템 처리에 소요된 시간을 기록합니다. 이 변수를 사용하여 평균 처리 시간과 최대 처리 시간을 보고합니다.

```rust
use std::time::Instant;

fn main() {
    let num_done = &AtomicUsize::new(0);
    let total_time = &AtomicU64::new(0);
    let max_time = &AtomicU64::new(0);

    thread::scope(|s| {
        // 아이템 100개를 스레드 4개가 각각 25개씩 처리
        for t in 0..4 {
            s.spawn(move || {
                for i in 0..25 {
                    let start = Instant::now();
                    process_item(t * 25 + i); // 이 작업에 시간이 소요된다고 가정
                    let time_taken = start.elapsed().as_micros() as u64;
                    num_done.fetch_add(1, Relaxed);
                    total_time.fetch_add(time_taken, Relaxed);
                    max_time.fetch_max(time_taken, Relaxed);
                }
            });
        }

        // 메인 스레드는 매초 상태 업데이트를 출력함
        loop {
            let total_time = Duration::from_micros(total_time.load(Relaxed));
            let max_time = Duration::from_micros(max_time.load(Relaxed));
            let n = num_done.load(Relaxed);
            if n == 100 {
                break;
            }
            if n == 0 {
                println!("Working.. nothing done yet.");
            } else {
```

```
            println!(
                "Working.. {n}/100 done, {:?} average, {:?} peak",
                total_time / n as u32,
                max_time,
            );
        }
        thread::sleep(Duration::from_secs(1));
    }
});

    println!("Done!");
}
```

이제 백그라운드 스레드는 Instant::now()와 Instant::elapsed()를 사용해서 process_item()에 소요된 시간을 측정합니다. 아토믹 덧셈atomic add 연산은 total_time에 마이크로초를 더하는 데 사용되며, 아토믹 최대atomic max 연산은 max_time에서 가장 높은 측정값을 기록하는 데 사용됩니다.

메인 스레드는 총 시간을 처리된 항목 수로 나누어 평균 처리 시간을 구한 다음, max_time의 최대 처리 시간과 함께 보고합니다.

아토믹 변수 3개가 개별적으로 업데이트되므로 메인 스레드는 스레드가 num_done을 증가시킨 후에도 total_time을 업데이트하기 전에 값을 읽어들일 수 있습니다. 그 결과 평균이 과소 추정됩니다. 좀 더 자세히 설명하면 Relaxed 메모리 순서는 다른 스레드에서 볼 때 상대적인 연산 순서를 보장하지 않기 때문에, 새로 업데이트된 total_time 값과 업데이트되지 않은 num_done의 값으로 평균을 과대 추정할 수 있습니다.

이 예제에서는 두 가지 모두 큰 문제가 되지 않습니다. 발생할 수 있는 최악의 상황은 사용자가 부정확한 평균을 잠깐 동안 볼 수 있다는 것입니다.

이를 방지하려면 세 가지 통계를 Mutex 안에 넣으면 됩니다. 그런 다음 숫자 3개를 업데이트하는 동안 뮤텍스를 잠시 잠그면 더 이상 변수들이 아토믹일 필요가 없습니다. 이렇게 하면 뮤텍스를 잠그고 해제하고 스레드를 일시적으로 차단하는 데 추가 비용이 소모되는 대신, 세 가지 업데이트를 단일 아토믹 연산으로 처리할 수 있습니다.

예제 3 **ID 할당**

이번에는 `fetch_add`의 리턴값이 필요한 예제를 살펴보겠습니다.

`allocate_new_id()`가 호출될 때마다 새로운 숫자를 리턴하는 함수가 필요하다고 가정해보겠습니다. 이 숫자를 사용해 프로그램에서 어떤 작업과 같은 요소들을 구분하는 데 사용할 수 있을 것입니다. 따라서 정수와 같이 값의 크기가 작으면서 스레드 간에 자유롭게 전달할 수 있는 타입이 필요합니다.

이 함수를 만들다 보면 `fetch_add`를 사용해야 한다는 걸 알 수 있습니다.

```
use std::sync::atomic::AtomicU32;

fn allocate_new_id() -> u32 {
    static NEXT_ID: AtomicU32 = AtomicU32::new(0);
    NEXT_ID.fetch_add(1, Relaxed)
}
```

다음에 제공할 숫자를 기록하고 값을 읽을 때마다 값을 1씩 증가시키면 됩니다. 이 함수를 처음 호출한 스레드에는 0을, 두 번째에는 1을 보내는 식입니다.

이 코드의 유일한 문제점은 오버플로가 발생할 때입니다. 4,294,967,296번째 호출은 32비트 정수의 범위를 벗어나게 되고, 다음 호출은 0을 리턴하게 됩니다.

이 코드를 어떻게 사용하느냐에 따라 문제의 양상이 달라집니다. 이 함수가 얼마나 자주 호출되는지, 그리고 중복된 숫자가 리턴되었을 때의 문제는 무엇인지 등을 고려해야 합니다. 이 값이 매우 큰 숫자처럼 보이지만, 현대 컴퓨터는 수 초면 이 정도 개수의 함수 호출을 할 수 있습니다. 메모리 안전성이 리턴된 값들의 유일성에 의존하고 있다면 함수를 이렇게 구현해서는 안 됩니다.

이를 해결하기 위해 너무 많은 함수가 호출되는 경우 패닉이 발생할 수 있습니다.

```
// 이 코드는 문제가 있음
fn allocate_new_id() -> u32 {
    static NEXT_ID: AtomicU32 = AtomicU32::new(0);
    let id = NEXT_ID.fetch_add(1, Relaxed);
    assert!(id < 1000, "too many IDs!");
```

```
        id
    }
```

이제 assert 문은 함수가 1,000번 호출된 후에 패닉 상태가 됩니다. 하지만 이미 아토믹 덧셈 연산이 실행된 이후에 발생하기 때문에 패닉에 빠졌을 때 NEXT_ID는 이미 1001로 증가된 상태입니다. 다른 스레드가 이 함수를 호출하면 패닉에 빠지기 전에 1002로 증가하게 됩니다. 시간이 좀 걸리겠지만 4,294,966,296번의 패닉이 발생한 후 NEXT_ID가 다시 0으로 오버플로되면 동일한 문제가 발생합니다.

이 문제에 대한 해결책이 세 가지 있습니다. 첫 번째는 패닉을 발생시키지 말고 오버플로 발생 시 프로세스를 완전히 중지하는 것입니다. std::process::abort 함수는 전체 프로세스를 중단하여 함수가 계속 호출될 수 없도록 합니다. 프로세스를 중단하면 다른 스레드에서 함수를 계속 호출할 수 있는 잠깐의 틈이 생길 수 있지만, 프로그램이 실제로 중단되기 전까지 함수가 42억 번 호출될 가능성은 거의 없습니다.

실제로 표준 라이브러리의 Arc::clone()에서 오버플로 검사가 구현되는 방식은 어떻게든 isize::MAX번 만큼 Arc를 복제할 경우를 대비해서 이렇게 구현되어 있습니다. 64비트 컴퓨터에서는 이런 일이 발생하기까지 수백 년이 걸리지만, isize가 32비트에 불과하다면 몇 초 만에 가능합니다.

오버플로를 처리하는 두 번째 방법은 다음과 같이 패닉이 발생하기 전에 fetch_sub를 사용하여 카운터를 다시 감소시키는 것입니다.

```
fn allocate_new_id() -> u32 {
    static NEXT_ID: AtomicU32 = AtomicU32::new(0);
    let id = NEXT_ID.fetch_add(1, Relaxed);
    if id >= 1000 {
        NEXT_ID.fetch_sub(1, Relaxed);
        panic!("too many IDs!");
    }
    id
}
```

여전히 여러 스레드가 동시에 이 함수를 실행할 때 카운터가 아주 잠깐 동안 1000 이상으로 증가할 수는 있지만, 대부분의 경우 활성 스레드 수가 정해져 있어서 오버플로가 일어날 일은 많지 않습니다. 즉 동시에 수십억 개의 활성 스레드가 존재하지 않으며, 특히 `fetch_add`와 `fetch_sub` 사이의 짧은 순간에 모두 동일한 함수를 동시에 실행하지는 않을 것이라고 가정하는 것이 합리적입니다.

이것이 표준 라이브러리의 `thread::scope` 구현에서 실행 중인 스레드 수에 대한 오버플로가 처리되는 방식입니다.

오버플로를 처리하는 세 번째 방법은 오버플로가 발생할 경우 덧셈이 일어나지 않아서 실제로 가장 좋은 방법이라고 할 수 있습니다. 하지만 지금까지 살펴본 아토믹 연산으로는 이를 구현할 수 없습니다. 이를 위해서는 compare-and-exchange 연산이 필요합니다. 다음 절에서 더 자세히 살펴보겠습니다.

2.3 compare-and-exchange 연산

가장 뛰어나고 유연한 아토믹 연산은 compare-and-exchange 연산입니다. 이 연산은 아토믹 변수의 값이 주어진 값과 동일한지 확인하고, 동일한 경우에만 새로운 값으로 대체합니다. 이 모든 작업은 단일 연산으로 이루어집니다. 연산이 실행된 다음 이전 값을 리턴하고 값이 변경되었는지를 알려줍니다.

이 연산의 시그니처^{signature}는 지금까지 살펴본 것들보다 조금 더 복잡합니다. `AtomicI32`를 예로 들면 다음과 같습니다.

```
impl AtomicI32 {
    pub fn compare_exchange(
        &self,
        expected: i32,
        new: i32,
        success_order: Ordering,
        failure_order: Ordering,
    ) -> Result<i32, i32>;
}
```

위의 코드에서 메모리 순서를 빼고, 모든 것이 단일 아토믹 연산으로 일어난다는 점만 제외하면 다음 구현과 사실상 동일합니다.

```
impl AtomicI32 {
    pub fn compare_exchange(&self, expected: i32, new: i32) -> Result<i32, i32> {
        // 실제로 읽기, 비교, 저장 모두 하나의 아토믹 연산으로 이루어짐
        let v = self.load();
        if v == expected {
            // 예상된 값이므로 값을 교체하고 성공을 보고함
            self.store(new);
            Ok(v)
        } else {
            // 예상치 못한 값이므로 값을 교체하지 않고 실패를 보고함
            Err(v)
        }
    }
}
```

이를 사용하면 아토믹 변수에서 값을 불러오고 원하는 연산을 수행한 다음, 아토믹 변수의 값이 이전과 동일한 경우에만 새로 계산된 값을 저장할 수 있습니다. 이 과정을 루프에 넣어서 값이 변경된 경우 재시도하면 다른 모든 아토믹 연산을 구현하는 데 사용할 수 있어서 가장 일반적인 아토믹 연산을 만들 수 있습니다.

compare_exchange가 실제로 어떻게 사용되는지 살펴보기 위해 fetch_add를 사용하지 않고 AtomicU32를 1만큼 증가시켜봅니다.

```
fn increment(a: &AtomicU32) {
    let mut current = a.load(Relaxed); ①
    loop {
        let new = current + 1; ②
        match a.compare_exchange(current, new, Relaxed, Relaxed) { ③
            Ok(_) => return, ④
            Err(v) => current = v, ⑤
        }
    }
}
```

① 먼저 a의 현재 값을 불러옵니다.

② 다른 스레드가 a를 동시에 수정하지 않는다고 가정한 다음 저장하고자 하는 값을 계산합니다.

③ compare_exchange을 사용해 a의 값이 이전 값과 동일한 값인 경우에만 a의 값을 업데이트합니다.

④ a가 실제로 이전과 동일하다면 새 값으로 대체되고 작업이 완료됩니다.

⑤ a의 값이 변경되었다면, 값을 불러온 직후에 다른 스레드에서 변경한 것입니다.
compare_exchange 연산은 a의 변경된 값을 제공하고, 새로운 값을 사용하여 작업을 다시 시도합니다.
값을 불러오는 시점과 업데이트 시점이 매우 짧기 때문에 여러 번 재시도할 가능성은 거의 없습니다.

> **CAUTION_** 아토믹 변수의 값이 A에서 B로 변경되었다가 load 연산과 compare_exchange 연산 사이에 다시 A가 되는 경우를 생각해보겠습니다. 두 연산은 아토믹 변수의 값이 변경되었음에도 불구하고(그리고 다시 원래 값으로 변경되어도) 모두 문제 없이 완료될 수 있습니다. 앞에서 살펴본 아토믹 변수의 값을 증가시키는 것과 같이 이런 경우는 대부분 큰 문제가 되지 않습니다. 하지만 아토믹 포인터를 사용하는 특정 알고리즘에서는 문제가 될 수 있습니다. 이를 **ABA 문제**라고 합니다.

compare_exchange 메서드와 비슷한 메서드인 compare_exchange_weak가 있습니다. 둘의 차이점은 compare_exchange_weak는 아토믹 변수의 값이 예상 값과 일치하더라도 값을 그대로 두고 오류를 리턴할 수 있다는 점입니다. 일부 플랫폼에서는 이 메서드가 더 효율적인 경우가 있습니다. 또는 위 함수와 같이 허위의 compare-and-exchange 연산이 실패하더라도 그 영향 크지 않은 경우에는 이 메서드를 사용하는 것이 더 좋습니다. compare_exchange_weak가 효율적인 이유를 알아보기 위해 저수준에서 일어나는 일은 7장에서 자세히 살펴보겠습니다.

예제 1 오버플로 없는 ID 할당

이제 2.2.3절에 나왔던 allocate_new_id()의 오버플로 문제로 돌아가보겠습니다.

오버플로를 방지하기 위해 최댓값보다 NEXT_ID가 커지지 않게 하려면 compare_exchange를 이용해 상한이 있는 아토믹 덧셈을 구현합니다. 사실상 오버플로를 방지하는 것이 불가능한 상황에서도 항상 오버플로를 올바르게 처리하는 allocate_new_id를 만들어봅시다.

```
fn allocate_new_id() -> u32 {
    static NEXT_ID: AtomicU32 = AtomicU32::new(0);
    let mut id = NEXT_ID.load(Relaxed);
```

```
    loop {
        assert!(id < 1000, "too many IDs!");
        match NEXT_ID.compare_exchange_weak(id, id + 1, Relaxed, Relaxed) {
            Ok(_) => return id,
            Err(v) => id = v,
        }
    }
}
```

이제 NEXT_ID를 수정하기 전에 값을 확인하고 패닉을 발생시켜 NEXT_ID가 1000 이상으로 증가하지 않도록 만들어서 오버플로가 일어나지 않게 합니다. 이제 상한을 1000에서 u32::MAX로 증가시키면 값이 상한보다 커질 수 있는 에지 케이스에 대해 걱정할 필요가 없습니다.

---

fetch_update

아토믹 타입에는 compare-and-exchange를 루프 안에서 반복하는 패턴을 위한 fetch_update라는 편리한 메서드가 있습니다. 위에서 한 것과 같이 load 연산에 이어 계산과 compare_exchange_weak를 반복하는 루프가 있다는 점은 동일합니다.

이 함수를 사용하면 한 줄로 allocate_new_id 함수를 구현할 수 있습니다.

```
NEXT_ID
    .fetch_update(Relaxed, Relaxed, |n| n.checked_add(1))
    .expect("too many IDs!")
```

자세한 내용은 메서드의 공식 문서를 참고하길 바랍니다.

이 책에서는 fetch_update 메서드를 사용하지 않고 개별 아토믹 연산을 소개합니다.

예제 2 게으른 일회성 초기화

2.1.3절에서 상수의 게으른 초기화를 살펴보았습니다. 첫 번째 호출에서 값을 게으르게 초기화하고, 이후 호출에서 값을 재사용하는 함수를 만들었습니다. 첫 번째 호출 중에 여러 스레드가 동시에 함수를 실행하면 둘 이상의 스레드가 동시에 값을 초기화할 수 있어서 예측 불가능

한 순서로 서로의 결과를 덮어쓰게 됩니다.

변수의 값이 항상 일정하거나, 값이 변경되어도 상관없다면 값이 덮어씌워져도 상관없습니다. 그러나 프로그램이 한 번 실행되었을 때 초기화 함수를 여러 번 실행하더라도 같은 값이 나와야 합니다. 하지만 함수를 호출할 때마다 매번 다른 값으로 초기화되는 경우가 있습니다.

예를 들어 프로그램을 실행할 때마다 단 한 번만 무작위로 생성되는 키를 리턴하는 get_key() 함수를 가정해보겠습니다. 이 키는 프로그램과 통신하는 데 사용되는 암호화 키일 수 있습니다. 프로그램이 실행될 때마다 고유한 값을 매번 생성하면서 프로그램이 진행되는 과정 중에는 일정하게 유지되어야 합니다.

이는 키를 생성한 후에 단순히 store 연산을 사용할 수 없다는 뜻입니다. 얼마 전 다른 스레드에 의해 만들어진 키가 현재 키를 덮어씌울 수 있기 때문입니다. 대신, compare_exchange를 사용해서 다른 스레드가 아직 키를 저장하지 않았다면 단 한번만 키를 저장하도록 할 수 있습니다. 다른 스레드에서 새로운 키 값을 생성했더라도, 이미 저장된 값이 있다면 그 값은 버려지게 됩니다.

이 방법으로 구현한 코드는 다음과 같습니다.

```rust
fn get_key() -> u64 {
    static KEY: AtomicU64 = AtomicU64::new(0);
    let key = KEY.load(Relaxed);
    if key == 0 {
        let new_key = generate_random_key();①
        match KEY.compare_exchange(0, new_key, Relaxed, Relaxed) { ②
            Ok(_) => new_key, ③
            Err(k) => k, ④
        }
    } else {
        key
    }
}
```

① 아직 KEY가 초기화되지 않은 경우에만 키를 생성합니다.

② 키의 값이 아직 0인 경우에만 키의 값을 새로운 값으로 교체합니다.

③ 키의 값을 0에서 다른 값으로 변경한 경우 새로운 키를 리턴합니다. get_key()가 다시 호출되는 경우 이미 만들어진 KEY를 리턴합니다.

④ 스레드 경합 과정에서 다른 스레드가 먼저 KEY를 초기화했다면 현재 스레드에서 생성한 값은 버려지고 이미 생성된 KEY를 사용합니다.

이 경우에는 compare_exchange가 compare_exchange_weak보다 적합합니다. compare-and-exchange 연산을 루프 안에서 실행하지 않고, 연산이 거짓으로[spuriously] 실패했을 경우 0을 리턴하지 않습니다.

2.1.3절에서 이미 언급했듯이 generate_random_key()를 실행하는 데 시간이 오래 걸립니다. 따라서 초기화 단계에서 사용하지 않을 키들을 생성하는 데 시간을 소요하지 않기 위해서 다른 스레드를 차단하는 것이 좋습니다. 러스트 표준 라이브러리는 해당 기능을 std::sync::Once와 std::sync::OnceLock으로 제공합니다.

요점 정리

- 아토믹 연산은 분할할 수 없으며 완전히 완료되었거나 아직 일어나지 않은 두 가지 상태만을 가집니다.
- 러스트의 아토믹 연산은 AtomicI32와 같은 std::sync::atomic의 아토믹 타입을 통해 수행됩니다.
- 모든 플랫폼에서 모든 아토믹 타입을 사용할 수 있는 것은 아닙니다.
- 여러 변수가 관련된 경우 아토믹 연산의 상대적 순서를 고려하는 것은 매우 복잡합니다. 이와 관련된 내용은 3장에서 자세히 설명합니다.
- 간단한 읽기와 쓰기는 정지 플래그와 상황 보고와 같은 매우 기본적인 스레드 간 통신에 유용합니다.
- 게으른 초기화는 데이터 경합을 일으키지 않으면서도 단순 경합만으로 처리할 수 있습니다.
- fetch-and-modify 연산은 여러 스레드가 동일한 아토믹 변수를 수정할 때 특히 유용한 기본 아토믹 연산입니다.
- 아토믹 덧셈과 뺄셈은 오버플로를 우회해서 패닉을 방지합니다.
- compare-and-exchange 연산은 가장 유연하고 일반적인 연산이며 다른 아토믹 연산을 만들기 위한 기본적인 구성 요소입니다.
- 약한 compare-and-exchange 연산은 플랫폼에 따라 일반적인 compare-and-exchange 연산보다 약간 더 효율적일 수 있습니다.

메모리 순서

2장에서는 **메모리 순서**^{memory ordering}를 간략히 다뤘습니다. 이번 장에서는 메모리 순서를 더 자세히 살펴보겠습니다. 사용 가능한 모든 메모리 순서의 옵션과 언제 어떤 옵션을 사용해야 하는지에 대해 소개합니다.

3.1 메모리 순서 재정렬과 최적화

프로세서와 컴파일러는 프로그램을 빠르게 동작시키기 위해 모든 방법을 동원합니다. 만일 프로그램에서 두 개의 연속된 명령이 서로에게 영향을 주지 않는다면, 프로세서는 둘의 **순서를 바꿔 실행하는 것**이 더 빠르다고 판단할 수 있습니다. 주 메모리에서 값을 가져오는 동안 잠시 휴식 상태가 되어 기다리는 명령이 있다고 생각해보겠습니다. 프로그램의 결과에 영향을 주지 않는다면 이 명령의 다음에 있는 명령들이 먼저 실행되고, 심지어는 기다리고 있는 명령이 끝나기 전에 모두 실행이 끝날 수도 있습니다. 비슷하게 컴파일러도 프로그램의 실행 속도를 빠르게 할 수 있다면 프로그램의 순서 일부분을 바꾸거나 재작성할 수 있습니다.

다음 함수를 활용해서 예를 들어봅시다.

```rust
fn f(a: &mut i32, b: &mut i32) {
    *a += 1;
    *b += 1;
```

```
    *a += 1;
  }
```

여기서 컴파일러는 분명히 연산의 실행 순서가 크게 상관없다는 것을 알아챌 것입니다. 세 번의 덧셈 연산 순서가 *a와 *b의 결괏값에 영향을 주지 않기 때문입니다. (이때 오버플로 검사를 하지 않는다고 가정합니다.) 따라서 두 번째와 세 번째 연산의 순서를 바꾸고, 첫 번째와 두 번째 덧셈 연산을 하나로 합치게 됩니다.

```
fn f(a: &mut i32, b: &mut i32) {
    *a += 2;
    *b += 1;
  }
```

이 최적화된 컴파일 과정으로 만들어진 함수를 실행할 때 프로세서는 여러 가지 이유로 두 번째 덧셈을 첫 번째 덧셈보다 먼저 수행할 수도 있습니다. *b가 캐시에 존재하고 *a는 주 메모리에서 가져와야 하는 경우가 바로 그런 상황입니다.

이런 최적화와 상관없이 결과는 항상 같습니다. *a는 값이 2만큼, *b는 값이 1만큼 증가합니다. 두 값이 어떤 순서로 증가하는지는 프로그램의 나머지 부분에서는 알 수 없습니다.

특정한 메모리 순서를 재배치하는 것 또는 최적화가 프로그램의 다른 부분에 영향을 주지 않는지 확인하는 로직은 다른 스레드를 고려하지 않습니다. 위의 예제에서 유일한 레퍼런스인 &mut i32를 사용하지 않으면 값에 접근할 수 없기 때문에 다른 스레드의 존재 여부가 영향을 주지 않습니다. 하지만 스레드 간에 공유된 값이 변경될 때, 즉 아토믹을 사용하는 경우에는 문제가 될 수 있습니다. 그렇기 때문에 컴파일러와 프로세스가 아토믹 연산과 관련해서 할 수 있는 작업과 없는 작업을 명시적으로 알려줘야 합니다. 컴파일러와 프로세서의 일반적인 로직은 스레드 간의 상호작용을 무시하거나 최적화 과정에서 프로그램의 결과가 달라지게 만들 수 있기 때문입니다.

컴파일러와 프로세서에게 이 사실을 **어떻게** 알려줘야 할까요? 허용되는 것과 허용되지 않는 것을 너무 구체적으로 설명하면 동시성 프로그래밍의 문법이 지나치게 장황해져 개발자가 실수하기 쉬워집니다. 심지어 문법이 아키텍처에 따라 달라질 수도 있습니다.

```
let x = a.fetch_add(1,
    컴파일러와 프로세서 여러분,
    b에 대한 연산 순서를 자유롭게 변경해도 되지만,
    동시에 f를 실행하는 다른 스레드가 있다면,
    c에 대한 연산과의 순서를 바꾸지 마세요!
    또한 프로세서, 스토어 버퍼를 플러시하는 것을 잊지 마세요!
    하지만 b가 0이라면 상관없습니다.
    무엇이든 가장 빠른 방법을 자유롭게 사용하세요.
    고마워요~ <3

);
```

이렇게 장황한 표현 대신, 모든 아토믹 연산이 파라미터로 사용하는 std::sync::atomic::Ordering 열거형의 몇 가지 옵션을 사용할 수 있습니다. 사용 가능한 옵션의 범위는 매우 제한적이지만 대부분의 사용 사례에 적합하도록 신중하게 선택되었습니다. 순서는 매우 추상적이고 명령어 재정렬과 같은 실제 컴파일러 및 프로세서 메커니즘을 직접 반영하지 않습니다. 따라서 동시성 코드가 아키텍처에 독립적이고, 미래에 이러한 메커니즘의 동작 방식이 바뀌더라도 잘 동작할 수 있도록 설계되었습니다. 현재 존재하는 그리고 미래의 모든 프로세서 및 컴파일러 버전에 대해서 알지 못하더라도 아토믹 연산을 제대로 검증할 수 있습니다.

러스트에서 사용 가능한 메모리 순서는 다음과 같습니다.

- 느슨한 순서: Ordering::Relaxed
- 순서의 해제와 획득: Ordering:: {Release, Acquire, AcqRel}
- 순차적으로 일관된 순서: Ordering::SeqCst

C++에는 러스트에서 의도적으로 생략된 **소비 순서**consume ordering라는 것도 존재합니다. 러스트에는 없지만, 흥미로운 개념이라 뒤에서 간략하게 살펴보겠습니다.

3.2 메모리 모델

다양한 메모리 순서는 우리가 정확히 어떤 것을 가정할 수 있는지, 컴파일러 작성자가 우리에게 제공해야 할 보장은 무엇인지 알 수 있도록 엄격한 형식을 갖추고 있습니다. 메모리 순서의 형식을 특정 프로세서 아키텍처의 세부 사항과 분리하기 위해, 추상적인 **메모리 모델**^{memory model}
이 사용됩니다.

러스트의 메모리 모델은 대부분 C++에서 가져온 것입니다. 메모리 모델은 프로세서 아키텍처
와 무관한 엄격한 규칙들로 이루어진 추상적인 모델입니다. 이 모델은 현재 존재하거나 미래에
존재할 모든 아키텍처의 공통점을 정의하며, 컴파일러가 코드를 충분히 자유롭게 분석하고 최
적화할 수 있도록 합니다.

1.4절에서 메모리 모델이 어떻게 작동하는지 간략하게 살펴보면서 데이터 경합이 정의되지 않
은 동작을 어떻게 초래하는지에 대해 이야기했습니다. 러스트의 메모리 모델은 아토믹 저장 연
산을 동시적으로 사용하는 것을 허용하지만, 동일한 변수에 아토믹 저장 연산을 사용하지 않으
면 이를 데이터 경합으로 간주해서 정의되지 않은 동작을 발생시킵니다. 그러나 대부분의 프로
세서 아키텍처에서 아토믹 저장 연산과 일반적인 아토믹하지 않은 저장 연산은 실제로 아무런
차이가 없습니다(7장 참조). 메모리 모델이 필요 이상으로 제한적이라고 생각할 수도 있지만,
이러한 엄격한 규칙은 컴파일러와 프로그래머 모두에게 프로그램이 올바르게 작성되었는지 쉽
게 판단할 수 있게 하고, 향후 추가적인 개선이 가능하도록 합니다.

3.3 happens-before 관계

메모리 모델은 happens-before 관계^{happens-before relationship}에 따라 연산들이 어떤 순서로 실행
될지를 정의합니다. 추상 모델로서 기계 명령어, 캐시, 버퍼, 타이밍, 명령어 재정렬, 컴파일러
최적화 등에 대해서는 설명하지 않습니다. 대신 특정 연산이 다른 것보다 반드시 먼저 실행되
는 상황을 정의하고 다른 모든 것의 순서는 신경 쓰지 않습니다.

happens-before 규칙은 같은 스레드 안의 작업들을 순서대로 실행합니다. 한 스레드가
f(); g();를 실행한다면 f()가 **실행된 다음** g()가 실행됩니다.

하지만 스레드 사이에서는 happens-before 관계가 특정 상황에만 적용됩니다. Relaxed 메
모리 순서가 아닌 스레드 생성, 조인, 뮤텍스 잠금과 해제, 아토믹 연산과 같은 경우입니다.
Relaxed 메모리 순서는 가장 기본적이고 가장 성능이 뛰어난 메모리 순서로 스레드 간에 어떤
happens-before 관계도 허용하지 않습니다.

다음 예제를 통해 a와 b가 다른 스레드에서 동시에 실행되는 상황을 살펴보겠습니다.

```
static X: AtomicI32 = AtomicI32::new(0);
static Y: AtomicI32 = AtomicI32::new(0);

fn a() {
    X.store(10, Relaxed); ①
    Y.store(20, Relaxed); ②
}

fn b() {
    let y = Y.load(Relaxed); ③
    let x = X.load(Relaxed); ④
    println!("{x} {y}");
}
```

위에서 언급했듯이, happens-before 규칙은 한 스레드 안에서 연산이 순서대로 일어난다는 것을 의미합니다. [그림 3-1]처럼 ①이 실행된 다음 ②가 실행되고, ③이 실행된 다음 ④가 실행됩니다. 느슨한 메모리 순서를 사용하므로 위의 두 가지 이외에는 다른 happens-before 관계가 존재하지 않습니다.

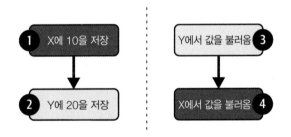

그림 3-1 예제 코드의 아토믹 연산 사이의 happens-before 관계

a 또는 b 중 한 스레드가 시작하기 전에 나머지 하나가 종료된다면 결과는 0 0 또는 10 20일 것입니다. a와 b가 동시에 실행된다면 즉, 순서가 ③①②④라면 결과는 10 0이 됩니다.

흥미롭게도, 이 결과를 만들 수 있는 일관된 순서가 존재하지 않음에도 불구하고 결과가 0 20이 되는 것도 가능합니다. ③이 실행되었을 때 ②와는 happens-before 관계가 존재하지 않습니다. 즉 ③은 0 또는 20이라는 값을 읽어올 수 있습니다. ④가 실행될 때 ①과는

happens-before 관계가 존재하지 않으므로 0 또는 10을 읽어옵니다. 이 상황에서 `0 20` 역시 결과가 될 수 있습니다.

직관적이지 않지만 중요한 사실은 ③이 20을 읽어오는 것이, 비록 20이 ②에 저장되어 있음에도 불구하고 ②와의 happens-before 관계를 만드는 것이 **아니라는 것**입니다. 명령어 재정렬처럼 연산들이 일관된 순서로 실행되지 않을 때 '먼저 실행된다'는 개념은 더 이상 직관적이지 않게 됩니다.

'먼저 실행된다'는 개념을 좀 더 직관적으로 이해하려면 b를 실행하는 스레드의 관점에서 살펴봐야 합니다. 해당 스레드의 입장에서는 연산 ①과 ②가 서로 반대 순서로 실행된다고 생각할 수 있습니다.

3.3.1 생성과 조인

스레드를 생성하는 것은 `spawn()` 함수의 호출과 새로운 스레드 사이에 happens-before 관계를 생성합니다. 비슷하게 스레드를 조인하는 것 역시 조인된 스레드와 `join()` 함수의 호출 사이에 happens-before 관계를 만듭니다.

이를 확인하기 위한 다음 코드의 `assert!`는 절대 실패해서는 안 됩니다.

```rust
static X: AtomicI32 = AtomicI32::new(0);

fn main() {
    X.store(1, Relaxed);
    let t = thread::spawn(f);
    X.store(2, Relaxed);
    t.join().unwrap();
    X.store(3, Relaxed);
}

fn f() {
    let x = X.load(Relaxed);
    assert!(x == 1 || x == 2);
}
```

[그림 3-2]에 표현된 것처럼 조인과 스레드 생성 사이의 happens-before 관계 때문에 X에

서 첫 번째로 값이 저장된 다음에 값을 읽어오는 것이 실행되고, 그다음에 마지막으로 값이 저장된다는 걸 알 수 있습니다. 하지만 값을 읽어오는 순간이 값이 두 번째로 저장되기 전인지, 이후인지는 알 수 없습니다. 즉 1 또는 2를 읽어올 수 있지만 0 또는 3은 읽어올 수 없습니다.

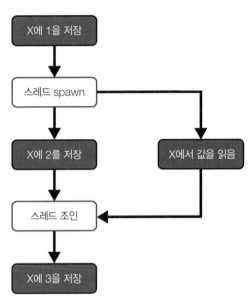

그림 3-2 예제 코드의 spawn, join, store, load 연산 사이의 happens-before 관계

3.4 느슨한 메모리 순서

느슨한 메모리 순서를 사용하는 아토믹 연산들은 happens-before 관계를 갖지 않지만 개별 아토믹 변수들의 **값이 변경되는 전체 순서**^{total modification order}는 항상 보장됩니다. 각 스레드의 관점에서 볼 때 같은 아토믹 변수의 값이 변경되는 것은 순서대로 실행된다는 의미입니다.

a와 b가 다른 스레드에 의해 동시적으로 실행되는 예제를 살펴보겠습니다.

```
static X: AtomicI32 = AtomicI32::new(0);

fn a() {
    X.fetch_add(5, Relaxed);
```

```
        X.fetch_add(10, Relaxed);
    }

    fn b() {
        let a = X.load(Relaxed);
        let b = X.load(Relaxed);
        let c = X.load(Relaxed);
        let d = X.load(Relaxed);
        println!("{a} {b} {c} {d}");
    }
```

이 예제에서 단 하나의 스레드만 X의 값을 변경하기 때문에 X이 값은 0→5→15의 순서로 변경된다는 걸 알 수 있습니다. 다른 모든 스레드에서 값의 순서를 관찰하더라도, 값은 이 순서 외에 다른 순서로는 바뀌지 않습니다. 다른 스레드에서 X를 관찰하면 0 0 0 0, 0 0 5 15, 0 15 15 15와 같은 값을 볼 수 있지만, 0 5 0 15나 0 0 10 15 같은 값을 관찰하는 것은 불가능합니다.

아토믹 변수에 대해 둘 이상의 가능한 변경 순서가 있더라도 모든 스레드는 하나의 순서대로만 값을 변경시킵니다.

a 함수를 a1과 a2 함수로 나눠서 별도의 스레드에서 실행해봅니다.

```
    fn a1() {
        X.fetch_add(5, Relaxed);
    }

    fn a2() {
        X.fetch_add(10, Relaxed);
    }
```

이때 이 스레드들만 X의 값을 변경시키므로 어떤 `fetch_add` 연산이 먼저 실행되느냐에 따라 X의 값은 0→5→15 또는 0→10→15의 순서로 변경됩니다. 어떤 것이 먼저 실행되든지 모든 스레드가 X를 관찰하면 항상 같은 순서로 값이 변경되는지 볼 수 있습니다. 수백 개의 스레드가 b 함수를 실행하더라도, 그중 하나가 10을 출력했다면 순서는 반드시 0→10→15이기 때문에 나머지 모든 스레드도 10을 출력합니다. 물론 5를 출력한 경우도 마찬가지입니다.

2장에서 개별 변수에 대해 전체 변경 순서가 항상 보장된다는 것을 살펴봤습니다. 따라서 다양한 예제를 통해 느슨한 메모리 순서만 사용해도 충분하다는 결론을 얻었습니다. 이런 예제보다 조금 더 복잡한 예제의 경우 느슨한 메모리 순서보다 엄격하고 강력한 규칙이 필요합니다.

난데없는 값

느슨한 메모리 순서가 실행 순서를 보장하지 않아서 연산이 서로를 순환적으로 의존하는 경우 이론적으로 몇 가지 복잡한 문제가 발생할 수 있습니다.

이를 설명하기 위해 두 개의 스레드가 하나의 아토믹에서 값을 읽어와 다른 아토믹에 저장하는 예제를 살펴봅시다.

```
static X: AtomicI32 = AtomicI32::new(0);
static Y: AtomicI32 = AtomicI32::new(0);

fn main() {
    let a = thread::spawn(|| {
        let x = X.load(Relaxed);
        Y.store(x, Relaxed);
    });

    let b = thread::spawn(|| {
        let y = Y.load(Relaxed);
        X.store(y, Relaxed);
    });
    a.join().unwrap();
    b.join().unwrap();
    assert_eq!(X.load(Relaxed), 0); // 실패할 수도 있음
    assert_eq!(Y.load(Relaxed), 0); // 실패할 수도 있음
}
```

저장 연산은 동일한 아토믹 변수에서 불러온 값만 저장하므로 X와 Y의 값은 0이 아닌 다른 값이 될 수 없다는 결론을 내릴 수 있습니다.

그러나 이론적으로 메모리 모델을 엄격하게 따를 경우 우리는 순환 추론을 받아들이고 우리가 틀렸을지도 모른다는 무서운 결론에 도달합니다. 실제로 메모리 모델은 X와 Y가 모두 37 또는 다른 값인 결과도 허용하므로 assert_eq 문이 실패할 수 있습니다.

순서가 보장되지 않아서 이 두 스레드의 읽기 연산은 다른 스레드의 저장 연산 결과를 모두 볼

수 있습니다. X에서 37을 로드했기 때문에 Y에 37을 저장하고, Y에서 37을 불러왔기 때문에 Y에 저장된 값을 X에 저장하는 연산 순서의 순환이 발생할 수 있습니다.

다행히도 이러한 엉뚱한 값의 가능성은 일반적으로 이론적 모델의 버그로 간주되며 실제로는 고려할 필요가 없습니다. 모델이 이러한 변칙을 허용하지 않는 상태에서 느슨한 메모리 순서를 어떻게 체계화할 수 있는지는 아직 이론적으로 해결되지 않았습니다. 이를 체계화하려는 많은 이론가에게는 밤잠 못 이루게 하는 골칫거리이지만, 나머지 사람들은 실제로 이런 일이 일어나지 않는다는 것을 잘 알고 있기 때문에 행복한 무지 속에서 휴식을 취할 수 있습니다.

3.5 해제 순서와 획득 순서

스레드 간의 happens-before 관계를 만들기 위해서 **해제 순서**release ordering와 **획득 순서**acquire ordering를 사용할 수 있습니다. **Release** 메모리 순서는 저장 연산에 적용되며, **Acquire** 메모리 순서는 읽기 연산에 적용됩니다.

happens-before 관계는 acquire-load 연산이 release-store 연산의 결과를 관찰할 때 만들어집니다. 이때 저장 연산과 그 이전의 모든 연산이 실행된 다음 읽기 연산과 그 이후의 모든 연산이 실행됩니다.

fetch-and-modify 연산 또는 compare-and-exchange 연산에 **Acquire**는 오직 값을 불러오는 부분에만 적용됩니다. 마찬가지로 **Release** 역시 값을 저장하는 부분에만 적용됩니다. **AcqRel**은 **Acquire**와 **Release**의 합성 표현으로, 값을 불러올 때는 획득 순서를, 그리고 저장할 때는 해제 순서를 사용하는 것을 나타냅니다.

실제로 이 기능이 어떻게 사용되는지 예제를 통해 살펴보겠습니다. 다음 예제에서는 생성된 스레드에서 64비트 정수를 메인 스레드로 보냅니다. 또한 아토믹 불리언으로 메인 스레드에 정수가 저장되고 값을 읽을 준비가 되었음을 나타냅니다.

```
use std::sync::atomic::Ordering::{Acquire, Release};

static DATA: AtomicU64 = AtomicU64::new(0);
static READY: AtomicBool = AtomicBool::new(false);
```

```
fn main() {
    thread::spawn(|| {
        DATA.store(123, Relaxed);
        READY.store(true, Release); // 이 저장 연산 이전의 모든 값들은..
    });
    while !READY.load(Acquire) { // .. 여기서 `true`를 불러온 이후에 확인할 수 있음
        thread::sleep(Duration::from_millis(100));
        println!("waiting...");
    }
    println!("{}", DATA.load(Relaxed));
}
```

생성된 스레드가 데이터 저장을 완료하면 release-store를 사용해 **READY** 플래그를 **true**로
설정합니다. 메인 스레드가 acquire-load 연산을 통해 이를 확인하면 [그림 3-3]에 표시된
것처럼 두 연산 간에 happens-before 관계가 만들어집니다. 이 시점에서 release-store를
READY로 변경하기 전에 발생한 모든 일이 acquire-load 이후에 발생한 모든 일에 표시된다
는 것을 확실히 알 수 있습니다. 특히 메인 스레드가 **DATA**에서 값을 불러올 때 백그라운드 스
레드에 저장된 값을 불러올 수 있습니다. 이 프로그램이 마지막 줄에 출력할 수 있는 결과는 단
하나, 123뿐입니다.

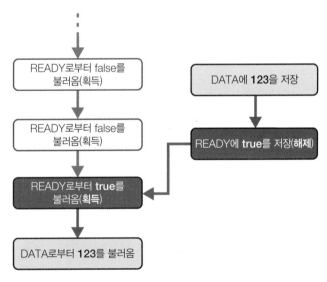

그림 3-3 예제 코드의 acquire-release 연산으로 만들어진 스레드 간 아토믹 연산 사이의 happens-before 관계

이 예제에서 모든 연산에 대해 느슨한 메모리 순서를 사용했다면 메인 스레드에서 **READY**가 true로 전환되는 것을 볼 수 있습니다. 이후에도 여전히 DATA에서 0을 로드합니다.

> **TIP_** 메모리 순서의 가장 기본적인 사용법인 한 스레드가 일부 값을 아토믹 변수에 원자적으로 저장하여 데이터를 해제하고, 다른 스레드가 해당 값을 원자적으로 로드하여 데이터를 획득하는 것에서 '해제release'와 '획득acquire'이라는 이름을 가져왔습니다. 뮤텍스의 잠금을 해제한 후 다른 스레드에서 잠그는 것(획득)이 바로 이런 경우입니다.

위의 예제에서 **READY** 플래그의 happens-before 관계는 **DATA**의 store-and-load 연산이 동시에 일어나지 않도록 합니다. 따라서 store-and-load 연산은 아토믹 연산일 필요가 없습니다.

그러나 아토믹 변수가 아닌 일반 변수를 사용하려고 하면 컴파일되지 않습니다. 러스트의 타입 시스템은 다른 스레드가 값을 대여한 상황에서 원래 스레드가 변수의 값을 변경하지 못하게 하기 때문입니다. 타입 시스템은 우리가 만든 happens-before 관계를 이해하지 못합니다. 이 코드를 충분히 검토했고 모든 규칙을 지켜서 코드를 작성했다고 컴파일러를 설득하려면 **unsafe**를 사용해야 합니다.

```rust
static mut DATA: u64 = 0;
static READY: AtomicBool = AtomicBool::new(false);

fn main() {
    thread::spawn(|| {
        // 안전함: 아직 READY 플래그를 설정하지 않아서
        // DATA에 접근하는 스레드가 없음
        unsafe { DATA = 123 };
        READY.store(true, Release); // 이 저장 연산 이전의 모든 값들은..
    });
    while !READY.load(Acquire) { // .. 여기서 `true`를 불러온 이후에 확인할 수 있음
        thread::sleep(Duration::from_millis(100));
        println!("waiting...");
    }
    // 안전함: READY가 설정되어서 어떤 스레드도 DATA를 변경하지 않음
    println!("{}", unsafe { DATA });
}
```

더욱 체계적으로

happens-before 관계는 acquire-load 연산이 release-store 연산의 결과를 필요로 할 때만 발생합니다. 무슨 뜻일까요?

두 스레드 모두 동일한 아토믹 변수에 7을 release-store 적용하고, 세 번째 스레드가 해당 변수에서 7을 읽는다고 가정해봅니다. 세 번째 스레드는 첫 번째 스레드 또는 두 번째 스레드 중어떤 것과 happens-before 관계가 있을까요? 이는 첫 번째 스레드에서 읽어온 것과 두 번째스레드에서 읽어온 것 중 '어떤 7'을 읽어왔는지에 따라 달라집니다. (또는 관련 없는 7일 수도있습니다.) 따라서 7은 7과 같지만 두 스레드에서 가져온 두 개의 7에는 뭔가 다른 것이 있다는 결론에 도달하게 됩니다.

이를 생각하는 방법은 3.4절에서 설명한 값이 변경되는 전체 순서, 즉 하나의 아토믹 변수에 모든 변경 사항이 순서대로 적용된다는 관점에서 생각해볼 수 있습니다. 같은 변수에 같은 값을 여러 번 저장하더라도 각 작업은 해당 변수의 전체 변경 순서에서는 개별 사건이 됩니다. 값을 읽어들일 때, 해당 값은 이 변수별 '타임라인^{timeline}'의 특정 시점과 일치하며, 이를 통해 변수가 어떤 연산에 의해 사용되고 있는지 알 수 있습니다.

예를 들어, 아토믹의 총 변경 순서가 다음과 같다면 acquire-load가 첫 번째 release-store 연산의 결과와 동기화되거나, 두 번째 release-store으로부터 7을 읽어들입니다.

1. 0으로 초기화
2. 해제 후 7을 저장 (스레드 2)
3. 느슨한 메모리 순서로 6을 저장
4. 해제 후 7을 저장 (스레드 1)

하지만 이미 6을 관측한 상태라면, 지금 읽어들인 7은 두 번째 release-store 연산의 결과라는 걸 알 수 있습니다. 즉 스레드 2가 아닌 스레드 1에 happens-before가 생성됩니다.

참고로 release-store된 값은 여러 번의 fetch-and-modify와 compare-and-exchange 연산에 의해 값이 변경됩니다. 하지만 여전히 마지막 값을 읽는 acquire-load 연산은 happens-before 관계를 발생시킵니다.

예를 들어 아토믹 변수가 다음과 같이 값이 변경된다고 가정합니다.

1. 0으로 초기화
2. 해제 후 7을 저장

3. 느슨한 메모리 순서로 값을 가져온 다음 7에 1을 더해 8로 만듦

4. 해제 후 값을 가져온 다음 8에 1을 더해 9로 만듦

5. 해제 후 7을 저장

6. 느슨한 메모리 순서로 값을 7에서 10으로 변경

acquire-load 연산으로 변수로부터 9를 읽어들였다면 세 번째 연산이 느슨한 메모리 순서를 사용하고 있음에도 불구하고 네 번째 연산과 happens-before 관계가 만들어질 뿐만 아니라 두 번째 연산과도 happens-before 관계가 만들어집니다.

비슷하게 acquire-load 연산에서 10을 읽어들였다면 이 값은 느슨한 메모리 순서 연산에 의해 변경된 값이고, 여전히 다섯 번째 연산과 happens-before 관계가 존재합니다. fetch-and-modify나 compare-and-exchange 연산이 아닌 일반적인 저장 연산이기 때문에 다른 연산들과의 연결고리가 끊어집니다.

예제 1 잠금

메모리 해제 순서와 획득 순서를 가장 많이 사용하는 것은 뮤텍스입니다(1.7절 참조). 뮤텍스를 잠글 때는 아토믹 연산을 사용해 잠금이 해제되었는지 확인하고, 획득 순서를 사용해 뮤텍스를 잠금 상태로 아토믹하게 변경합니다. 잠금을 해제할 때는 해제 순서를 사용하여 상태를 '잠금 해제됨'으로 다시 설정합니다. 즉, 뮤텍스의 잠금을 해제하는 것과 이후에 잠그는 것 사이에는 happens-before 관계가 존재합니다.

이 과정을 코드로 표현하면 다음과 같습니다.

```rust
static mut DATA: String = String::new();
static LOCKED: AtomicBool = AtomicBool::new(false);

fn f() {
    if LOCKED
        .compare_exchange(false, true, Acquire, Relaxed)
        .is_ok()
    {
        // 다른 스레드가 DATA에 접근하지 못하도록 독점적으로 잠금 상태로 둠
```

```
            unsafe { DATA.push('!') };
            LOCKED.store(false, Release);
        }
    }
    fn main() {
        thread::scope(|s| {
            for _ in 0..100 {
                s.spawn(f);
            }
        });
    }
```

2.3절에서 잠깐 살펴봤던 것처럼, compare-and-exchange 연산은 두 개의 메모리 순서를 입력받습니다. 하나는 비교에 성공하고 값이 저장되는 경우, 그리고 나머지는 비교가 실패하고 값이 저장되지 않는 경우에 사용됩니다. 함수 f에서, LOCKED를 false에서 true로 바꿀 수 있다면 DATA 값에만 접근합니다. 그래서 오직 성공한 메모리 순서만 중요합니다. compare_exchange 연산이 실패하는 경우는 LOCKED가 이미 true인 경우이고 f는 아무 작업도 하지 않습니다.

일반적인 뮤텍스에서 try_lock을 사용하는 것과 동일합니다.

> **NOTE_** 눈치 빠른 독자는 아마 compare-and-exchange 연산 대신 스왑swap 연산을 사용해도 된다는 걸 알아챘을 것입니다. 이미 잠김 상태인 경우라면 true를 true로 스왑해도 코드는 정상적으로 동작합니다.
>
> ```
> // 이 코드도 잘 동작합니다.
> if LOCKED.swap(true, Acquire) == false {
>     ...
> }
> ```

획득 순서와 해제 순서 덕분에 우리는 서로 다른 두 개의 스레드가 동시에 DATA에 접근할 수 없다는 걸 알고 있습니다. [그림 3-4]처럼 모든 DATA에 접근한 연산들 다음에 LOCKED에 release-store 연산으로 false가 저장됩니다. 역시 이 연산 다음에 acquire-compare과 acquire-exchange 연산(또는 acquire-swap 연산)이 실행되어 값을 false에서 true로 변경합니다. 그다음 DATA에 접근하는 연산이 실행됩니다.

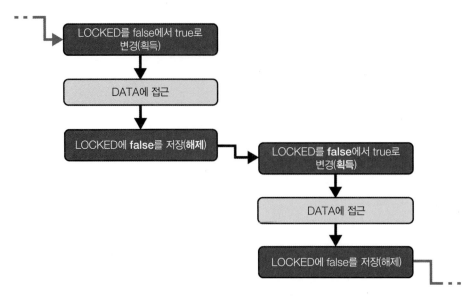

그림 3-4 잠금 예제의 happens-before 관계. 두 스레드가 순차적으로 잠금 및 해제를 하는 과정

4장에서 이 개념을 좀 더 쉽게 사용할 수 있는 스핀 락$^{\text{spin lock}}$에 대해 소개합니다.

예제 2 우회를 통한 지연 초기화

2.3.2절에서 전역 변수의 지연 초기화를 구현했습니다. 여러 스레드가 값을 동시에 초기화할 때 compare-and-exchange 연산을 사용해 이를 처리할 수 있었습니다. 값이 0이 아닌 64 비트 정수였기 때문에 AtomicU64로 값을 담을 수 있고, 0을 초기화 이전의 기본값으로 사용했습니다.

아토믹 변수 하나에 담기지 않는 좀 더 큰 크기의 값에 대해 비슷한 일을 하려면 다른 방법이 필요합니다.

이 예제에서는 스레드가 다른 스레드를 기다리지 않고 다른 스레드를 차단하는 대신 첫 번째 스레드의 값을 가져와 초기화를 완료하도록 서로 경쟁한다고 가정해보겠습니다. 즉, 한 번의 아토믹 연산으로 '초기화되지 않은 상태'에서 '완전히 초기화된 상태'가 될 수 있어야 합니다.

소프트웨어 공학의 기본 정리에서 말하는 것처럼, 컴퓨터 과학의 모든 문제는 또 다른 방향성을 추가함으로써 해결할 수 있으며, 이 문제 역시 마찬가지입니다. 데이터를 하나의 아토믹 변수에 넣을 수 없는 경우 아토믹 변수에 데이터에 대한 **포인터**를 저장할 수 있습니다.

AtomicPtr<T>는 아토믹 버전의 *mut T, 즉 T에 대한 포인터입니다. 기본값으로 널 포인터를 할당할 수 있으며, compare-and-exchange 연산을 통해 아토믹하게 새로 할당된 포인터로 값을 교체할 수 있습니다. 그러면 완전히 초기화된 T의 값을 얻을 수 있고, 다른 스레드에서도 접근이 가능합니다.

단순히 포인터를 포함한 아토믹 변수를 공유하는 게 아닌 포인터가 가리키고 있는 값을 함께 공유하고 있기 때문에 2장처럼 느슨한 메모리 순서를 사용할 수 없습니다. 값을 할당하고 초기화하는 행위가 값을 읽는 행위와 경합하지 않도록 해야 합니다. 즉 획득 순서와 해제 순서를 각각 store-and-load 연산에 사용해야만 컴파일러와 프로세서가 포인터의 저장과 초기화 순서를 바꿔서 코드를 망가트리지 않도록 할 수 있습니다.

임의의 데이터 타입 **Data**에 대해서 다음과 같이 구현할 수 있습니다.

```
use std::sync::atomic::AtomicPtr;

fn get_data() -> &'static Data {
    static PTR: AtomicPtr<Data> = AtomicPtr::new(std::ptr::null_mut());
    let mut p = PTR.load(Acquire);
    if p.is_null() {
        p = Box::into_raw(Box::new(generate_data()));
        if let Err(e) = PTR.compare_exchange(std::ptr::null_mut(), p, Release,
Acquire) {
            // 안전함: p가 바로 위의 Box::into_raw에서 오기 때문에
            // 다른 어떤 스레드와도 공유되지 않음
            drop(unsafe { Box::from_raw(p) });
            p = e;
        }
    }
    // 안전함: p는 null이 아니고 올바른 초기값을 가리킴
    unsafe { &*p }
}
```

PTR에서 acquire-load로 가져온 포인터가 널 포인터가 아닌 경우, 포인터가 이미 초기화된 값을 가리키고 있고 데이터에 대한 참조를 만들었다고 생각할 수 있습니다.

가져온 포인터가 널 포인터라면 새로운 데이터를 만들고 Box::new를 사용해 새로운 값을 할

당하고 저장합니다. 그리고 Box::into_raw를 사용해 Box를 새로운 원시 포인터로 만들고, compare-and-exchange 연산으로 PTR에 저장합니다. 다른 스레드가 경합에서 이겨서 compare_exchange가 실패한다면 PTR은 더 이상 널 포인터가 아닙니다. 이 경우 방금 만든 원시 포인터를 다시 Box로 만들고, 메모리 누수를 막기 위해 drop을 사용해 메모리에서 할당 해제합니다. 그리고 다른 스레드가 PTR에 저장한 포인터로 작업을 계속합니다.

마지막 unsafe 블록의 안전 주석에는 해당 블록이 가리키는 데이터가 이미 초기화되었다는 가정이 명시되어 있습니다. 여기에는 일이 일어난 순서에 대한 가정이 포함되어 있다는 점에 주의해야 합니다. 이 가정이 맞는지 확인하기 위해 해제 및 획득 메모리 순서를 사용해 데이터에 대한 참조를 **생성하기 전에** 데이터 초기화가 실제로 발생했는지 확인합니다.

우리는 이미 초기화되어 널 포인터가 아닐 가능성이 있는 포인터를 두 곳에서 읽어들이고 있습니다. load 연산과 compare_exchange 연산이 실패할 경우입니다. 위에서 설명했듯이 Acquire를 load 메모리 순서와 compare_exchange가 실패한 메모리 순서에 모두 사용해야만 포인터를 저장하는 연산과 결과를 동기화할 수 있습니다. 이 저장 연산은 compare_exchange 연산이 성공할 때 발생하며, 해당 연산이 성공한 경우에는 반드시 Release를 메모리 순서로 사용해야 합니다.

[그림 3-5]는 세 스레드가 get_data()를 호출하는 상황에 대해 연산들과 happens-before 관계를 나타내고 있습니다. 이 상황에서는 스레드 A와 B가 모두 널 포인터를 얻게 되고 아토믹 포인터를 초기화하려고 시도합니다. A가 경합에서 이겨서 B의 compare_exchange 연산이 실패하게 됩니다. 스레드 C는 아토믹 포인터가 A에 의해 초기화된 이후의 값만을 볼 수 있습니다. 결과적으로 세 스레드 모두 A에 의해 할당된 Box를 사용하게 됩니다.

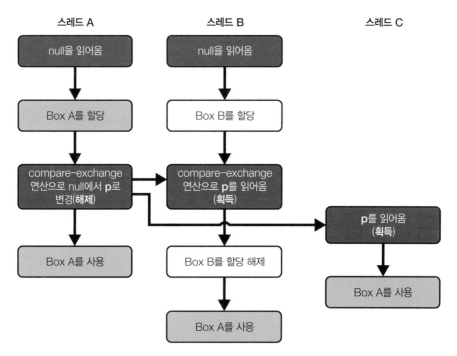

그림 3-5 세 스레드가 get_data()를 호출할 때의 연산들과 happens-before 관계

3.6 소비 순서

마지막 예제에서 메모리 순서를 자세히 살펴봅시다. 엄격한 메모리 모델을 제쳐두고 좀 더 실용적인 측면에서 생각해보면, 해제 순서는 다른 스레드와 포인터를 공유하는 저장 연산을 통해 데이터 초기화가 재정렬되는 것을 막는다고 할 수 있습니다. 이 기능이 중요한 이유는 데이터가 완전히 초기화되기 전에는 다른 스레드가 데이터를 볼 수 없기 때문입니다.

마찬가지로, 획득 순서란 메모리 재정렬이 발생하지 않도록 포인터가 해당 주소를 가리키기 전에 데이터에 접근하는 것을 막는 방법입니다. 하지만 이것이 실제로 의미가 있는지 의문을 가질 수 있습니다. 어떻게 데이터의 메모리 주소를 알기 전에 데이터에 접근할 수 있을까요? 획득 순서보다 덜 엄격한 방법으로 충분하다고 결론을 내릴 수도 있습니다. 그리고 이 덜 엄격한 순서를 **소비 순서**^{consume ordering}라고 합니다.

소비 순서는 좀 더 가볍고 효율적인 획득 순서의 한 종류입니다. 동기화의 효과가 **불러오는 값**

에 영향을 받는 대상에게만 유효합니다.

즉, 아토믹 변수에서 release-store된 x 값을 consume-load하는 경우, 기본적으로 해당 저장 연산은 `*x`, `array[x]` 또는 `table.lookup(x + 1)`과 같은 종속된 표현식의 평가 이전에 발생하지만, x값이 필요하지 않은 다른 변수를 읽는 것과 같은 독립적인 연산 이전에는 발생하지 않는다는 의미입니다.

여기에는 좋은 소식과 나쁜 소식이 있습니다.

좋은 소식은 모든 현대 프로세서 아키텍처는 소비 순서가 느슨한 순서와 완전히 동일한 명령어를 사용한다는 것입니다. 다시 말해 소비 순서는 몇몇 플랫폼에서는 추가 노력 없이 그대로 사용이 가능합니다. 하지만 획득 순서의 경우 이야기가 조금 다릅니다.

나쁜 소식은 어떤 컴파일러도 실제로 소비 순서를 구현하고 있지 않다는 것입니다.

'종속된' 평가라는 개념은 정의하기 어려울 뿐만 아니라 컴파일러가 프로그램을 변환하고 최적화하는 동안 이러한 종속성을 그대로 유지하는 것은 훨씬 더 어렵습니다. 예를 들어, 컴파일러가 `x + 2 - x`를 2로 최적화하여 x에 대한 종속성을 효과적으로 제거할 가능성이 있습니다. `array[x]`와 같은 보다 현실적인 표현식에서 컴파일러가 x 또는 배열의 원소가 가질 수 있는 값을 논리적으로 추론할 수 있다면 이 문제는 더욱 복잡해집니다. `if` 문이나 함수 호출과 같은 제어 흐름을 고려하면 문제는 훨씬 더 복잡해집니다.

이러한 이유에서 컴파일러는 안전성을 위해 소비 순서를 획득 순서로 업그레이드합니다. 심지어 C++ 20 표준은 소비 순서의 사용을 권장하지 않습니다. 획득 순서가 아닌 메모리 순서의 구현이 바람직하지 않은 것으로 밝혀졌기 때문입니다.

소비 순서의 실제로 사용 가능한 정의와 구현 방법이 미래에 발견될 수도 있습니다. 그때까지는 러스트는 `Ordering::Consume`을 지원하지 않을 것입니다.

3.7 순차적으로 일관된 순서

가장 강력한 메모리 순서는 **순차적으로 일관된 순서**sequentially consistent ordering인 `Ordering::SeqCst`입니다. 여기에는 load 연산에 대한 acquire 순서와 store 연산에 대한 release 순서

가 모두 보장되고, 전역적으로 일관된 연산 순서를 보장합니다.

즉, 프로그램 내에서 **SeqCst** 순서를 사용하는 모든 연산은 모든 스레드가 동의하는 하나의 전체 순서의 일부입니다. 이 전체 순서는 각 개별 변수의 전체 변경 순서와 일치합니다.

이는 acquire와 release 메모리 순서보다 훨씬 강력한 제한 조건입니다. 따라서 release-acquire 연산에 사용되는 acquire-load와 release-store 연산 대신에 순차적으로 일관된 load나 store 연산을 사용해서 happens-before 관계를 형성할 수 있습니다. 즉, acquire-load는 release-store뿐만 아니라 순차적으로 일관된 store 연산과도 발생 전 관계를 형성할 수 있으며, 그 반대의 경우도 마찬가지입니다.

> **NOTE_** happens-before 관계의 양쪽 모두 **SeqCst** 순서를 사용하는 경우에만 **SeqCst** 연산의 단일 전체 순서와 일관성이 보장됩니다.

설명하기에 가장 간단한 메모리 순서처럼 보일 수 있지만, 실제로는 **SeqCst** 순서가 거의 필요하지 않습니다. 거의 대부분의 경우 일반적인 acquire와 release 순서로 충분합니다.

다음은 순차적으로 일관된 정렬된 연산을 사용하는 예제입니다.

```
use std::sync::atomic::Ordering::SeqCst;

static A: AtomicBool = AtomicBool::new(false);
static B: AtomicBool = AtomicBool::new(false);

static mut S: String = String::new();

fn main() {
    let a = thread::spawn(|| {
        A.store(true, SeqCst);
        if !B.load(SeqCst) {
            unsafe { S.push('!') };
        }
    });

    let b = thread::spawn(|| {
        B.store(true, SeqCst);
        if !A.load(SeqCst) {
```

```
            unsafe { S.push('!') };
        }
    });

    a.join().unwrap();
    b.join().unwrap();
}
```

두 스레드는 먼저 자신의 아토믹 불리언을 true로 변경하고 다른 스레드에 자신이 S에 접근하려고 한다는 것을 경고한 다음, 상대방의 아토믹 불리언을 확인해 데이터 경합을 일으키지 않고 안전하게 S에 접근할 수 있는지 확인합니다.

두 store 연산이 보누 load 연산보다 먼저 실행되면 두 스레드 모두 S에 접근하지 못할 수도 있습니다. 그러나 순차적으로 일관된 순서는 두 스레드 중 하나만 경쟁에서 이길 수 있도록 보장하기 때문에 두 스레드가 동시에 S에 접근해 정의되지 않은 동작이 발생하는 것은 불가능합니다. 만들 수 있는 모든 전체 순서에서 항상 첫 번째 연산은 다른 스레드가 S에 접근하지 못하도록 하는 저장 연산입니다.

SeqCst의 거의 모든 실제 사용 사례들은 유사한 패턴을 가지고 있는데, 동일한 스레드에 대한 다음 읽기 연산 전에 저장 연산이 전역적으로 관측 가능해야 한다는 것입니다. 이러한 경우, 더 효율적인 방법은 다음에서 살펴볼 SeqCst **펜스**^{fence}와 함께 느슨한 연산을 사용하는 것입니다.

3.8 펜스

아토믹 변수에 대한 연산 외에도 메모리 순서를 적용할 수 있는 것이 하나 더 있습니다. 바로 **아토믹 펜스**^{atomic fence}입니다.

std::sync::atomic::fence 함수는 아토믹 펜스를 나타내며 해제 펜스(Release), 획득 펜스(Acquire), 또는 둘 다(AcqRel 또는 SeqCst) 중 하나입니다. SeqCst 펜스는 순차적으로 일관된 전체 순서의 구성 요소이기도 합니다.

아토믹 펜스를 사용하면 메모리 순서 지정과 아토믹 연산을 분리할 수 있습니다. 여러 연산에 메모리 순서를 적용하거나 특정 조건에서만 적용하려는 경우에 유용합니다.

기본적으로 release-store은 해제 펜스와 (느슨한) 저장으로 분리할 수 있으며, acquire-load는 (느슨한) 읽기와 획득 펜스로 분리할 수 있습니다.

release-acquire 관계의 store 연산은

```
a.store(1, Release);
```

해제 펜스와 느슨한 store로 대체할 수 있습니다.

```
fence(Release);
a.store(1, Relaxed);
```

release-acquire 관계의 load 연산은

```
a.load(Acquire);
```

느슨한 load와 획득 펜스로 대체할 수 있습니다.

```
a.load(Relaxed);
fence(Acquire);
```

하지만 별도의 펜스를 사용하면 프로세서에 추가 명령이 필요하기 때문에 효율성이 약간 떨어질 수 있습니다.

여기서 중요한 점은 release-store 또는 acquire-load와 달리 펜스는 단일 아토믹 변수에 종속되지 않는다는 것입니다. 즉, 하나의 펜스를 한 번에 여러 변수에 사용할 수 있습니다.

엄밀히 말해서 해제 펜스는 동기화 중인 acquire 연산이 관찰한 값을 저장하는 아토믹 연산이 (동일한 스레드에서) 해제 펜스 뒤에 오는 경우, happens-before 관계에서의 해제 연산을 대신할 수 있습니다. 마찬가지로, 동일한 스레드에서 해제 연산에 의해 저장된 값을 읽어오는 아토믹 연산 뒤에 획득 펜스가 있는 경우, 획득 펜스가 모든 acquire 연산을 대신할 수 있습니다.

정리하자면, 해제 펜스 이후의 **어떤** store 연산이라도 획득 펜스 이전의 load 연산에 의해 **단한번이라도 관찰**된다면 해제 펜스와 획득 펜스 간에 happens-before 관계가 생성된다는 의미입니다.

예를 들어, 해제 펜스를 실행한 다음 서로 다른 변수에 대한 세 개의 아토믹 store 작업을 실행하는 하나의 스레드와, 동일한 변수에서 세 개의 load 작업을 실행한 다음 획득 펜스를 실행하는 또 다른 스레드가 있다고 가정해보겠습니다.

스레드1:

| 스레드2: |

```
fence(Release);
A.store(1, Relaxed);
B.store(2, Relaxed);
C.store(3, Relaxed);
```

```
A.load(Relaxed);
B.load(Relaxed);
C.load(Relaxed);
fence(Acquire);
```

이때 스레드 2의 load 연산 중 단 하나라도 스레드 1의 해당 store 연산에서 값을 읽으면, 스레드 1의 획득 펜스가 실행된 다음 스레드 2의 해제 펜스가 실행됩니다.

펜스는 반드시 아토믹 연산의 앞뒤에 올 필요가 없습니다. 연산과 펜스 사이에는 제어 흐름을 포함해 어떤 일도 일어날 수 있습니다. 이러한 사실 때문에 compare-and-swap 연산이 성공과 실패 순서를 갖는 것과 비슷하게 조건부 펜스를 만들 수 있습니다.

예를 들어 획득 메모리 순서를 사용하는 아토믹 변수로부터 포인터를 읽어들였다고 생각해보겠습니다. 포인터가 널 포인터가 아닌 경우 획득 순서를 사용하기 위해 펜스를 사용할 수 있습니다.

acquire-load를 사용하는 경우:

```
let p = PTR.load(Acquire);
if p.is_null() {
    println!("no data");
} else {
    println!("data = {}", unsafe { *p });
}
```

조건부 획득 펜스를 사용하는 경우:

```
let p = PTR.load(Relaxed);
if p.is_null() {
    println!("no data");
} else {
    fence(Acquire);
    println!("data = {}", unsafe { *p });
}
```

경우에 따라 널 포인터가 될 수 있는 포인터인 경우, 필요하지 않은 메모리 순서를 획득하는 것을 피하기 위해 조건부 펜스를 사용할 수 있습니다.

해제 및 획득 펜스의 좀 더 복잡한 예제를 살펴보겠습니다.

```rust
use std::sync::atomic::fence;

static mut DATA: [u64; 10] = [0; 10];

const ATOMIC_FALSE: AtomicBool = AtomicBool::new(false);
static READY: [AtomicBool; 10] = [ATOMIC_FALSE; 10];

fn main() {
    for i in 0..10 {
        thread::spawn(move || {
            let data = some_calculation(i);
            unsafe { DATA[i] = data };
            READY[i].store(true, Release);
        });
    }
    thread::sleep(Duration::from_millis(500));
    let ready: [bool; 10] = std::array::from_fn(|i| READY[i].load(Relaxed));
    if ready.contains(&true) {
        fence(Acquire);
        for i in 0..10 {
            if ready[i] {
                println!("data{i} = {}", unsafe { DATA[i] });
            }
        }
    }
}
```

TIP_ std::array::from_fn은 특정 횟수만큼 무언가를 실행하고 그 결과를 배열로 모으는 함수입니다.

이 예제에서 총 10개의 스레드는 어떤 계산을 수행하고 그 결과를 아토믹 변수가 아닌, 서로 공유하고 있는 값에 저장합니다. 각 스레드는 일반적인 release-store 연산으로 아토믹 불리언 변수에 값을 저장하는데, 계산 결과가 메인 스레드가 읽을 수 있는 상태로 준비되었는지를 표시합니다. 메인 스레드는 0.5초를 대기한 후 10개의 불리언 값을 확인해서 어떤 스레드로부터 값을 읽을 수 있는지를 확인합니다.

메인 스레드는 불리언을 읽기 위해 10개의 acquire-load 연산을 사용하는 대신, 느슨한 연산들과 하나의 획득 펜스를 사용합니다. 읽을 데이터가 있는 경우, 데이터를 읽기 전에 펜스를 실행합니다.

이 예제에서는 이러한 최적화가 전혀 필요하지 않을 수도 있지만, 추가적인 acquire 연산을 사용하지 않아서 매우 효율적인 동시성 데이터 구조를 구축하고자 할 때는 매우 중요합니다.

SeqCst 펜스는 해제 펜스이자 획득 펜스(AcqRel과 마찬가지로)이기도 하지만, 순차적으로 일관된 연산들로 구성된 단일 전체 순서의 일부이기도 합니다. 그러나 펜스만 전체 순서의 일부일 뿐, 그 앞이나 뒤에 있는 원자 연산이 반드시 전체 순서에 포함되는 것은 아닙니다. 즉, release 연산 또는 acquire 연산과 달리 순차적으로 일관된 연산은 느슨한 연산과 메모리 펜스로 분할할 수 없습니다.

컴파일러 펜스

러스트 표준 라이브러리는 일반 아토믹 펜스 외에도 **컴파일러 펜스**compiler fence인 std::sync::atomic::compiler_fence도 제공합니다. 이 함수는 앞서 설명한 일반 fence()와 파라미터가 동일하지만 그 효과는 컴파일러로 제한되기 때문에, 일반 아토믹 펜스와 달리 프로세서가 명령어를 재정렬하는 등의 작업을 방해하지 않습니다. 대부분의 경우, 펜스를 사용해야 할 때에는 컴파일러 펜스만으로는 원하는 바를 달성하기 어렵습니다.

컴파일러 펜스는 유닉스 신호 처리기signal handler 또는 임베디드 시스템에서 **인터럽트**interrupt를 구현할 때 사용할 수 있습니다. 이 두 메커니즘은 스레드를 갑자기 멈추고 동일한 프로세서 코어에서 현재 코드와 관련 없는 함수를 일시적으로 실행할 수 있는 메커니즘입니다. 동일한 프로세서 코어에서 실행되기 때문에 프로세서가 메모리 순서에 영향을 줄 수 있는 일반적인 방식이 적용되지 않습니다(7장 참조). 이 경우 컴파일러 펜스로 충분할 수 있으며, 잠재적으로 명령어를 절약하고 성능을 향상시킬 수 있습니다.

또 다른 사용 사례로는 프로세스 전체에 적용되는 메모리 장벽이 있습니다. 이 기법은 러스트의 메모리 모델 범위를 벗어나며 일부 운영체제에서만 지원됩니다. 리눅스에서는 membarrier 시스템 콜을 통해, 윈도우에서는 FlushProcessWriteBuffers 함수로 이 기능을 사용할 수 있

습니다. 이를 통해 한 스레드가 동시에 실행 중인 다른 모든 스레드에 (순차적으로 일관된) 아토믹 펜스를 강제로 주입할 수 있습니다. 이를 통해 컴파일러 펜스와 아토믹 펜스 대신 가벼운 컴파일러 펜스와 무거운 메모리 장벽을 사용합니다. 가벼운 펜스 쪽의 코드가 더 자주 실행된다면 전반적인 성능을 향상시킬 수 있습니다(자세한 내용과 러스트에서 다른 운영체제에서 이러한 장벽을 사용하는 방법은 crates.io의 `membarrier` 크레이트 문서를 참조하세요).

컴파일러 펜스는 프로세서가 메모리 순서에 미치는 영향을 탐구하는 데 흥미로운 관점을 제공합니다. 7.4.3절에서는 일반 펜스를 컴파일러 펜스로 바꿔서 일부러 코드를 망가뜨려 보겠습니다. 이를 통해 잘못된 메모리 순서를 사용할 때 프로세서가 미묘하지만 잠재적으로 치명적인 영향을 미치는 것을 경험할 수 있습니다.

3.9 자주 발생하는 오해

메모리 순서에 대한 많은 오해가 있습니다. 이 장을 마무리하기 전에 가장 많이 하는 오해 몇 가지를 살펴보겠습니다.

오해 1: 변경 사항을 '바로' 확인하려면 강력한 메모리 순서가 필요하다.

흔히 오해하는 것은 Relaxed와 같이 메모리 순서를 약하게 지정하면 아토믹 변수에 대한 변경 사항이 다른 스레드에 전달되지 않거나 상당한 시간이 지난 후에야 전달될 수 있다는 것입니다. '느슨한'이라는 이름 때문에 하드웨어가 휴식 상태에서 깨어나 작업을 시작할 때까지 아무 일도 일어나지 않는 것처럼 들릴 수 있습니다.

사실 메모리 모델은 언제 작업이 일어나는지에 관한 개념이 아닙니다. 어떤 일이 어떤 순서로 일어나는지만 정의할 뿐, 이 일이 일어나기까지 얼마나 오래 기다려야 하는지는 말하지 않습니다. 한 스레드에서 다른 스레드로 데이터를 가져오는 데 몇 년이 걸리는 가상의 컴퓨터가 있다고 생각해보면, 이 컴퓨터는 메모리 모델의 규칙을 완벽하게 따릅니다. 실제로 사용할 수는 없겠지만요.

실제로 메모리 순서는 일반적으로 나노초 단위로 발생하는 명령어 재정렬과 관련이 있습니다. 메모리 순서를 강력하게 지정한다고 해서 데이터가 더 빨리 이동하는 것은 아니며, 오히려 프로그램의 속도가 느려질 수도 있습니다.

오해 2: 최적화를 비활성화하면 메모리 순서에 신경 쓸 필요가 없다.

컴파일러와 프로세서는 우리 예상과 다른 순서로 작업이 수행되기도 합니다. 컴파일러 최적화를 비활성화한다고 해서 컴파일러에서 가능한 모든 변환이 비활성화되는 것은 아닙니다. 명령어 재정렬 및 이와 유사한 잠재적으로 문제가 될 수 있는 동작을 초래하는 프로세서 기능도 비활성화되지 않습니다.

오해 3: 명령어 순서를 바꾸지 않는 프로세서를 사용하면 메모리 순서에 신경 쓸 필요가 없다.

소형 마이크로컨트롤러와 같은 일부 간단한 프로세서는 코어가 하나만 있고 한 번에 하나의 명령어만 순서대로 실행합니다. 이러한 디바이스에서는 메모리 순서가 잘못되어 실제로 문제가 발생할 가능성이 현저히 낮은 것은 사실이지만, 컴파일러가 잘못된 메모리 순서를 기반으로 잘못된 가정을 내려 코드가 올바르게 실행되지 않을 수 있습니다. 그 외에도 프로세서가 명령어를 순서대로 실행하지 않더라도 메모리 순서와 관련이 있을 수 있는 다른 기능을 가지고 있을 수 있다는 점도 중요합니다.

오해 4: 느슨한 연산들은 추가 비용이 없다.

이것의 사실 여부는 '추가 비용'에 대한 정의에 따라 다릅니다. Relaxed가 가장 효율적인 메모리 순서 지정 방식이고, 다른 방식보다 훨씬 빠르다는 것은 사실입니다. 심지어 모든 최신 플랫폼에서 느슨한 load and store 연산은 아토믹이 아닌 일반 읽기 및 쓰기 연산과 동일한 프로세서 명령어로 컴파일된다는 것도 사실입니다.

아토믹 변수가 단일 스레드에서만 사용되는 경우 비아토믹 변수와의 속도 차이는 대부분 컴파일러가 더 자유롭게 비아토믹 연산을 최적화하는 데 더 효과적이기 때문일 가능성이 높습니다. (컴파일러는 아토믹 변수에 대부분의 최적화를 적용하지 않는 경향이 있습니다.)

하지만 여러 스레드에서 동일한 메모리에 접근하는 것은 일반적으로 단일 스레드에서 접근하는 것보다 훨씬 느립니다. 다른 스레드가 아토믹 변수를 반복적으로 읽기 시작하면, 해당 변수에 지속적으로 값을 기록하는 스레드는 프로세서 코어와 캐시가 모두 사용되면서 속도가 눈에 띄게 느려질 수 있습니다.

7장에서 이 효과에 대해 살펴보겠습니다.

오해 5: 순차적으로 일관된 메모리 순서는 항상 정확하며 모든 경우에 적용 가능하다.

성능 문제를 제쳐두고, 순차적으로 일관된 메모리 순서는 강력한 보장성 때문에 모든 경우에 사용하기 완벽한 메모리 순서 유형으로 여겨지는 경우가 많습니다. 다른 메모리 순서가 정확하다면 SeqCst도 정확하다는 것은 사실입니다. 이 때문에 SeqCst가 항상 올바른 선택인 것처럼 느껴질 수 있습니다. 그러나 메모리 순서와 상관없이 동시성 알고리즘 자체가 단순히 틀릴 수도 있습니다.

더 중요한 것은 코드를 읽을 때 SeqCst는 다음과 같이 말합니다. '이 연산은 프로그램 내 모든 단일 SeqCst 연산의 전체 순서에 종속됩니다.' 이는 엄청나게 광범위한 표현입니다. 같은 코드라도 더 약한 메모리 순서를 사용하면 코드를 검토하거나 검증하는 과정이 더 간단해집니다. 예를 들어 Release는 다음과 같이 말합니다. '이 연산은 동일한 변수에 대한 acquire 연산과 관련이 있습니다.' 어떤 변수와 관련이 있는지를 명확히 설명하기 때문에 코드를 이해할 때 고려해야 할 사항이 훨씬 줄어듭니다.

SeqCst는 경고 신호로 보는 것이 좋습니다. 실제 코드에서 SeqCst가 사용되는 경우는 정말 복잡한 문제가 발생했거나 작성자가 메모리 순서 관련 가정을 분석하는 데 시간을 들이지 않았음을 의미합니다. 이 두 가지 모두 추가적인 검토가 필요합니다.

오해 6: 순차적으로 일관된 메모리 순서는 'release-load' 또는 'acquire-store'에 사용할 수 있다.

SeqCst는 Acquire 또는 Release를 대신할 수는 있지만, acquire-store 또는 release-load를 만드는 방법은 아닙니다. 이 연산들은 만들어지지 않습니다. 해제는 저장 작업에만 적용되고, 획득은 읽기 작업에만 적용됩니다.

예를 들어 Release의 저장 연산은 SeqCst의 저장 연산과 release-acquire 관계를 형성하지 않습니다. 두 연산이 전역적으로 일관된 순서의 일부가 되어야 하는 경우, 두 연산 모두 SeqCst를 사용해야 합니다.

요점 정리

- 스레드마다 다른 순서로 작업이 수행될 수 있기 때문에 모든 아토믹 연산에 대해 일관된 순서가 존재하지 않을 수 있습니다.

- 각 아토믹 변수는 메모리 순서에 관계없이 모든 스레드가 동의하는 고유한 전체 변경 순서를 갖습니다.

- 연산 순서는 happens-before 관계를 통해 정의됩니다.

- 단일 스레드 내에서 모든 단일 연산 사이에는 happens-before 관계가 존재합니다.

- 스레드 생성은 생성된 스레드가 수행하는 모든 작업보다 먼저 발생합니다.

- 스레드가 수행하는 모든 작업은 해당 스레드를 조인하기 전에 발생합니다.

- 뮤텍스의 잠금과 잠금 해제는 happens-before 관계입니다.

- release-store 연산에서 값을 acquire-load 연산으로 읽어오면 happens-before 관계가 설정됩니다. 이 값은 여러 번의 fetch-and-modify 및 compare-and-exchange 연산을 통해 수정됩니다.

- 가상의 consume-load 연산이 존재한다면 acquire-load 연산보다 훨씬 가벼운 연산이 됩니다.

- 순차적으로 일관된 순서를 사용하면 전역적으로 일관된 연산 순서를 유지할 수 있습니다. 그러나 실제로는 필요하지 않을 뿐만 아니라 코드를 검토하는 과정을 더 복잡하게 만들 수 있습니다.

- 펜스를 사용하면 여러 연산의 메모리 순서를 결합하거나 조건부로 메모리 순서를 적용할 수 있습니다.

스핀 락 구현해보기

일반 뮤텍스를 잠그면(1.7절 참조) 뮤텍스가 이미 잠겨 있을 때 스레드가 잠자기 상태가 됩니다. 이렇게 하면 잠금이 해제되기를 기다리는 동안 리소스가 낭비되는 것을 막을 수 있습니다. 잠금 상태가 아주 짧은 시간 동안만 유지되고, 잠자기 상태의 스레드들이 다른 프로세서 코어에서 병렬로 실행될 수 있는 경우 스레드가 실제로 잠금 해제를 기다리지 않고 반복적으로 뮤텍스를 잠금 상태로 만들 수 있는지를 시도하는 것이 더 좋을 수 있습니다.

스핀 락은 바로 이 기능을 갖춘 뮤텍스입니다. 이미 잠긴 뮤텍스를 잠그려고 시도하면 **바쁜 대기**busy-waiting 또는 **스피닝**spinning이 발생합니다. 이는 잠금이 성공할 때까지 반복해서 시도한다는 의미입니다. 이 경우 프로세서 주기가 낭비될 수 있지만, 특정 상황에서는 잠금에 소요되는 지연 시간이 짧아질 수 있습니다.

> **NOTE_** 일부 플랫폼의 std::sync::Mutex를 포함해 많은 뮤텍스의 실제 구현체들은 운영체제에 스레드를 잠자기 상태로 전환하도록 요청하기 전에 잠시 스핀 락처럼 동작합니다. 이는 스핀 락과 뮤텍스의 장점을 모두 이용할 수 있는 방법이지만, 이 동작이 실제로 효과적인지는 전적으로 개별 사용 사례에 따라 다릅니다.

이 장에서는 2장과 3장에서 배운 내용을 적용해 SpinLock 타입을 직접 만듭니다. 그리고 러스트의 타입 시스템을 사용해 SpinLock 사용자에게 안전하고 유용한 인터페이스를 제공하는 방법을 살펴봅니다.

4.1 가장 간단한 구현체

위에서 설명한 스핀 락을 기초부터 만들어보겠습니다.

꽤 간단합니다.

```
pub struct SpinLock {
    locked: AtomicBool,
}
```

잠겨 있는지를 나타내는 하나의 불리언 변수만 있으면 됩니다. 두 개 이상의 스레드가 동시에 상호작용할 수 있어야 하므로 **아토믹 불리언**을 사용합니다.

그러면 생성자 함수와 lock, unlock 메서드만 있으면 됩니다.

```
impl SpinLock {
    pub const fn new() -> Self {
        Self {
            locked: AtomicBool::new(false),
        }
    }
    pub fn lock(&self) {
        while self.locked.swap(true, Acquire) {
            std::hint::spin_loop();
        }
    }
    pub fn unlock(&self) {
        self.locked.store(false, Release);
    }
}
```

locked 불리언은 초기값이 false이고, lock은 이를 true으로 바꿉니다. 값이 이미 true이었던 경우 값의 변경을 계속 시도하며, unlock 메서드는 값을 다시 false로 바꿉니다.

> **NOTE_** 스왑 연산을 사용하는 대신 compare-and-exchange 연산을 사용하여 불리언이 false인지 아토믹하게 확인하고 false인 경우 true로 변경할 수도 있습니다.
>
> ```
> self.locked.compare_exchange_weak(false, true, Acquire, Relaxed).is_err()
> ```

while 루프 안에서 std::hint::spin_loop()를 통해 **스핀 루프 힌트**^{spin loop hint}로 어떤 값이 변경되는지를 계속 확인하면서 프로세서에게 현재 기다리고 있다는 것을 알립니다. 대부분의 주요 플랫폼에서는 프로세서 코어가 스피닝 상황을 최적화하도록 만듭니다. 예를 들어 코어가 스피닝 속도를 느리게 하거나 다른 작업을 먼저 수행하도록 할 수 있습니다. 하지만 thread::sleep이나 thread::park와 같은 다른 스레드를 기다리게 하는 연산들과는 다르게, 스핀 루프의 힌트는 운영체제가 다른 스레드를 위해 해당 스레드를 잠자기 상태로 만들지는 않습니다.

우리는 획득 및 해제 메모리 순서를 사용해 모든 unlock() 함수가 뒤따르는 lock() 함수와 happens-before 관계를 설정하도록 합니다. 즉, 지난번에 잠금 상태인 동안에 일어난 모든 일은 현재 잠금 상태가 되기 전에 발생한 일이라고 할 수 있습니다. 이것이 획득 및 해제 순서의 가장 전형적인 사용 사례인 잠금의 획득 및 해제입니다.

[그림 4-1]은 두 개의 스레드가 동시에 잠금을 획득하려고 시도하면서 일부 공유 데이터에 대한 접근을 막기 위해 SpinLock을 사용하는 상황을 시각화한 것입니다. 주목해야 할 점은 첫 번째 스레드의 잠금 해제 작업이 두 번째 스레드의 잠금 작업과 happens-before 관계를 형성해 두 스레드가 동시에 데이터에 접근할 수 없도록 한다는 점입니다.

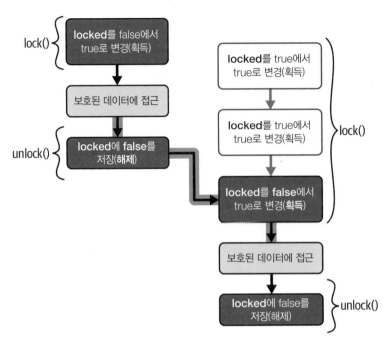

그림 4-1 SpinLock을 사용해 보호된 공유 데이터에 접근하는 두 스레드 사이의 happens-before 관계

4.2 Unsafe 스핀 락

위에서 살펴본 SpinLock 타입은 실수로 잘못 사용하더라도 정의되지 않은 동작을 발생시키지 않는 안전한 인터페이스를 갖고 있습니다. 하지만 대부분의 경우에는 공유된 변수의 값이 바뀌지 않도록 보호하는 역할을 하기 때문에 여전히 개발자가 컴파일러가 확인하지 않는 unsafe 코드를 사용해야 하는 문제가 있습니다.

더 간단한 인터페이스를 제공하기 위해 lock 메서드를 변경할 수 있습니다. 이렇게 하면 잠금으로 보호되는 데이터에 대한 독점 레퍼런스(&mut T)를 얻을 수 있습니다. 대부분의 경우, 잠금 연산 덕분에 항상 독점적으로만 값에 접근할 수 있게 됩니다.

이렇게 하려면 보호하는 데이터의 타입을 제네릭으로 바꾸고 해당 데이터를 담은 필드를 구조체에 추가해야 합니다. 스핀 락 자체가 공유되더라도 데이터의 값을 변경하거나 또는 독점적으로 접근할 수 있기 때문에 내부 가변성(1.5절 참조)이 필요합니다. 따라서 UnsafeCell을 사용해야 합니다.

```
use std::cell::UnsafeCell;

pub struct SpinLock<T> {
    locked: AtomicBool,
    value: UnsafeCell<T>,
}
```

하지만 UnsafeCell은 Sync 트레이트를 구현하지 않기 때문에 스레드 간에 T를 더 이상 공유할 수 없게 되는 문제가 있습니다. 이 문제를 해결하려면 스레드 간에 T를 공유하는 것이 실제로 안전하다고 컴파일러에게 약속해야 합니다. 하지만 스핀 락은 한 스레드에서 다른 스레드로 T 타입의 값을 보내는 데 사용될 수 있어서 이 약속은 스레드 간에 전송해도 안전한 타입에만 적용해야 합니다. 따라서 다음과 같이 Send를 구현하는 모든 T에 대해 (unsafe하게) SpinLock<T> 타입의 Sync 트레이트를 구현합니다.

```
unsafe impl<T> Sync for SpinLock<T> where T: Send {}
```

SpinLock<T>는 한 번에 하나의 스레드만 보호하고 있는 T에 접근할 수 있어서 T가 Sync 트레이트를 가질 필요는 없습니다. 읽기/쓰기 잠금처럼 한 번에 여러 스레드에 액세스 권한을 부여해야 하는 경우에만 (추가로) Sync 트레이트를 갖는 T가 필요합니다.

다음으로, UnsafeCell을 초기화하기 위해 T를 입력받는 new 함수를 만들어봅시다.

```
impl<T> SpinLock<T> {
    pub const fn new(value: T) -> Self {
        Self {
            locked: AtomicBool::new(false),
            value: UnsafeCell::new(value),
        }
    }
    ...
}
```

그리고 흥미로운 부분인 lock과 unlock을 살펴봅시다. 사용자가 데이터를 보호하기 위해

lock()을 사용할 때 안전하지 않거나 확인되지 않은 코드를 작성할 필요 없이, lock()에서 &mut T를 리턴할 수 있어야 합니다. 즉, 사용자가 아닌 lock 구현 내에서 unsafe 코드를 사용해야 한다는 뜻입니다. UnsafeCell은 get() 메서드를 통해 감싸고 있는 값(*mut T)에 대한 원시 포인터를 리턴하고, 이를 다음과 같이 unsafe 블록 내에서 레퍼런스로 변환할 수 있습니다.

```
pub fn lock(&self) -> &mut T {
    while self.locked.swap(true, Acquire) {
        std::hint::spin_loop();
    }
    unsafe { &mut *self.value.get() }
}
```

lock의 함수 시그니처는 입력과 출력 모두에 레퍼런스를 포함하기 때문에, &self와 &mut T의 라이프타임은 생략되고 동일한 것으로 가정되었습니다(「The Rust Programming Language」의 10.3의 'Lifetime Annotations in Method Definitions'[1] 참조). 물론 라이프타임을 직접 작성하면 다음과 같이 명시적으로 만들 수 있습니다.

```
pub fn lock<'a>(&'a self) -> &'a mut T { ... }
```

이 코드는 리턴된 레퍼런스의 라이프타임이 &self의 라이프타임과 동일하다는 것을 명확하게 보여줍니다. 이는 리턴된 레퍼런스가 잠금 자체와 동일한 라이프타임을 가진다는 것을 의미합니다.

이 코드에서 unlock()만 없다면 완벽하게 안전한 인터페이스를 만들 수 있습니다. SpinLock을 잠그면 &mut T를 얻게 되지만 다시 잠금 상태로 만들 수 없어서 이 독점적 레퍼런스가 실제로 독점적임을 보장할 수 있습니다.

그러나 unlock() 메서드를 다시 추가하면 리턴된 레퍼런스의 라이프타임을 다음 unlock() 호출까지 제한하는 방법이 필요합니다. 컴파일러가 한국어를 이해할 수 있다면 정말 좋겠습니다.

----

1 옮긴이_ *https://doc.rust-lang.org/book/ch10-03-lifetime-syntax.html?highlight=lifetime%20elision#lifetime-annotations-in-method-definitions*

```
pub fn lock<'a>(&self) -> &'a mut T
where
    'a의 범위는 다음 unlock() 호출까지
    다른 스레드가 unlock()을 호출하더라도 상관없음
    물론 self가 삭제되면 'a의 범위도 끝남
    (감사합니다!)
{... }
```

안타깝게도 이는 올바른 러스트 문법이 아닙니다. 컴파일러에 한국어로 얘기하는 대신 사용자에게 이 제한 사항에 대해 설명해야 합니다. unsafe 코드를 사용하는 책임을 넘기기 위해 unlock을 안전하지 않은 것으로 표시하고, 정상적으로 작동하려면 어떻게 해야 하는지 설명하는 주석을 남겼습니다.

```
/// 안전함: lock()의 &mut T는 사라져야 한다!
/// (그리고 해당 T의 필드에 대한 참조를 유지하는 편법 또한 사용해서는 안 된다!)
pub unsafe fn unlock(&self) {
    self.locked.store(false, Release);
}
```

4.3 잠금 가드를 사용한 안전한 인터페이스

완전히 안전한 인터페이스를 만들려면 잠금 해제 연산이 &mut T의 라이프타임 마지막에 위치해야 합니다. 그러기 위해서 &mut T를 레퍼런스처럼 동작하는 타입으로 감싼 다음, Drop 트레이트를 통해 메모리에서 삭제될 때 작업을 수행하면 됩니다.

이런 타입들은 **가드**^{guard}라 불리며, 메모리에서 가드가 삭제될 때까지 잠금 상태를 유지합니다.

새로 정의한 Guard 타입은 단순히 SpinLock에 대한 레퍼런스를 필드로 가지고 있어서 UnsafeCell에 접근해 AtomicBool을 초기화할 수 있습니다.

```
pub struct Guard<T> {
    lock: &SpinLock<T>,
}
```

하지만 이 코드를 컴파일하면 컴파일러가 불평합니다.

```
error[E0106]: missing lifetime specifier
    --> src/lib.rs
     |
     |              lock: &SpinLock<T>,
     |                    ^ expected named lifetime parameter
     |
help: consider introducing a named lifetime parameter
     |
   ~ pub struct Guard<'a, T> {
     |                ^^^
   ~ lock: &'a SpinLock<T>,
     |       ^^
     |
```

컴파일러가 말한 것처럼, 여기서 라이프타임이 빠질 수 없습니다. 레퍼런스의 라이프타임을 명시한 코드는 다음과 같습니다.

```rust
pub struct Guard<'a, T> {
    lock: &'a SpinLock<T>,
}

unsafe impl<T> Sync for Guard<'_, T> where T: Sync {}
```

이제 Guard는 SpinLock보다 더 오래 존재할 수 없습니다.

그다음 SpinLock의 lock 메서드가 Guard를 리턴하도록 해보겠습니다.

```rust
pub fn lock(&self) -> Guard<T> {
    while self.locked.swap(true, Acquire) {
        std::hint::spin_loop();
    }
    Guard { lock: self }
}
```

Guard 타입은 생성자 함수가 없고, 필드는 프라이빗이기 때문에 사용자가 Guard를 얻으려면 lock 메서드를 사용해야 합니다. 따라서 Guard가 존재한다는 것은 스핀 락이 잠금 상태임을 의미합니다.

Guard<T>가 (독점적) 레퍼런스처럼 동작해 T에 접근할 수 있도록 하려면, 다음과 같이 특수한 Deref 및 DerefMut 트레이트를 구현해야 합니다.

```rust
use std::ops::{Deref, DerefMut};

impl<T> Deref for Guard<'_, T> {
    type Target = T;
    fn deref(&self) -> &T {
        // 안전함: 이 Guard의 존재는 우리가 독점적으로
        // lock을 잠그고 있다는 것을 보장함
        unsafe { &*self.lock.value.get() }
    }
}
impl<T> DerefMut for Guard<'_, T> {
    fn deref_mut(&mut self) -> &mut T {
        // 안전함: 이 Guard의 존재는 우리가 독점적으로
        // lock을 잠그고 있다는 것을 보장함
        unsafe { &mut *self.lock.value.get() }
    }
}
```

마지막으로 Guard에 Drop 트레이트를 구현해서 unsafe한 unlock 메서드를 없앨 수 있도록 하겠습니다.

```rust
impl<T> Drop for Guard<'_, T> {
    fn drop(&mut self) {
        self.lock.locked.store(false, Release);
    }
}
```

이제 Drop 트레이트와 러스트 타입 시스템 덕분에 SpinLock은 안전하고 유용한 인터페이스를 갖게 되었습니다.

```rust
fn main() {
    let x = SpinLock::new(Vec::new());
    thread::scope(|s| {
```

```
            s.spawn(|| x.lock().push(1));
            s.spawn(|| {
                let mut g = x.lock();
                g.push(2);
                g.push(2);
            });
        });
        let g = x.lock();
        assert!(g.as_slice() == [1, 2, 2] || g.as_slice() == [2, 2, 1]);
    }
```

위 프로그램은 SpinLock의 사용이 정말 간단함을 보여줍니다. Deref와 DerefMut 덕분에, guard 변수에서 바로 Vec::push 메서드를 사용할 수 있습니다. 그리고 Drop 트레이트 덕분에 잠금 해제에 대해서는 걱정할 필요가 없어졌습니다.

물론 drop(g)를 호출해 명시적으로 잠금을 해제하는 것도 가능합니다. 하지만 guard가 아직 필요한 시점에 잠금을 해제하려고 하면 컴파일 에러가 발생합니다. 예를 들어, push(2) 사이에 drop(g)를 호출하면 이미 g가 메모리에서 삭제되었기 때문에 두 번째 push 호출은 컴파일되지 않습니다.

```
error[E0382]: borrow of moved value: `g`
    --> src/lib.rs
     |
     |         drop(g);
     |              - value moved here
     |         g.push(2);
     |         ^^^^^^^^^ value borrowed here after move
```

러스트 타입 시스템 덕분에 프로그램이 실행되기 전에 이런 실수를 미리 발견할 수 있습니다.

요점 정리

- **스핀 락**은 대기하는 동안 바쁘게 루프를 도는 뮤텍스입니다.

- 스핀은 지연 시간을 줄일 수 있지만 클럭 사이클clock cycle을 낭비하고 성능을 저하시킬 수도 있습니다.

- **스핀 루프 힌트**인 std::hint::spin_loop()를 사용해 프로세서에 스핀 루프를 알리면 효율성이 향상될

수 있습니다.

- SpinLock<T>는 AtomicBool과 Unsafe Cell<T>만으로 구현할 수 있으며, 후자는 **내부 가변성**에 필요합니다.

- **데이터 경합**과 **정의되지 않은 동작**을 방지하기 위해서는 unlock과 lock 사이에 **happens-before 관계**가 필요합니다.

- 이 경우에는 **획득 및 해제 메모리 순서**가 적합합니다.

- 정의되지 않은 동작을 피하기 위해 컴파일러에 확인되지 않은 가정을 할 때, 함수를 unsafe로 만들어 호출자가 책임을 지도록 할 수 있습니다.

- Deref와 DerefMut 트레이트를 사용해 타입이 레퍼런스처럼 동작하게 해서 다른 객체에 대한 접근을 투명하게 제공할 수 있습니다.

- Drop 트레이트를 사용하면 객체가 메모리에서 삭제될 때, 예를 들어 범위를 벗어나거나 drop()으로 전달될 때 어떤 작업을 수행할 수 있습니다.

- **잠금 가드**^{lock guard}는 잠금 상태의 값에 안전하게 접근할 수 있는 특별한 디자인 패턴입니다. 이러한 타입은 일반적으로 Deref 트레이트를 통해 레퍼런스와 비슷하게 동작하며, Drop 트레이트를 통해 자동 잠금 해제를 구현합니다.

채널 구현해보기

채널^{channel}은 스레드 간에 데이터를 전송하는 데 사용되며, 다양한 종류가 존재합니다. 어떤 채널은 한 명의 송신자와 한 명의 수신자끼리만 사용 가능하기도 하고, 다른 채널은 여러 스레드가 송신자가 되기도 하며, 심지어는 여러 수신자가 존재하는 경우도 있습니다. 어떤 채널은 메시지를 받는 (때로는 보내는) 연산에서 다른 스레드가 사용하지 못하도록 막는^{blocking} 경우가 있습니다. 이런 경우에는 진행 중인 송수신이 끝날 때까지 사용하고자 하는 스레드가 잠자기 상태에 들어갑니다. 어떤 채널들은 처리 속도가 뛰어나고, 어떤 채널들은 응답 속도가 빠릅니다.

일일이 나열하면 끝이 없습니다. 특히 주어진 상황마다 다른 종류의 채널을 사용해야 한다는 점이 중요합니다.

이번 장에서 비교적 간단한 채널 몇 가지를 구현해볼 것입니다. 그 과정에서 아토믹을 더 잘 이해할 수 있을 뿐만 아니라, 러스트 타입 시스템이 프로그램의 요구 사항과 가정^{assumption}을 구현하는지 알 수 있습니다.

5.1 간단한 뮤텍스 기반 채널

기본적인 채널을 구현할 때는 아토믹을 전혀 몰라도 됩니다. 대신 VecDeque를 사용합니다. VecDeque는 원소를 앞과 뒤에서 추가하고 삭제하는 작업이 훨씬 효율적인 Vec입니다. 그리고

Mutex로 VecDeque를 감싸면 여러 스레드에서 동시에 접근하는 것을 막을 수 있습니다.

VecDeque를 **메시지**^message와 같이 보내지긴 했지만 도착하진 않은 데이터의 큐로 사용합니다. 값을 보내고 싶은 스레드는 큐의 마지막에 메시지를 추가하면 됩니다. 그리고 메시지를 받고 싶은 스레드는 가장 앞에서 원소 한 개를 가져가면 됩니다.

다음으로는 메시지 수신 과정에서 다른 스레드의 접근을 막는 CondVar(1.8.2절 참고)를 사용합니다. CondVar는 다른 수신자들에게 새로운 메시지를 알리는 역할을 합니다.

이 둘을 사용하면 다음과 같이 직관적으로 채널을 구현할 수 있습니다.

```rust
pub struct Channel<T> {
    queue: Mutex<VecDeque<T>>,
    item_ready: Condvar,
}

impl<T> Channel<T> {
    pub fn new() -> Self {
        Self {
            queue: Mutex::new(VecDeque::new()),
            item_ready: Condvar::new(),
        }
    }

    pub fn send(&self, message: T) {
        self.queue.lock().unwrap().push_back(message);
        self.item_ready.notify_one();
    }

    pub fn receive(&self) -> T {
        let mut b = self.queue.lock().unwrap();
        loop {
            if let Some(message) = b.pop_front() {
                return message;
            }
            b = self.item_ready.wait(b).unwrap();
        }
    }
}
```

위 코드에서는 아토믹, 언세이프 코드를 쓸 필요가 없습니다. Send 또는 Sync 트레이트를 고려할 필요도 없었습니다. 컴파일러는 Mutex의 인터페이스를 알고 있습니다. 따라서 상호 배제를 통해 Mutex<T>와 Condvar가 스레드 간에 안전하게 공유될 수 있다면 Channel<T>도 공유될 수 있습니다.

send 함수는 뮤텍스를 잠가 새 메시지를 큐의 뒤쪽에 넣고, 큐의 잠금을 해제하면 조건 변수를 사용하여 대기 중인 수신자에게 직접 잠금이 해제되었다는 것을 알립니다.

또한 receive 함수는 뮤텍스를 잠그고 큐의 앞쪽에서 다음 메시지를 꺼내지만 아직 사용 가능한 메시지가 없으면 조건 변수를 사용하여 대기합니다.

> **TIP_** Condvar::wait 메서드는 대기하는 동안 뮤텍스의 잠금을 해제하고 리턴하기 전에 잠금을 다시 해제한다는 점을 기억하세요. 따라서 **receive** 함수는 대기하는 동안 뮤텍스를 잠그지 않습니다.

채널은 송수신 스레드를 얼마든지 허용하기 때문에 매우 유연하게 사용할 수 있지만, 대부분의 상황에서는 채널의 구현이 적합하지 않을 수 있습니다. 수신할 준비가 된 메시지가 많더라도, 모든 송신 또는 수신 연산이 동일한 뮤텍스를 잠가야 하기 때문에 다른 송신 또는 수신 연산이 잠시 차단됩니다. VecDeque::push가 VecDeque의 크기를 늘려야 하는 경우, 해당 스레드가 재할당을 완료할 때까지 모든 송수신 스레드가 기다려야 해서 일부 상황에서는 바람직하지 않을 수 있습니다.

또 다른 문제점은 이 채널의 큐가 끝도 없이 커질 수 있다는 것입니다. 발신자는 수신자가 처리하는 속도보다 더 빠른 속도로 새 메시지를 보내는 것을 막을 방법이 없습니다.

5.2 언세이프 원샷 채널

채널의 사용 방법은 사실상 무한합니다. 하지만 이 장의 나머지 부분에서는 한 스레드에서 다른 스레드로 정확히 하나의 메시지를 보내는 것에 초점을 맞춥니다. 이러한 용도를 위해 설계된 채널을 흔히 **원샷 채널**one-shot channel이라고 합니다.

이전의 Mutex<VecDeque>를 사용한 채널 코드에서 VecDeque를 Option으로 대체하면 큐의 크기를 정확히 하나의 메시지로 줄일 수 있습니다. 이렇게 하면 재할당을 피할 수 있지만, 여전히 Mutex를 사용할 때와 같은 문제가 존재합니다. 따라서 아토믹으로 원샷 채널을 구현하면 이러한 문제를 피할 수 있습니다.

먼저 인터페이스에 대해 깊이 고민하지 말고 원샷 채널의 최소한의 구현을 만들어봅시다. 이장의 뒷부분에서는 인터페이스를 개선하는 방법과 러스트의 타입 시스템을 활용해 채널 사용자에게 만족스러운 경험을 제공하는 방법을 살펴보겠습니다.

우리에게 필요한 도구는 기본적으로 4장에서 SpinLock<T>에 사용한 것과 동일합니다. 값을 저장하기 위한 UnsafeCell과 그 상태를 나타내는 AtomicBool입니다. 아토믹 불리언은 메시지를 사용할 준비가 되었는지를 나타냅니다.

메시지가 전송되기 전에는 채널이 '비어 있는' 상태로 아직 T 타입의 메시지가 포함되어 있지 않습니다. 셀 내부에 Option<T>를 사용하여 T가 없음을 표시할 수 있지만, 여기서는 아토믹 불리언이 이미 메시지가 있는지 여부를 알려주기 때문에 Option을 사용하지 않아도 됩니다. 대신, std::mem::MaybeUninit<T>를 사용할 수 있습니다. 이는 본질적으로 언세이프 Option<T>의 기본 버전으로, 사용자가 초기화 여부를 직접 추적해야 하고 자체 검사를 수행할 수 없어서 인터페이스의 거의 대부분이 안전하지 않습니다.

지금까지의 내용을 종합해 구조체를 정의해봅시다.

```
use std::mem::MaybeUninit;
    pub struct Channel<T> {
        message: UnsafeCell<MaybeUninit<T>>,
        ready: AtomicBool,
}
```

SpinLock<T>와 마찬가지로, 채널을 스레드 간에 공유해도 안전하다는 것을 컴파일러에게 알려줘야 합니다. 또는 T가 Send 트레이트를 가지고 있어야 합니다.

```
unsafe impl<T> Sync for Channel<T> where T: Send {}
```

채널은 비어 있는 상태이기 때문에 ready는 false 상태이고, message 또한 값이 들어 있지 않습니다.

```
impl<T> Channel<T> {
    pub const fn new() -> Self {
        Self {
            message: UnsafeCell::new(MaybeUninit::uninit()),
            ready: AtomicBool::new(false),
        }
    }
    ...
}
```

메시지를 보내려면 먼저 셀에 메시지를 저장한 다음 ready 플래그를 true로 설정해 수신자에게 메시지를 보낼 수 있습니다. 이 작업을 두 번 이상 시도해서는 안 됩니다. ready 플래그를 설정한 후 수신자가 언제든 메시지를 읽을 수 있어서 두 번째 메시지 전송과 경쟁이 발생할 수 있기 때문입니다. 현재로서는 메서드를 unsafe하게 만들고 사용자에게 다음과 같은 메모를 남겨서 이 문제를 사용자의 책임으로 만듭니다.

```
/// 안전함: 메서드를 단 한 번만 호출하세요!
pub unsafe fn send(&self, message: T) {
    (*self.message.get()).write(message);
    self.ready.store(true, Release);
}
```

위의 코드에서는 먼저 UnsafeCell::get 메서드를 사용해 MaybeUninit<T>에 대한 포인터를 얻습니다. 이를 언세이프하게 역참조하고, MaybeUninit::write를 사용해 message를 초기화합니다. 잘못 사용하면 정의되지 않은 동작이 발생할 수 있지만, 그 책임은 사용자에게 있습니다.

메모리 순서의 경우, 아토믹 store 연산이 메시지를 수신자에게 효과적으로 전달하기 때문에 해제 순서를 사용해야 합니다. 수신 스레드가 획득 순서를 사용해 self.ready에서 true를 불러오면 메시지의 초기화가 완료됩니다.

수신의 경우, 당분간 차단 인터페이스를 제공하지 않을 예정입니다. 대신 메시지의 존재 여부를 확인하는 방법과 메시지를 받는 방법 두 가지를 제공하겠습니다. 사용자가 차단을 원할 경우 스레드 파킹(1.8.1절 참조)과 같은 방법을 사용할 수 있습니다.

다음 두 메서드를 추가하면 채널 구현이 완성됩니다.

```
pub fn is_ready(&self) -> bool {
    self.ready.load(Acquire)
}

/// 안전함: is_ready()가 true를 리턴한 다음
/// 단 한 번만 호출하세요!
pub unsafe fn receive(&self) -> T {
    (*self.message.get()).assume_init_read()
}
```

is_ready 메서드는 항상 안전하게 호출할 수 있습니다. 반면 receive 메서드는 이미 초기화된 상태의 MaybeUninit::assume_init_read()를 사용하면서 언세이프한 가정을 합니다. 바로 Copy 트레이트가 없는 객체를 복사하는 데 사용되지 않는다는 것입니다. Send와 마찬가지로 기능 자체를 unsafe로 만들어 사용자의 문제로 만들 수 있습니다.

그 결과 기능적으로는 사용 가능하지만 다루기 어려운 그다지 만족스럽지 못한 채널이 되었습니다. 제대로만 사용하면 제 기능을 정확히 수행하지만, 잘못된 방법으로 사용할 수 있는 요소가 많습니다.

수신자가 첫 번째 메시지를 읽으려는 동안 두 번째 발신자가 기존 메시지를 덮어쓰기 때문에 send를 두 번 이상 호출하면 데이터 경합이 발생할 수 있습니다. 수신이 제대로 동기화되었더라도 여러 스레드에서 send를 호출하면 두 개의 스레드가 동시에 셀에 쓰기를 시도하게 되어 다시 데이터 경합이 발생할 수 있습니다. 또한, receive를 두 번 이상 호출하면 T가 Copy를 구현하지 않아 안전하게 복사할 수 없는 경우에도 메시지의 복사본이 두 개 생성됩니다.

더 미묘한 문제는 채널이 Drop 트레이트를 구현하지 않는다는 것입니다. MaybeUninit 타입은 초기화되었는지를 추적하지 않습니다. 따라서 메모리에서 삭제될 때 자동으로 메시지를 삭제하지 않습니다. 즉, 메시지를 보냈지만 수신하지 못하면 메시지가 메모리에서 삭제되지 않습니다. 이것은 잘못된 것은 아니지만 여전히 피해야 할 사항입니다. 러스트에서는 일반적으로 메모리 유출이 안전하다고 간주되지만, 다른 유출로 인한 결과일 경우에만 해당됩니다. 예를 들어 Vec을 유출하면 그 내용도 유출되지만 Vec을 정상적으로 사용하면 유출 자체가 발생하지 않습니다.

모든 책임을 사용자에게 지게 했으니 불행한 사고가 발생하는 것은 시간 문제일 뿐입니다.

5.3 런타임 검사를 통한 안전성

보다 안전한 인터페이스를 만들기 위해 몇 가지 점검 사항을 추가할 수 있습니다. 만일 기능이 잘못 사용되는 경우, 명확한 메시지를 표시하면서 패닉 상태를 만들 수 있으며, 이는 정의되지 않은 동작이 발생하는 것보다 훨씬 낫습니다.

먼저 메시지가 준비되기 전에 receive가 호출되는 문제부터 살펴봅시다. 이 문제는 메시지를 읽으려고 시도하기 전에 receive 메서드가 ready 플래그를 검사하도록 간단하게 처리할 수 있습니다.

```
/// 아직 메시지가 없는 경우 패닉을 일으킴
///
/// 팁: `is_ready`로 먼저 상태를 확인함
///
/// 안전함: 단 한 번만 호출하세요.
pub unsafe fn receive(&self) -> T {
    if !self.ready.load(Acquire) {
        panic!("no message available!");
    }
    (*self.message.get()).assume_init_read()
}
```

이 함수를 두 번 이상 호출하면 안 되므로 여전히 unsafe하지만, is_ready()가 실패하더라도 정의되지 않은 동작이 발생하지 않습니다.

이제 receive 메서드 내부에 필요한 동기화를 제공하는 ready 플래그의 acquire-load 연산 덕분에, 이제 이 플래그는 상태를 나타내는 데만 사용됩니다. 따라서 is_ready의 불러오기 연산의 메모리 순서를 Relaxed로 완화할 수 있습니다.

```
pub fn is_ready(&self) -> bool {
        self.ready.load(Relaxed)
}
```

다음으로 해결해야 할 문제는 receive를 두 번 이상 호출할 때 발생하는 문제입니다. 다음과 같이 receive 메서드에서 ready 플래그를 false로 다시 설정하면 패닉이 발생할 수 있습니다.

```
/// 아직 사용할 수 있는 메시지가 없거나
/// 메시지가 이미 사용됐다면 패닉이 발생할 수 있음
/// 팁: `is_ready`로 먼저 상태를 확인함
pub fn receive(&self) -> T {
    if !self.ready.swap(false, Acquire) {
        panic!("no message available!");
    }
    // 안전함: ready 플래그를 확인하고 초기화함
    unsafe { (*self.message.get()).assume_init_read() }
}
```

swap의 load를 false로 변경하면 receive 메서드를 어떤 조건에서도 안전하게 호출할 수 있습니다. 따라서 이 함수는 더 이상 언세이프하지 않습니다. 사용자에게 모든 책임을 지우는 대신, 코드의 작성자가 언세이프 코드를 책임지기 때문에 사용자의 부담이 줄어듭니다.

send의 경우 상황이 조금 더 복잡합니다. 여러 개의 send 호출이 동시에 셀에 접근하는 것을 막으려면 다른 send 호출이 이미 시작되었는지를 알아야 합니다. ready 플래그는 다른 보내기 호출이 이미 완료되었는지에 대해 알려주기 때문에 이것만으로는 충분하지 않습니다.

채널이 사용 중인지 여부를 나타내는 in_use라는 두 번째 플래그를 추가해보겠습니다.

```
pub struct Channel<T> {
    message: UnsafeCell<MaybeUninit<T>>,
    in_use: AtomicBool, // New!
    ready: AtomicBool,
}

impl<T> Channel<T> {
    pub const fn new() -> Self {
```

```
        Self {
            message: UnsafeCell::new(MaybeUninit::uninit()),
            in_use: AtomicBool::new(false), // 추가됨!
            ready: AtomicBool::new(false),
        }
    }

    ...
}
```

이제 셀에 접근하기 전에 send 메서드에서 in_use를 true로 설정하고 다른 호출에 의해 이미 설정된 경우 패닉을 일으키기만 하면 됩니다.

```
/// 메시지를 두 개 이상 보내면 패닉이 발생함
pub fn send(&self, message: T) {
    if self.in_use.swap(true, Relaxed) {
        panic!("can't send more than one message!");
    }
    unsafe { (*self.message.get()).write(message) };
    self.ready.store(true, Release);
}
```

아토믹 스왑 연산에 대해 완화된 메모리 순서를 사용할 수 있습니다. send가 셀에 접근하려면 스왑 연산이 false를 리턴해야 하고, in_use의 전체 변경 순서(3.4절 참조)는 단일 스왑 연산이 항상 false를 리턴하도록 하기 때문입니다.

이제 완전히 안전한 인터페이스가 완성되었지만 아직 한 가지 문제가 남아있습니다. 마지막 문제는 절대 수신되지 않을 메시지를 보낼 때 발생하는 문제입니다. 이 메시지는 절대 드랍되지 않습니다. 이 경우 역시 안전한 코드이고 정의되지 않은 동작이 발생하지는 않지만, 확실히 해결해야 할 문제입니다.

receive 메서드에서 ready 플래그를 재설정하면 이 문제를 쉽게 해결할 수 있습니다. ready 플래그는 셀에 아직 수신되지 않은 메시지 중 삭제해야 하는 메시지가 있는지를 나타냅니다.

Channel의 Drop 트레이트 구현에서는 아토믹 연산으로 아토믹 ready 플래그를 확인할 필요가 없습니다. 스레드가 객체의 소유권을 가지고 있고, 해당 객체의 소유권 대여가 없는 경우에만 객체를 삭제할 수 있기 때문입니다. 즉, 독점적 레퍼런스(&mut self)를 받는

AtomicBool::get_mut 메서드를 사용하면 아토믹 접근이 필요하지 않다는 것을 증명할 수 있습니다. UnsafeCell::get_mut을 통해 안전하지 않은 셀에 대해서도 마찬가지로 적용됩니다.

이를 통해 완전히 안전하고 유출되지 않는 채널의 마지막 부분을 완성했습니다.

```
impl<T> Drop for Channel<T> {
    fn drop(&mut self) {
        if *self.ready.get_mut() {
            unsafe { self.message.get_mut().assume_init_drop() }
        }
    }
}
```

한번 사용해봅시다!

Channel이 (아직) 차단 인터페이스를 제공하지 않아서 직접 스레드 파킹을 사용해 메시지를 기다릴 것입니다. 수신 스레드는 준비된 메시지가 없으면 park()를 실행하고, 발신 스레드는 메시지를 보낼 때 수신 스레드에 unpark()를 실행합니다.

다음은 Channel을 사용해 두 번째 스레드에서 메인 스레드로 문자열 리터럴 "hello world!"를 전송하는 테스트입니다.

```
fn main() {
    let channel = Channel::new();
    let t = thread::current();
    thread::scope(|s| {
        s.spawn(|| {
            channel.send("hello world!");
            t.unpark();
        });
        while !channel.is_ready() {
            thread::park();
        }
        assert_eq!(channel.receive(), "hello world!");
    });
}
```

이 프로그램은 컴파일, 실행, 종료가 모두 정상적으로 이루어지며, Channel이 제대로 작동한다는 것을 보여줍니다.

send 라인을 복사해 한 줄 더 넣으면 프로그램이 실행될 때 다음과 같은 패닉 메시지가 생성되어 안전 검사 중 하나가 작동하는 것을 볼 수 있습니다.

```
thread '<unnamed>' panicked at 'can't send more than one message!', src/main.rs
```

프로그램에서 패닉을 일으키는 것은 좋지 않지만, 정의되지 않은 동작이 가져올 수 있는 잠재적 위험에 노출되는 것보다는 프로그램이 안정적으로 패닉을 일으키는 것이 훨씬 낫습니다.

채널 상태에 단일 아토믹 사용

채널 구현이 마음에 들지 않는다면 1바이트의 메모리를 절약할 수 있는 약간의 변형을 소개합니다.

채널의 상태를 표현하기 위해 두 개의 개별 아토믹 불리언을 사용하는 대신, 하나의 AtomicU8을 사용해 네 가지 상태를 모두 표현합니다. 불리언을 아토믹하게 스왑하는 대신 compare_exchange을 사용해 채널이 원하는 상태에 있는지 아토믹하게 확인하고 다른 상태로 변경해야 합니다.

```rust
const EMPTY: u8 = 0;
const WRITING: u8 = 1;
const READY: u8 = 2;
const READING: u8 = 3;
pub struct Channel<T> {
    message: UnsafeCell<MaybeUninit<T>>,
    state: AtomicU8,
}
unsafe impl<T: Send> Sync for Channel<T> {}
impl<T> Channel<T> {
    pub const fn new() -> Self {
        Self {
            message: UnsafeCell::new(MaybeUninit::uninit()),
            state: AtomicU8::new(EMPTY),
        }
    }
    pub fn send(&self, message: T) {
```

```rust
        if self
            .state
            .compare_exchange(EMPTY, WRITING, Relaxed, Relaxed)
            .is_err()
        {
            panic!("can't send more than one message!");
        }
        unsafe { (*self.message.get()).write(message) };
        self.state.store(READY, Release);
    }
    pub fn is_ready(&self) -> bool {
        self.state.load(Relaxed) == READY
    }
    pub fn receive(&self) -> T {
        if self
            .state
            .compare_exchange(READY, READING, Acquire, Relaxed)
            .is_err()
        {
            panic!("no message available!");
        }
        unsafe { (*self.message.get()).assume_init_read() }
    }
}
impl<T> Drop for Channel<T> {
    fn drop(&mut self) {
        if *self.state.get_mut() == READY {
            unsafe { self.message.get_mut().assume_init_drop() }
        }
    }
}
```

5.4 타입을 사용한 안전성

정의되지 않은 동작으로부터 Channel 사용자를 보호하는 데는 성공했지만, 실수로 잘못 사용하면 패닉이 발생할 수 있습니다. 가장 좋은 방법은 프로그램이 실행되기 전에 컴파일러가 올바른 사용법을 확인하고 잘못된 사용법을 찾아내는 것입니다.

send 또는 receive를 두 번 이상 호출할 때 발생하는 문제를 살펴보겠습니다.

함수가 두 번 이상 호출되는 것을 막기 위해 함수의 인수를 값으로 받으면 Copy 타입이 아닌 경우 객체의 소유권을 가져가게 됩니다. 객체의 소유권이 이동된 후에는 현재 코드의 범위로부터 사라져 다시는 사용할 수 없게 됩니다.

send 또는 receive를 각각 별도의 Copy가 아닌 타입을 인수로 받도록 하면 해당 객체의 소유권이 이동되므로 각각 단 한 번만 실행되도록 할 수 있습니다.

이제 하나의 Channel 타입 대신, 다음과 같은 인터페이스 설계를 만들 수 있습니다. 다시 말해 Channel은 각각 스스로를 값으로 받는 메서드를 가진 Sender와 Receiver로 나타낼 수 있습니다.

```rust
pub fn channel<T>() -> (Sender<T>, Receiver<T>) { ... }

pub struct Sender<T> { ... }
pub struct Receiver<T> { ... }

impl<T> Sender<T> {
    pub fn send(self, message: T) { ... }
}

impl<T> Receiver<T> {
    pub fn is_ready(&self) -> bool { ... }
    pub fn receive(self) -> T { ... }
}
```

사용자는 channel()을 호출해 채널을 생성할 수 있으며, 채널에는 하나의 Sender와 하나의 Receiver가 주어집니다. 사용자는 각 객체를 자유롭게 전달하거나 다른 스레드로 이동하는 등의 작업을 할 수 있습니다. 하지만 두 객체의 복사본을 여러 개 만들 수는 없어서 send와 receive는 각각 한 번만 호출할 수 있습니다.

이를 구현하려면 UnsafeCell과 AtomicBool을 넣을 곳을 찾아야 합니다. 이전에는 이러한 필드가 포함된 구조체 하나만 있었지만 이제는 두 개의 개별 구조체가 있습니다. 각 구조체는 상대방보다 더 오래 존재할 수 있습니다.

발신자와 수신자가 해당 변수의 소유권을 공유하기 때문에 Arc(1.3.3절 참조)를 사용해 공유된 Channel 객체를 저장하겠습니다. 아래에서 볼 수 있듯이 Channel 타입은 사용자가 몰라도 되는 세부적인 구현 사항일 뿐이므로 퍼블릭^{public}일 필요가 없습니다.

```rust
pub struct Sender<T> {
    channel: Arc<Channel<T>>,
}

pub struct Receiver<T> {
    channel: Arc<Channel<T>>,
}

struct Channel<T> { // 더 이상 퍼블릭이 아님
    message: UnsafeCell<MaybeUninit<T>>,
    ready: AtomicBool,
}

unsafe impl<T> Sync for Channel<T> where T: Send {}
```

이전과 마찬가지로, 스레드 전반에서 사용할 수 있도록 Send 트레이트를 갖는 T에 대해 Channel<T>에 대한 Sync 트레이트를 구현합니다.

더 이상 in_use 아토믹 불리언이 필요하지 않다는 점에 주목하세요. in_use는 send가 두 번 이상 호출되지 않았는지 확인하기 위해서만 사용되었습니다. 하지만 이제 타입 시스템 덕분에 send는 두 번 이상 호출되지 않습니다.

채널, 발신자와 수신자를 생성하는 channel 함수는 이전에 사용했던 Channel::new 함수 와 비슷해 보입니다. 하지만 Channel을 Arc로 감싸고 해당 Arc와 그 복사본을 Sender 및 Receiver 타입에 넣는다는 점이 다릅니다.

```rust
pub fn channel<T>() -> (Sender<T>, Receiver<T>) {
    let a = Arc::new(Channel {
        message: UnsafeCell::new(MaybeUninit::uninit()),
        ready: AtomicBool::new(false),
    });
    (Sender { channel: a.clone() }, Receiver { channel: a })
}
```

send, is_ready, receive 메서드는 기본적으로 이전에 구현한 메서드와 동일하지만 몇 가지

차이점이 있습니다.

- 이제 하나의 발신자만 보낼 수 있고 하나의 수신자만 받을 수 있도록 각각의 타입으로 변경되었습니다.

- send와 receive는 이제 레퍼런스 대신 값으로 self를 받아 각각 한 번만 호출할 수 있습니다.

- send는 이제 타입 시스템 덕분에 한 번만 호출되어서 더 이상 패닉이 발생하지 않습니다.

코드는 다음과 같습니다.

```rust
impl<T> Sender<T> {
    /// 이제 패닉이 일어나지 않음 :)
    pub fn send(self, message: T) {
        unsafe { (*self.channel.message.get()).write(message) };
        self.channel.ready.store(true, Release);
    }
}

impl<T> Receiver<T> {
    pub fn is_ready(&self) -> bool {
        self.channel.ready.load(Relaxed)
    }

    pub fn receive(self) -> T {
        if !self.channel.ready.swap(false, Acquire) {
            panic!("no message available!");
        }
        unsafe { (*self.channel.message.get()).assume_init_read() }
    }
}
```

receive 함수는 여전히 패닉이 발생할 수 있습니다. 이는 사용자가 is_ready()가 true를 리턴하기 전에 함수를 호출할 수 있기 때문입니다. 또한 여전히 load를 사용하는 대신 swap을 사용해 ready 플래그를 다시 false로 설정합니다. 이 때문에 채널의 Drop 구현은 읽지 않은 메시지를 삭제해야 하는지를 알 수 있습니다.

Drop 구현은 이전과 완전히 동일합니다.

```rust
impl<T> Drop for Channel<T> {
    fn drop(&mut self) {
```

```
        if *self.ready.get_mut() {
            unsafe { self.message.get_mut().assume_init_drop() }
        }
    }
}
```

Arc<Channel<T>>의 Drop 구현은 Sender<T> 또는 Receiver<T> 중 하나가 삭제되면 할당의 레퍼런스 카운터를 감소시킵니다. 두 번째를 삭제하면 해당 카운터가 0이 되고 Channel<T> 자체가 삭제됩니다. 그러면 위의 Drop 구현이 호출되어 메시지를 보냈지만 받지 못한 경우, 해당 메시지를 삭제하게 됩니다.

```
fn main() {
    thread::scope(|s| {
        let (sender, receiver) = channel();
        let t = thread::current();
        s.spawn(move || {
            sender.send("hello world!");
            t.unpark();
        });
        while !receiver.is_ready() {
            thread::park();

        }
        assert_eq!(receiver.receive(), "hello world!");
    });
}
```

메시지를 기다릴 때 여전히 직접 스레드 파킹을 사용해야 한다는 점이 조금 불편하지만, 이 문제는 나중에 다루도록 하겠습니다.

현재 우리의 목표는 컴파일 타임에 적어도 한 가지의 잘못된 사용을 막는 것이었습니다. 지난번과 달리 두 번 전송을 시도해도 프로그램이 패닉에 빠지는 것이 아니라 컴파일이 되지 않습니다. 위의 코드에 또 다른 send 호출을 추가하면 이제 컴파일러가 문제를 감지하고 실수를 친절하게 알려줍니다.

```
error[E0382]: use of moved value: `sender`
  --> src/main.rs
   |
```

```
|              sender.send("hello world!");
|              --------------------
|              `sender` moved due to this method call
|              sender.send("second message");
|              ^^^^^^ value used here after move
note: this function takes ownership of the receiver `self`, which moves `sender`
--> src/lib.rs
|
|      pub fn send(self, message: T) {
|                  ^^^^
= note: move occurs because `sender` has type `Sender<&str>`,
        which does not implement the `Copy` trait
```

상황에 따라서는 컴파일 타임에 실수를 잡아내는 인터페이스를 설계하는 것이 매우 까다로울수 있습니다. 하지만 이런 인터페이스를 써야 하는 상황에서는 사용자의 편의성이 높아질 뿐만아니라 런타임 검사 횟수도 줄일 수 있습니다. 더 이상 in_use 플래그가 필요하지 않게 되었고, send 메서드에서 swap과 런타임 검사를 제거한 것이 그 예입니다.

하지만 런타임 오버헤드를 증가시킬 수 있는 새로운 문제가 발생할 수 있습니다. 소유권이 나눠지기 때문에 Arc를 사용할 때마다 메모리를 할당하는 데 추가 비용이 발생합니다.

안타깝지만 안전성, 편의성, 유연성, 단순성, 성능 사이에서 절충점을 찾아야 하는 것은 피할수 없는 선택입니다. 러스트는 일반적으로 이 모든 면에서 뛰어난 성능을 발휘할 수 있도록 노력하지만, 때로는 한 가지를 극대화하기 위해 다른 한 가지를 약간 희생해야 할 때도 있습니다.

5.5 할당을 피하기 위한 소유권 대여

방금 설계한 Arc 기반 채널 구현은 사용하기 매우 편리한 대신 메모리 할당으로 인해 성능이저하될 수 있습니다. 사용자가 직접 공유된 Channel 객체를 관리하도록 하면 편의성이 약간떨어지는 대신 더 높은 효율성을 얻을 수 있습니다. Channel의 메모리 할당과 소유권을 구현내부에서 관리하는 대신, Sender와 Receiver가 **소유권을 대여**할 수 있는 Channel을 사용자가 만들도록 하면 됩니다. 해당 Channel을 지역 변수로 설정하면 메모리 할당에 따른 오버헤드를 피할 수 있습니다.

이제 소유권 대여와 라이프타임을 고려해야 하기 때문에 코드가 약간 더 복잡해집니다.

이제 Channel은 다시 퍼블릭이 되고 Sender와 Receiver는 특정 라이프타임으로 채널의 소유권을 빌릴 수 있습니다.

```rust
pub struct Channel<T> {
    message: UnsafeCell<MaybeUninit<T>>,
    ready: AtomicBool,
}

unsafe impl<T> Sync for Channel<T> where T: Send {}

pub struct Sender<'a, T> {
    channel: &'a Channel<T>,
}

pub struct Receiver<'a, T> {
    channel: &'a Channel<T>,
}
```

channel() 함수를 사용해 (Sender, Receiver)를 만드는 대신, 사용자가 이 장의 앞부분에서 사용한 Channel::new로 채널 객체를 지역 변수로 만들 수 있도록 합니다.

또한 사용자가 Channel의 소유권을 대여해서 Sender와 Receiver를 만들 수 있어야 합니다. 독점적 소유권 대여(&mut Channel)를 사용해 하나의 채널에 대해 여러 개의 발신자나 수신자가 있을 수 없도록 합니다. Sender와 Receiver를 동시에 사용하면 독점적 소유권 대여를 두 개의 공유 소유권 대여로 나눌 수 있습니다. 그러면 발신자와 수신자 모두 채널을 참조할 수 있고, 발신자와 수신자 이외에는 채널을 사용하지 못하도록 할 수 있습니다.

이를 통해 다음과 같이 구현할 수 있습니다.

```rust
impl<T> Channel<T> {
    pub const fn new() -> Self {
        Self {
            message: UnsafeCell::new(MaybeUninit::uninit()),
            ready: AtomicBool::new(false),
        }
    }
}
```

```
    pub fn split<'a>(&'a mut self) -> (Sender<'a, T>, Receiver<'a, T>) {
        *self = Self::new();
        (Sender { channel: self }, Receiver { channel: self })
    }
}
```

다소 복잡한 구조를 가진 split 메서드를 자세히 살펴보겠습니다. 이 메서드는 독점적 레퍼런스를 통해 Self의 소유권을 독점적으로 대여합니다. 하지만 이 과정에서 Self는 Sender와 Receiver 타입으로 감싸진 두 개의 공유 레퍼런스로 분리됩니다. 'a 라이프타임을 통해 두 객체 모두 제한된 라이프타임의 무언가(이 경우 채널 자체)를 빌린다는 것에 대해 명확히 알 수 있습니다. Channel은 독점적으로 소유권을 빌려왔기 때문에 Sender나 Receiver 객체가 존재하는 한, 호출자는 Channel을 빌리거나 이동할 수 없습니다.

그러나 두 객체가 모두 사라지면 가변 소유권 대여가 사라지고, 컴파일러는 두 번째 split() 호출을 통해 Channel 객체를 다시 빌릴 수 있도록 합니다. Sender와 Receiver가 존재하는 동안에는 split()를 다시 호출할 수 없다고 가정할 수 있습니다. 그러나 해당 객체가 삭제된 후에는 split()의 두 번째 호출을 막을 수 없습니다. 이미 ready 플래그가 설정된 채널에 대해 실수로 새 Sender 또는 Receiver 객체를 생성하지 않도록 해야 합니다. 새로운 객체가 만들어지면 정의되지 않은 동작이 발생할 수 있기 때문입니다.

split()를 사용해 *self를 새 빈 채널로 덮어쓰면, Sender와 Receiver를 정상적으로 만들 수 있습니다. 또한 기존 *self에서 Drop 트레이트가 호출되어서 보냈지만 수신되지 않은 메시지를 삭제합니다.

> **NOTE_** split 함수 시그니처에서 라이프타임은 self에서 비롯되므로 생략할 수 있습니다. 위의 코드에서 split의 명세는 다음과 동일합니다.
>
> ```
> pub fn split(&mut self) -> (Sender<T>, Receiver<T>) { ... }
> ```
>
> 이 버전에서는 리턴된 객체가 self의 소유권을 대여한다는 것을 명시적으로 보여주지는 않지만 컴파일러는 여전히 이전 버전과 동일하게 라이프타임이 올바른지 확인합니다.

나머지 메서드와 Drop 트레이트는 Sender와 Receiver 타입에 '_ 라이프타임 인수를 추가한 것을 제외하고는 Arc 기반의 구현과 동일합니다(이 라이프타임 인수를 깜빡한 경우 컴파일러가 추가할 것을 제안합니다).

나머지 코드는 다음과 같습니다.

```rust
impl<T> Sender<'_, T> {
    pub fn send(self, message: T) {
        unsafe { (*self.channel.message.get()).write(message) };
        self.channel.ready.store(true, Release);
    }
}

impl<I> Receiver<'_, T> {
    pub fn is_ready(&self) -> bool {
        self.channel.ready.load(Relaxed)
    }

    pub fn receive(self) -> T {
        if !self.channel.ready.swap(false, Acquire) {
            panic!("no message available!");
        }
        unsafe { (*self.channel.message.get()).assume_init_read() }
    }
}

impl<T> Drop for Channel<T> {
    fn drop(&mut self) {
        if *self.ready.get_mut() {
            unsafe { self.message.get_mut().assume_init_drop() }
        }
    }
}
```

한번 테스트해보겠습니다!

```rust
fn main() {
    let mut channel = Channel::new();
    thread::scope(|s| {
        let (sender, receiver) = channel.split();
        let t = thread::current();
        s.spawn(move || {
```

```
        sender.send("hello world!");
        t.unpark();
    });
    while !receiver.is_ready() {
        thread::park();
    }
    assert_eq!(receiver.receive(), "hello world!");
});
}
```

Arc 기반 버전과 비교했을 때 편의성은 크게 감소하지 않습니다. Channel 객체를 직접 생성하는 데 한 줄만 더 추가하면 됩니다. 하지만 채널이 범위 제한 스레드보다 먼저 생성되어야 발신자와 수신자보다 오래 존재할 수 있습니다.

컴파일러의 소유권 대여 체커borrow checker가 실제로 잘 작동하는지 확인하려면 여러 위치에서 두 번째의 channel.split() 호출을 추가해보세요. 범위 제한 스레드 내에서 두 번째로 호출하면 오류가 발생하고 범위 이후에 호출하면 문제가 없는 것을 확인할 수 있습니다. 범위가 시작되기 전에 만들어진 Sender와 Receiver를 범위 내에서 사용하지 않는다면 범위 전에 split()를 호출해도 괜찮습니다.

5.6 차단

지금까지 Channel에 차단 인터페이스가 없어서 불편했는데, 이제 이것을 해결해보겠습니다. 우리는 지금까지 채널의 새로운 버전을 테스트할 때마다 스레드 파킹을 사용했습니다. 그 패턴을 채널 자체에 통합하는 것은 그리 어렵지 않을 것입니다.

수신자의 파킹을 해제하려면 발신자가 파킹을 해제할 스레드가 무엇인지 알아야 합니다. 스레드의 핸들을 나타내는 std::thread::Thread 타입이 unpark()를 호출하는 데 필요합니다. 다음과 같이 Sender 객체 내부에 수신 스레드에 대한 핸들을 저장합니다.

```
use std::thread::Thread;

pub struct Sender<'a, T> {
    channel: &'a Channel<T>,
```

```
        receiving_thread: Thread, // 추가됨!
    }
```

그러나 Receiver 객체가 다른 스레드로 전송되는 경우 이 핸들은 잘못된 스레드를 참조하게 됩니다. Sender는 이를 인식하지 못하고 원래 Receiver를 가지고 있던 스레드를 계속 참조할 것입니다.

Receiver를 더 이상 스레드 간에 전송할 수 없도록, 수신자를 좀 더 제한적으로 만들면 이 문제를 해결할 수 있습니다. 1.7절에서 설명한 것처럼 특수한 PhantomData 마커 타입을 사용해 구조체에 이 제한 조건을 추가할 수 있습니다. *const ()와 같은 원시 포인터는 Send 트레이트가 없기 때문에 PhantomData<*const ()>로 이 작업을 수행합니다.

```
pub struct Receiver<'a, T> {
    channel: &'a Channel<T>,
    _no_send: PhantomData<*const ()>, // 추가됨!
}
```

다음과 같이 Channel::split 메서드가 새 필드들을 추가하도록 수정해야 합니다.

```
pub fn split<'a>(&'a mut self) -> (Sender<'a, T>, Receiver<'a, T>) {
    *self = Self::new();
    (
        Sender {
            channel: self,
            receiving_thread: thread::current(), // 추가됨!
        },
        Receiver {
            channel: self,
            _no_send: PhantomData, // 추가됨!
        }
    )
}
```

receiving_thread 필드는 현재 스레드의 핸들을 값으로 받습니다. Receiver가 현재 스레드에 남아있기 때문입니다.

아래 코드를 보면 send 메서드는 많이 바뀌지 않았습니다. receiving_thread에서 unpark()

를 호출해 대기 중인 수신자를 깨우게 됩니다.

```
impl<T> Sender<'_, T> {
    pub fn send(self, message: T) {
        unsafe { (*self.channel.message.get()).write(message) };
        self.channel.ready.store(true, Release);
        self.receiving_thread.unpark(); // 추가됨!
    }
}
```

receive 함수는 좀 더 많이 변경되었습니다. 아직 메시지가 없는 경우 패닉을 발생시키지 않고 몇 번이고 thread::park()를 사용해 메시지가 올 때까지 기다립니다.

```
impl<T> Receiver<'_, T> {
    pub fn receive(self) -> T {
        while !self.channel.ready.swap(false, Acquire) {
            thread::park();
        }
        unsafe { (*self.channel.message.get()).assume_init_read() }
    }
}
```

NOTE_ thread::park()가 항상 정상적으로 종료되지는 않을 수 있다는 점을 기억하세요. 또는 send 메서드 이외의 다른 함수가 unpark()를 호출했을 수도 있습니다. 즉, park()가 리턴될 때 ready 플래그가 설정되었다고 간주할 수 없습니다. 따라서 파킹을 해제한 다음, 루프를 통해 플래그가 제대로 설정되었는지를 확인해야 합니다.

Channel<T> 구조체와 Sync 트레이트, new 함수와 및 Drop 트레이트는 변경되지 않습니다.

이제 테스트해봅시다!

```
fn main() {
    let mut channel = Channel::new();
    thread::scope(|s| {
        let (sender, receiver) = channel.split();
        s.spawn(move || {
```

```
            sender.send("hello world!");
        });
        assert_eq!(receiver.receive(), "hello world!");
    });
}
```

이 Channel은 적어도 간단한 테스트 프로그램에서는 이전보다 사용하기가 더 편리합니다. 하지만 이러한 편리함을 위해 유연성을 희생해야 했습니다. split()를 호출하는 스레드만 receive()를 호출할 수 있습니다. send와 receive의 라인을 서로 바꾸면 이 프로그램은 더 이상 컴파일되지 않습니다. 사용 방법에 따라 괜찮을 수도 있고, 유용할 수도 있고, 매우 불편할 수도 있습니다.

이 문제를 해결하는 방법에는 여러 가지가 있지만, 그중 상당수는 복잡성이 증가하고 성능에 영향을 미치는 경우가 많습니다. 실제로 우리가 계속 찾아볼 수 있는 다양한 변형과 절충안은 사실상 무한합니다.

상상할 수 있는 모든 사용 사례 등을 위해 각각 조금씩 다른 20가지의 원샷 채널 변형을 구현해볼 수도 있습니다. 재밌을 수도 있지만, 이런 함정에 빠지지 말고 일이 커지기 전에 이 장을 끝내야 할 것 같습니다.

요점 정리

- **채널**은 스레드 간에 **메시지**를 보내는 데 사용됩니다.
- Mutex와 Condvar를 사용하면 간단하고 유연하지만 비효율적인 채널을 쉽게 구현할 수 있습니다.
- **원샷 채널**은 하나의 메시지만 전송하도록 설계된 채널입니다.
- 초기화되지 않았을 가능성이 있는 T를 표현하기 위해 MaybeUninit<T> 타입을 사용할 수 있습니다. 이 인터페이스는 대부분 언세이프하기 때문에, 사용자가 초기화 여부를 추적하고 Copy 데이터를 복제하지 않으며 필요한 경우 그 내용을 드랍시킬 책임이 있습니다.
- 객체를 메모리에서 삭제하지 않는 **유출**은 안전하지만, 적절한 이유가 없는 경우 좋지 않은 방법입니다.
- 패닉은 안전한 인터페이스를 만들기 위한 중요한 도구입니다.
- Copy 트레이트가 없는 객체의 값을 함수의 인수로 사용하면 어떤 작업이 두 번 이상 수행되는 것을 막을 수

있습니다.

- 독점적 소유권 대여와 소유권 분할 대여는 정확성을 강제하는 강력한 도구가 될 수 있습니다.

- 객체의 타입이 Send를 구현하지 않도록 하면 객체가 동일한 스레드에 머물도록 할 수 있으며, 이는 PhantomData 마커 타입으로 달성할 수 있습니다.

- 모든 설계 및 구현 결정에는 항상 절충이 필요하며, 특정 사용 사례를 염두에 두고 결정하는 것이 가장 좋습니다.

- 명확한 사용 사례 없이 무언가를 설계하는 것은 재미있고 교육적일 수 있지만 작업이 끝나지 않을 것입니다.

Arc 구현해보기

1.3.3절에서 레퍼런스 카운팅을 통해 소유권을 공유할 수 있는 std::sync::Arc<T> 타입을 살펴봤습니다. Arc::new 함수는 Box::new와 마찬가지로 메모리를 새로 할당합니다. 그러나 Box와 달리 복제된 Arc는 새 할당을 생성하지 않고 원래 메모리 공간을 공유합니다. 공유된 메모리 공간은 Arc와 그 복제본이 모두 삭제될 때만 삭제됩니다.

이러한 타입을 구현할 때 메모리 순서를 고려하는 과정은 꽤 흥미롭습니다. 이번 장에서는 직접 Arc<T>를 구현해 봄으로써 더 많은 이론을 실습해 보겠습니다. 기본적인 버전으로 시작한 다음 순환 구조에 대한 위크 포인터를 지원하도록 확장하고, 표준 라이브러리의 구현과 거의 동일한 최적화된 버전으로 장을 마무리하겠습니다.

6.1 기본적인 레퍼런스 카운팅

첫 번째 버전에서는 단일 AtomicUsize를 사용해 메모리 공간을 공유하는 Arc 객체의 수를 계산합니다. 객체의 수와 T 객체를 저장하는 구조체부터 시작해보겠습니다.

```
struct ArcData<T> {
    ref_count: AtomicUsize,
    data: T,
}
```

이 구조체는 퍼블릭이 아닙니다. Arc의 내부적인 구현의 세부 사항입니다.

다음은 Arc<T> 구조체로, 사실상 공유된 ArcData<T> 객체에 대한 포인터일 뿐입니다.

표준 라이브러리의 Box를 사용해 Box<ArcData<T>>처럼 ArcData<T>의 할당을 처리하는 하나의 래퍼를 만들고 싶을 수도 있습니다. 하지만 Box는 공유 소유권이 아니라 독점적 소유권을 나타냅니다. 다른 객체가 소유한 데이터를 빌리는 것이 아니므로 레퍼런스도 사용할 수 없습니다. Arc의 라이프타임인 '이 Arc의 마지막 복제본이 삭제될 때까지'는 러스트의 라이프타임으로는 표현할 수 없습니다.

대신 포인터를 사용해 할당과 소유권 개념을 직접 처리해야 합니다. *mut T나 *const T 대신, 절대 널이 아닌 T에 대한 포인터를 나타내는 std::ptr::NonNull<T>를 사용하겠습니다. 이렇게 하면 Option<Arc<T>>은 None에 대해서 널 포인터 표현을 사용해서 Arc<T>와 같은 크기가 됩니다.

```
use std::ptr::NonNull;

pub struct Arc<T> {
    ptr: NonNull<ArcData<T>>,
}
```

레퍼런스나 Box를 사용하면 컴파일러는 구조체 T가 Send나 Sync 트레이트를 구현한다는 것을 자동으로 인식합니다. 하지만 원시 포인터나 NonNull을 사용할 때는 명시적으로 지정하지 않으면 Send나 Sync 트레이트가 없다고 가정합니다.

다른 스레드로 Arc<T>를 보내면 T가 스레드 간에 공유되므로 T는 Sync 트레이트를 가져야 합니다. 마찬가지로, Arc<T>를 다른 스레드로 보내려면 T가 Send여야만 현재 스레드가 해당 T를 메모리에서 삭제하여 다른 스레드로 값을 전송할 수 있습니다. 즉 Arc<T>는 T가 Send와 Sync 트레이트를 모두 갖는 경우에만 Send를 가질 수 있습니다. 공유된 &Arc<T>가 새로운 Arc<T>로 복제될 수 있기 때문에 Sync도 마찬가지입니다.

```
unsafe impl<T: Send + Sync> Send for Arc<T> {}
unsafe impl<T: Send + Sync> Sync for Arc<T> {}
```

Arc<T>::new의 경우 레퍼런스 카운트가 1인 ArcData<T>를 새 메모리 공간에 할당해야 합니다. 먼저 Box::new를 사용해 ArcData<T>를 새로 할당합니다. 그리고 Box::leak을 사용해 독점적 소유권을 포기하고 NonNull::from을 사용해 포인터를 생성합니다.

```
impl<T> Arc<T> {
    pub fn new(data: T) -> Arc<T> {
        Arc {
            ptr: NonNull::from(Box::leak(Box::new(ArcData {
                ref_count: AtomicUsize::new(1),
                data,
            }))),
        }
    }
    ...
}
```

Arc 객체가 존재하는 한, 포인터를 사용해 ArcData<T>를 참조할 수 있습니다. 하지만 컴파일러는 이 사실을 인지하거나 또는 확인할 수 없기 때문에 포인터를 통해 ArcData에 접근하려면 언세이프 코드가 필요합니다. Arc에서 ArcData를 꺼내는 작업을 여러 번 반복하기 때문에 도우미 함수 data를 만들면 편리합니다.

```
fn data(&self) -> &ArcData<T> {
    unsafe { self.ptr.as_ref() }
}
```

이제 Arc<T>가 T에 대한 레퍼런스처럼 동작하도록 Deref 트레이트를 구현할 수 있습니다.

```
impl<T> Deref for Arc<T> {
    type Target = T;

    fn deref(&self) -> &T {
        &self.data().data
    }
}
```

참고로 DerefMut는 구현하지 않습니다. Arc<T>는 공유 소유권을 나타내기 때문에 무조건 &mut T를 만들 수는 없습니다.

다음은 Clone 구현입니다. 복제된 Arc는 레퍼런스 카운터를 증가시킨 후 동일한 포인터를 사용합니다.

```
impl<T> Clone for Arc<T> {
    fn clone(&self) -> Self {
        // TODO: 오버플로 처리하기
        self.data().ref_count.fetch_add(1, Relaxed);
        Arc { ptr: self.ptr }
    }
}
```

이 아토믹 연산 전후에 반드시 순서를 지켜서 실행해야 하는 다른 변수에 대한 연산이 없습니다. 따라서 Relaxed 메모리 순서를 사용해서 레퍼런스 카운터를 증가시킬 수 있습니다. 이미 이 연산 전에 (원래의 Arc를 통해) 내부에 저장된 T에 접근할 수 있었기 때문에, 이제는 두 개 이상의 Arc 객체를 통한 접근이 가능해졌습니다.

카운터가 오버플로를 일으키려면 Arc를 여러 번 복사해야 하지만, std::mem::forget(arc.clone())을 루프에서 실행하면 오버플로를 발생시킬 수 있습니다. 2.2.3절과 2.3.1절에서 설명한 방법으로 이 문제를 해결할 수 있습니다.

오버플로가 발생하지 않는 일반적인 경우에는 fetch_add를 사용해 최대한 효율적으로 처리하고, 오버플로에 가까워지면 전체 프로세스를 중단합니다.

```
if self.data().ref_count.fetch_add(1, Relaxed) > usize::MAX / 2 {
    std::process::abort();
}
```

NOTE_ 프로세스가 즉시 중단되지 않기 때문에, 잠깐의 시간 동안 다른 스레드에서 Arc::clone을 호출해서 레퍼런스 카운터를 증가시킬 가능성이 있습니다. 따라서 조건문에 usize::MAX - 1을 사용하는 것만으로는 충분하지 않습니다. 모든 스레드가 메모리에 최소 몇 바이트의 공간을 차지한다고 가정하면, 동시에 usize::MAX / 2 스레드가 동시에 존재하는 것은 불가능하기 때문에 올바른 제한 조건이 될 수 있습니다.

복제할 때 카운터를 증가시키는 것과 마찬가지로 Arc를 삭제할 때도 카운터를 감소시켜야 합니다. 카운터가 1에서 0이 되는 것을 확인한 스레드는 마지막 Arc<T>가 삭제되었기 때문에 ArcData<T>를 삭제하고 메모리에서 할당을 해제합니다.

Box::from_raw를 사용해 값에 대한 독점적 소유권을 가져온 다음, drop()을 사용해 메모리에서 삭제하겠습니다.

```
impl<T> Drop for Arc<T> {
    fn drop(&mut self) {
        // TODO: 메모리 순서 추가하기
        if self.data().ref_count.fetch_sub(1, ...) == 1 {
            unsafe {
                drop(Box::from_raw(self.ptr.as_ptr()));
            }
        }
    }
}
```

이 연산에서는 데이터를 삭제할 때 여전히 데이터에 접근하고 있는 것이 없는지 확인해야 하므로 Relaxed 순서를 사용할 수 없습니다. 다시 말해, 가장 마지막으로 삭제가 일어날 때 모든 Arc 복제본들은 삭제된 상태가 되어야 합니다. 마지막 fetch_sub는 이전의 모든 fetch_sub 연산과 happens-before 관계를 가져야 합니다. 이는 해제 및 획득 순서를 사용해서 만들 수 있습니다. 예를 들어 카운트를 2에서 1로 감소시키면 데이터를 효과적으로 '해제'합니다. 1에서 0으로 감소시키면 데이터의 소유권을 '획득'합니다.

AcqRel 메모리 순서를 사용하면 두 가지 경우를 모두 처리할 수 있지만, 카운트가 최종적으로 0으로 감소하는 경우에만 Acquire가 필요하고 나머지는 Release만 있으면 됩니다. 효율성을 위해 fetch_sub 연산에는 Release만 사용하고 필요한 경우에만 별도의 Acquire 펜스를 사용하겠습니다.

```
if self.data().ref_count.fetch_sub(1, Release) == 1 {
    fence(Acquire);
    unsafe {
        drop(Box::from_raw(self.ptr.as_ptr()));
    }
}
```

6.1.1 테스트해보기

Arc가 의도한 대로 작동하는지 테스트하기 위해 객체가 삭제될 때 알려주는 기능이 있는 특별한 객체를 만들고, 이 객체가 포함된 Arc를 생성하는 단위 테스트를 만들었습니다.

```rust
#[test]
fn test() {
    static NUM_DROPS: AtomicUsize = AtomicUsize::new(0);

    struct DetectDrop;

    impl Drop for DetectDrop {
        fn drop(&mut self) {
            NUM_DROPS.fetch_add(1, Relaxed);
        }
    }

    // 문자열과 DetectDrop를 포함한 객체를 공유하는 두 Arc 생성
    // 이제 객체가 언제 삭제되는지 알 수 있음
    let x = Arc::new(("hello", DetectDrop));
    let y = x.clone();

    // x를 다른 스레드로 보내고 그곳에서 사용
    let t = std::thread::spawn(move || {
        assert_eq!(x.0, "hello");
    });

    // y는 여전히 여기서 사용 가능
    assert_eq!(y.0, "hello");

    // 스레드가 끝나길 기다림
    t.join().unwrap();

    // 이제 Arc x는 메모리에서 삭제됨
    // 아직 y가 존재하므로 객체도 존재함
    assert_eq!(NUM_DROPS.load(Relaxed), 0);

    // 남아있는 Arc y도 삭제
    drop(y);

    // y도 삭제되므로 객체도 삭제됨
    assert_eq!(NUM_DROPS.load(Relaxed), 1);
}
```

이 코드는 컴파일되고 정상적으로 실행되기 때문에 우리가 의도한 대로 Arc가 잘 작동하는 것 같습니다. 좋은 소식이지만, 구현이 완전히 정확하다는 의미는 아닙니다. 더 확실하게 하려면 많은 스레드를 사용해 장시간의 부하 테스트를 하는 것이 좋습니다.

Miri

Miri로 테스트를 실행하는 것도 매우 유용한 방법입니다. Miri는 아직 실험 단계이지만 언세이프 코드에서 다양한 형태의 정의되지 않은 동작을 검사할 수 있는 강력한 도구입니다.

Miri는 러스트 컴파일러의 중간 단계 인터프리터입니다. 즉, 러스트 코드를 프로세서 명령어로 컴파일하는 대신 타입과 라이프타임과 같은 정보를 사용할 수 있는 시점에 코드를 해석해서 실행합니다. 이로 인해 Miri는 프로그램을 컴파일하고 실행하는 속도보다 느리지만 정의되지 않은 동작을 사전에 감지할 수 있습니다.

특히 데이터 경합을 찾아내 메모리 순서 문제를 미리 발견할 수 있는 실험적인 기능이 포함되어 있습니다.

Miri의 더 자세한 사용 방법은 깃허브[1]를 참조하길 바랍니다.

6.1.2 값의 변경

앞서 언급했듯이 Arc는 DerefMut 트레이트를 구현할 수 없습니다. 다른 Arc 객체가 데이터에 접근할 수 있어서 데이터에 대한 독점적 접근(&mut T)을 무조건 보장할 수 없습니다.

하지만 조건부로 이를 허용할 수는 있습니다. 레퍼런스 카운터가 1인 경우, 즉 동일한 데이터에 접근하는 다른 Arc 객체가 없는 경우에만 &mut T를 리턴하는 메서드를 만들면 됩니다.

이 함수 get_mut는 &mut Self를 인수로 받아야 하는데, 다른 어떤 것도 동일한 Arc를 사용해 T에 접근할 수 없어야 하기 때문입니다. Arc가 하나만 존재하더라도 그 하나의 Arc가 공유되어서는 안 됩니다.

이전에 Arc의 복제본을 소유했던 스레드가 더 이상 데이터에 접근하지 못하도록 메모리 획득

---

1 https://oreil.ly/4V0Ra

순서를 사용해야 합니다. 레퍼런스 카운터가 1이 되게 한 모든 삭제 연산에 대해 happens-before 관계를 만들어야 합니다.

이는 레퍼런스 카운터가 실제로 1일 때만 해당합니다. 카운터가 1보다 높으면 &mut T를 리턴하지 않고 메모리 순서를 고려할 필요가 없습니다. 따라서 다음과 같이 느슨한 불러오기 연산과 조건부 획득 펜스^{acquire fence}를 사용할 수 있습니다.

```
pub fn get_mut(arc: &mut Self) -> Option<&mut T> {
    if arc.data().ref_count.load(Relaxed) == 1 {
        fence(Acquire);
        // 안전: Arc가 단 하나만 존재하기 때문에 독점적 접근을 갖으며
        // 다른 객체는 값에 접근이 불가능함
        unsafe { Some(&mut arc.ptr.as_mut().data) }
    } else {
        None
    }
}
```

이 함수는 self를 인수로 받지 않는 대신 일반 인수 arc를 입력받습니다. 즉, a.get_mut()처럼 메서드가 아닌 Arc::get_mut(&mut a)처럼 연관 함수^{associated function}로만 호출할 수 있습니다. Deref를 구현하는 타입은 이런 인터페이스를 만드는 것이 좋습니다. T가 비슷한 이름의 메서드를 갖는 경우 모호성을 피하기에도 유리합니다. 명확히 드러나지는 않지만 리턴된 가변 레퍼런스 &mut T는 인수와 같은 라이프타임을 가집니다. &mut T가 존재하는 동안에는 원본 Arc를 독점적으로 사용 가능하므로 안전하게 값을 변경할 수 있습니다.

&mut T의 라이프타임이 끝나면 Arc는 다른 스레드에서 공유되고 사용될 수 있습니다. 그 이후에 데이터에 접근하는 스레드의 메모리 순서를 고려해야 할까요? 이는 Arc 또는 새로운 복제본을 어떻게 다른 스레드와 공유하는지에 달려 있습니다. 예를 들어 뮤텍스나 채널 또는 새로운 스레드를 생성하는 방법이 있습니다.

6.2 위크 포인터

레퍼런스 카운팅은 메모리에 여러 객체로 구성된 구조를 표현할 때 유용합니다. 예를 들어 트

리 구조의 모든 노드는 각 자식 노드에 대한 Arc를 갖고 있습니다. 이렇게 하면 노드가 삭제될 때 더 이상 사용되지 않는 자식 노드도 모두 재귀적으로 삭제됩니다.

그러나 **순환 구조**^{cyclic structure}에서는 이 원칙이 적용되지 않습니다. 부모 노드에 대한 Arc가 자식 노드에 포함되어 있는 경우, 부모 노드를 참조하는 Arc가 항상 2개 이상 존재하기 때문에 두 노드 모두 메모리에서 삭제되지 않습니다.

표준 라이브러리의 Arc는 이 문제를 해결하기 위해 Weak<T>를 사용합니다. 위크 포인터^{weak pointer}라고도 불리는 Weak<T>는 Arc<T>와 비슷하게 동작하지만 객체가 삭제되는 것을 막지 않습니다. 하나의 T는 여러 개의 Arc<T>와 Weak<T> 객체 간에 공유될 수 있지만, 모든 Arc<T> 객체가 사라지면 Weak<T> 객체가 남아있는지에 상관없이 T가 삭제됩니다. 즉, Weak<T>는 T가 없어도 존재할 수 있으므로 Arc<T>처럼 무조건 &T를 제공할 수는 없습니다. 그러나 Weak<T>의 T에 접근하려는 경우 upgrade() 메서드를 통해 Weak<T>를 Arc<T>로 업그레이드할 수 있습니다. 이 메서드는 Option<Arc<T>>를 리턴하며, T가 이미 삭제된 경우 None을 리턴합니다.

Arc 기반 구조에서 Weak는 순환 참조를 끊는 데 사용됩니다. 예를 들어 트리 구조의 자식 노드는 부모 노드를 나타내는 데 Arc 대신 Weak를 사용할 수 있습니다. 그러면 자식 노드가 존재하더라도 부모 노드를 삭제할 수 있습니다.

이대로 구현해보겠습니다.

이전과 마찬가지로 Arc 객체의 수가 0이 되면 내부의 T를 삭제할 수 있습니다. 하지만 아직 ArcData를 참조하는 위크 포인터가 존재할 수 있어서 ArcData를 메모리에서 아직 삭제할 수 없습니다. 마지막 위크 포인터까지 사라진 후에야 ArcData를 삭제할 수 있습니다.

따라서 'T를 참조하는 객체의 수'와 'ArcData<T>를 참조하는 객체의 수'를 세는 두 개의 카운터를 사용하겠습니다. 첫 번째 카운터는 이전과 동일하게 Arc 객체를 카운트하고 두 번째 카운터는 Arc 객체와 Weak 객체를 모두 카운트합니다.

또한 위크 포인터가 ArcData<T>를 사용 중인 동안, 내부의 객체 T를 삭제할 수 있는 방법이 필요합니다. Option<T>를 이용하면 데이터를 삭제할 때는 UnsafeCell로 감싸진 None을 사용할 수 있습니다. **내부 가변성**^{interior mutability}(1.5절 참조) 덕분에 ArcData<T>에 대한 독점적 소유권이 없어도 T를 삭제할 수 있습니다.

```
struct ArcData<T> {
    /// Arc의 개수
    data_ref_count: AtomicUsize,
    /// Arc와 Weak의 개수 합계
    alloc_ref_count: AtomicUsize,
    /// 위크 포인터만 남은 경우 data는 None 상태가 됨
    data: UnsafeCell<Option<T>>,
}
```

Weak<T>가 ArcData<T>를 관리하고 있기 때문에, Arc<T>가 Weak<T>를 포함하고 있는 구조체로 만들면 Arc<T> 역시 같은 일을 할 수 있습니다.

```
pub struct Arc<T> {
    weak: Weak<T>,
}

pub struct Weak<T> {
    ptr: NonNull<ArcData<T>>,
}

unsafe impl<T: Sync + Send> Send for Weak<T> {}
unsafe impl<T: Sync + Send> Sync for Weak<T> {}
```

new 함수는 한 번에 두 개의 카운터를 초기화할 수 있다는 점을 제외하면 이전과 거의 동일합니다.

```
impl<T> Arc<T> {
    pub fn new(data: T) -> Arc<T> {
        Arc {
            weak: Weak {
                ptr: NonNull::from(Box::leak(Box::new(ArcData {
                    alloc_ref_count: AtomicUsize::new(1),
                    data_ref_count: AtomicUsize::new(1),
                    data: UnsafeCell::new(Some(data)),
                }))),
            },
        }
    }
```

```
    ...
    }
```

이전과 마찬가지로, Weak<T>의 필드 ptr이 항상 존재하는 ArcData<T>를 가리킨다고 가정하고, 이를 Weak<T>에서 프라이빗 data() 헬퍼 메서드로 구현해보겠습니다.

```
impl<T> Weak<T> {
    fn data(&self) -> &ArcData<T> {
        unsafe { self.ptr.as_ref() }
    }

    ...
}
```

Arc<T>의 Deref를 구현할 때 UnsafeCell::get()로 셀의 내부 데이터를 가리키는 포인터를 가져와야 합니다. 또한 언세이프 코드를 사용하여 데이터가 안전하게 공유되는 것을 보장해야 합니다. as_ref().unwrap()로 Option<T>에 대한 레퍼런스를 얻을 수 있습니다. 이 언세이프 코드는 Arc 객체가 존재하지 않는 경우만 Option이 None 상태가 되므로 패닉이 발생하지 않습니다.

```
impl<T> Deref for Arc<T> {
    type Target = T;

    fn deref(&self) -> &T {
        let ptr = self.weak.data().data.get();
        // 안전함: Arc가 data를 가리키고 있기 때문에
        // data는 존재하고 공유될 수 있음
        unsafe { (*ptr).as_ref().unwrap() }
    }
}
```

Weak<T>의 Clone 구현은 매우 간단합니다. 이전의 Arc<T>의 Clone 구현과 거의 동일합니다.

```
impl<T> Clone for Weak<T> {
    fn clone(&self) -> Self {
        if self.data().alloc_ref_count.fetch_add(1, Relaxed) > usize::MAX / 2 {
            std::process::abort();
```

```
        }
        Weak { ptr: self.ptr }
    }
}
```

새로운 Arc<T>의 Clone 구현에서는 두 카운터를 모두 증가시킵니다. 첫 번째 카운터는 이전 코드처럼 self.weak.clone()을 그대로 사용하면 되므로 두 번째 카운터만 직접 증가시킵니다.

```
impl<T> Clone for Arc<T> {
    fn clone(&self) -> Self {
        let weak = self.weak.clone();
        if weak.data().data_ref_count.fetch_add(1, Relaxed) > usize::MAX / 2 {
            std::process::abort();
        }
        Arc { weak }
    }
}
```

Weak를 삭제하면 카운터가 감소하고 카운터가 1에서 0이 되면 ArcData를 삭제하고 할당을 해제해야 합니다. 이는 이전에 구현했던 Arc의 Drop 구현과 동일합니다.

```
impl<T> Drop for Weak<T> {
    fn drop(&mut self) {
        if self.data().alloc_ref_count.fetch_sub(1, Release) == 1 {
            fence(Acquire);
            unsafe {
                drop(Box::from_raw(self.ptr.as_ptr()));
            }
        }
    }
}
```

Arc가 삭제될 때 두 카운터가 모두 감소되어야 합니다. Arc가 삭제될 때 Weak 역시 삭제되기 때문에 alloc_ref_count는 이미 1씩 감소됩니다. 따라서 여기서는 data_ref_count만 처리해주면 됩니다.

```
impl<T> Drop for Arc<T> {
    fn drop(&mut self) {
```

```
        if self.weak.data().data_ref_count.fetch_sub(1, Release) == 1 {
            fence(Acquire);
            let ptr = self.weak.data().data.get();
            // 안전함: data의 레퍼런스 카운터가 0이므로
            // 이제 data에 접근 불가능
            unsafe {
              (*ptr) = None;
            }
        }
      }
    }
  }
```

> **NOTE_** 러스트에서 Drop 트레이트를 갖는 객체를 삭제하면 먼저 **Drop::drop** 함수가 실행되고 그다음 객
> 체의 모든 필드를 하나씩 재귀적으로 삭제합니다.

get_mut 메서드에서 레퍼런스 카운트를 검사한 부분은 이제 위크 포인터를 고려해야 한다는
점을 제외하면 대부분 변경되지 않았습니다. 독점적으로 접근 가능한지를 확인할 때 위크 포인
터를 무시할 수 있는 것 같지만, Weak<T>는 언제든 Arc<T>로 업그레이드될 수 있습니다. 따라
서 get_mut는 다른 Arc<T>나 Weak<T> 포인터가 없을 때만 &mut T를 리턴할 수 있습니다.

```
impl<T> Arc<T> {
    ...

    pub fn get_mut(arc: &mut Self) -> Option<&mut T> {
        if arc.weak.data().alloc_ref_count.load(Relaxed) == 1 {
            fence(Acquire);
            // 안전함: Arc가 단 하나만 존재하고 Weak는 한 개도 없어서
            // 현재 Arc가 독점적으로 접근 가능
            let arcdata = unsafe { arc.weak.ptr.as_mut() };
            let option = arcdata.data.get_mut();
            // data를 가리키는 Arc가 있어서 패닉이 발생하지 않음
            let data = option.as_mut().unwrap();
            Some(data)
        } else {
            None
        }
    }
```

```
    ...
  }
```

다음은 위크 포인터를 업그레이드하는 것입니다. Weak를 Arc로 업그레이드하는 것은 데이터
가 여전히 존재할 때만 가능합니다. Arc가 존재하지 않고 위크 포인터만 존재한다면 Arc를 통
해 공유할 수 있는 데이터가 남아있지 않습니다. 따라서 Arc의 카운터가 0이 아닌 경우 값을
증가시킵니다. 이를 위해 compare-and-exchange 루프(2.3절 참조)를 사용하겠습니다.

이전과 마찬가지로 레퍼런스 카운터를 증가시키는 데는 느슨한 메모리 순서를 사용해도 괜찮습
니다. 이 아토믹 연산 전후에 순서를 엄격하게 지켜야 하는 다른 변수에 대한 연산은 없습니다.

```rust
impl<T> Weak<T> {
    ...

    pub fn upgrade(&self) -> Option<Arc<T>> {
        let mut n = self.data().data_ref_count.load(Relaxed);
        loop {
            if n == 0 {
                return None;
            }
            assert!(n < usize::MAX);
            if let Err(e) =
                self.data()
                    .data_ref_count
                    .compare_exchange_weak(n, n + 1, Relaxed, Relaxed)
            {
                n = e;
                continue;
            }
            return Some(Arc { weak: self.clone() });
        }
    }
}
```

> **TIP_** assert!가 패닉을 일으키기 때문에 data_ref_count를 **변경하기 전에** n이 usize::MAX보다 작은
> 지 확인할 수 있습니다.

반대로 Arc\<T\>에서 Weak\<T\>를 만드는 것은 훨씬 더 간단합니다.

```rust
impl<T> Arc<T> {
    ...

    pub fn downgrade(arc: &Self) -> Weak<T> {
        arc.weak.clone()
    }
}
```

6.2.1 테스트해보기

방금 만든 Arc를 테스트하기 위해 이전의 단위 테스트를 수정해서 위크 포인터를 사용하고 예상대로 Arc로 업그레이드할 수 있는지 확인해보겠습니다.

```rust
#[test]
fn test() {
    static NUM_DROPS: AtomicUsize = AtomicUsize::new(0);

    struct DetectDrop;

    impl Drop for DetectDrop {
        fn drop(&mut self) {
            NUM_DROPS.fetch_add(1, Relaxed);
        }
    }

    // 두 개의 위크 포인터로부터 Arc 만들기
    let x = Arc::new(("hello", DetectDrop));
    let y = Arc::downgrade(&x);
    let z = Arc::downgrade(&x);

    let t = std::thread::spawn(move || {
        // 위크 포인터가 업그레이드됨
        let y = y.upgrade().unwrap();
        assert_eq!(y.0, "hello");
    });
    assert_eq!(x.0, "hello");
    t.join().unwrap();
```

```
    // data는 아직 메모리에서 삭제되지 않고
    // 위크 포인터도 업그레이드 가능
    assert_eq!(NUM_DROPS.load(Relaxed), 0);
    assert!(z.upgrade().is_some());

    drop(x);

    // 이제 data가 삭제되고
    // 위크 포인터도 업그레이드할 수 없음
    assert_eq!(NUM_DROPS.load(Relaxed), 1);
    assert!(z.upgrade().is_none());
}
```

이 코드 역시 문제 없이 컴파일되고 실행되므로 직접 만든 Arc가 문제 없이 작동한다는 것을 알 수 있습니다.

6.3 최적화

위크 포인터가 편리할 수 있지만 많은 경우 Arc는 위크 포인터 없이 사용하게 됩니다. 마지막 구현의 단점은 Arc를 복제하고 삭제할 때 두 카운터를 모두 증가시키거나 감소시켜야 하기 때문에 각각 두 번의 아토믹 연산이 필요하다는 점입니다. 이로 인해 Arc를 사용할 때 위크 포인터를 실제로 사용하지 않더라도 위크 포인터로 인한 연산 '비용'이 필요합니다.

Arc<T>와 Weak<T> 포인터를 따로 계산하면 될 것 같지만, 그러면 두 카운터가 모두 0인지 아토믹하게 확인할 수 없습니다. 이것이 문제가 되는 상황을 이해하기 위해, 다음과 같이 까다로운 함수를 실행하는 스레드가 있다고 가정해보겠습니다.

```
fn annoying(mut arc: Arc<Something>) {
    loop {
        let weak = Arc::downgrade(&arc);
        drop(arc);
        println!("I have no Arc!"); ①
        arc = weak.upgrade().unwrap();
        drop(weak);
        println!("I have no Weak!"); ②
```

```
        }
    }
```

이 스레드는 Arc를 반복적으로 다운그레이드하고 업그레이드해서, Arc가 없을 때(①)와 Weak
가 없을 때(②)를 반복합니다. 두 카운터를 모두 확인해서 아직 값을 사용하는 스레드가 있는
지 확인할 때를 생각해보겠습니다. 만일 운이 나쁘면 첫 번째 print 문(①)에서 Arc 카운터가
없다고 출력하고 두 번째 print 문(②)에서 Weak 카운터도 존재하지 않는다고 출력할 수 있
습니다. 이런 경우 값을 참조하고 있는 스레드가 없다고 착각할 수 있습니다.

이전의 구현에서는 모든 Arc와 위크 포인터의 수를 세는 방식으로 이 문제를 해결했습니다. 이
문제를 해결하는 더 정교한 방법은 모든 Arc 포인터를 하나의 위크 포인터로 합쳐서 계산하는
것입니다. 이렇게 하면 지난번에 구현한 것처럼 적어도 하나의 Arc 객체가 있는 한 위크 포인터
의 카운터(alloc_ref_count)가 0이 되지 않습니다. 따라서 Arc를 복제할 때 이 카운터를 전
혀 건드릴 필요가 없습니다. 가장 마지막 Arc만 삭제하면 위크 포인터의 카운터도 감소합니다.

한번 확인해봅시다.

이번에는 Arc<T>를 Weak<T>를 감싸는 래퍼로 구현할 수 없기 때문에 둘 다 널이 아닌 포인터
를 감싸게 됩니다.

```
pub struct Arc<T> {
    ptr: NonNull<ArcData<T>>,
}

unsafe impl<T: Sync + Send> Send for Arc<T> {}
unsafe impl<T: Sync + Send> Sync for Arc<T> {}

pub struct Weak<T> {
    ptr: NonNull<ArcData<T>>,
}

unsafe impl<T: Sync + Send> Send for Weak<T> {}
unsafe impl<T: Sync + Send> Sync for Weak<T> {}
```

최적화된 구현을 위해 Option<T> 대신 std::mem::ManuallyDrop<T>를 사용하면 ArcData
<T>를 약간 더 작게 만들 수 있습니다. 데이터를 삭제할 때 Some(T)를 None으로 대체할 수 있
도록 Option<T>를 사용했지만, Arc<T>의 존재 여부가 데이터가 사라졌다는 것을 알려주기 때

문에 별도의 None 상태가 필요하지 않습니다. ManuallyDrop<T>는 T와 똑같은 크기의 공간을 차지하지만, 언세이프한 ManuallyDrop::drop()을 사용해 언제든지 직접 삭제할 수 있습니다.

```
use std::mem::ManuallyDrop;

struct ArcData<T> {
    /// Arc의 개수
    data_ref_count: AtomicUsize,
    /// Weak의 개수. Arc가 있다면 여기에 1을 더함
    alloc_ref_count: AtomicUsize,
    /// 위크 포인터만 존재하는 경우 삭제됨
    data: UnsafeCell<ManuallyDrop<T>>,
}
```

Arc::new 함수는 거의 변경되지 않았습니다. 이전처럼 두 카운터를 모두 1로 초기화하지만, 이제는 Some() 대신 ManuallyDrop::new()를 사용합니다.

```
impl<T> Arc<T> {
    pub fn new(data: T) -> Arc<T> {
        Arc {
            ptr: NonNull::from(Box::leak(Box::new(ArcData {
                alloc_ref_count: AtomicUsize::new(1),
                data_ref_count: AtomicUsize::new(1),
                data: UnsafeCell::new(ManuallyDrop::new(data)),
            }))),
        }
    }

    ...
}
```

Deref 트레이트는 더 이상 Weak 타입의 프라이빗 data 메서드를 사용할 수 없어서 Arc<T>에 동일한 프라이빗 헬퍼 함수를 추가합니다.

```
impl<T> Arc<T> {
    ...
    fn data(&self) -> &ArcData<T> {
        unsafe { self.ptr.as_ref() }
    }
```

```
        ...
    }
    impl<T> Deref for Arc<T> {
        type Target = T;

        fn deref(&self) -> &T {
            // 안전함: Arc가 data를 가리키고 있기 때문에
            // data는 존재하고 공유될 수 있음
            unsafe { &*self.data().data.get() }
        }
    }
}
```

Weak<T>에 대한 **Clone**과 **Drop** 구현은 지난번과 완전히 동일합니다. 코드의 완결성을 위해 프라이빗 Weak:: data 헬퍼 함수를 추가했습니다.

```
impl<T> Weak<T> {
    fn data(&self) -> &ArcData<T> {
        unsafe { self.ptr.as_ref() }
    }

    ...
}

impl<T> Clone for Weak<T> {
    fn clone(&self) -> Self {
        if self.data().alloc_ref_count.fetch_add(1, Relaxed) > usize::MAX / 2 {
            std::process::abort();
        }
        Weak { ptr: self.ptr }
    }
}

impl<T> Drop for Weak<T> {
    fn drop(&mut self) {
        if self.data().alloc_ref_count.fetch_sub(1, Release) == 1 {
            fence(Acquire);
            unsafe {
                drop(Box::from_raw(self.ptr.as_ptr()));
            }
        }
    }
}
```

이제 최적화된 구현을 만들면서 가장 중요하게 다루었던 부분으로, Arc<T>를 복제할 때 카운터를 하나만 바꾸면 됩니다.

```
impl<T> Clone for Arc<T> {
    fn clone(&self) -> Self {
        if self.data().data_ref_count.fetch_add(1, Relaxed) > usize::MAX / 2 {
            std::process::abort();
        }
        Arc { ptr: self.ptr }
    }
}
```

x 카운터기 1에서 0이 되는 나시막 삭제 연산을 제외하면 Arc<T>를 삭제할 때 카운터 하나만 감소하면 됩니다. 이때 위크 포인터가 더 이상 존재하지 않으면 카운터가 0이 되어야 하므로 위크 포인터 카운터 역시 감소합니다. 이를 위해 Weak<T>를 생성하고 즉시 삭제하면 됩니다.

```
impl<T> Drop for Arc<T> {
    fn drop(&mut self) {
        if self.data().data_ref_count.fetch_sub(1, Release) == 1 {
            fence(Acquire);
            // 안전함: data의 레퍼런스 카운트가 0이므로
            // 더 이상 data에 접근할 수 없음
            unsafe {
                ManuallyDrop::drop(&mut *self.data().data.get());
            }
            // Arc<T>가 더 이상 존재하지 않아서
            // Arc<T>를 나타내는 위크 포인터도 삭제함
            drop(Weak { ptr: self.ptr });
        }
    }
}
```

위크 포인터의 카운터를 더 이상 증가시킬 필요가 없기 때문에 더 이상 위크 포인터를 복제하지 않아도 됩니다. 결과적으로 Weak<T>의 upgrade 메서드는 이전과 거의 동일합니다. 업그레이드는 이미 하나 이상의 Arc<T>가 할당되어 있는 경우에만 성공하는데, 이는 Arc가 이미 위크 포인터 카운터에 포함되어 있음을 의미합니다.

```rust
impl<T> Weak<T> {
    ...

    pub fn upgrade(&self) -> Option<Arc<T>> {
        let mut n = self.data().data_ref_count.load(Relaxed);
        loop {
            if n == 0 {
                return None;
            }
            assert!(n < usize::MAX);
            if let Err(e) =
                self.data()
                    .data_ref_count
                    .compare_exchange_weak(n, n + 1, Relaxed, Relaxed)
            {
                n = e;
                continue;
            }
            return Some(Arc { ptr: self.ptr });
        }
    }
}
```

지금까지는 이전 구현과 큰 차이가 없습니다. 하지만 아직 구현하기 까다로운 downgrade와 get_mut이 남아있습니다.

이전과 다르게 get_mut 메서드는 두 카운터가 모두 1인지를 확인해서 Arc<T>가 한 개 존재하고 Weak<T>는 존재하지 않는지를 확인해야 합니다. 이제 위크 카운터가 1이더라도 여러 개의 Arc<T>가 존재할 수 있기 때문입니다. 두 개의 카운터 값을 읽는 것은 서로 다른 시간에 일어나는 두 개의 개별적인 연산이기 때문에 6.3절의 초반부에서 살펴봤던 것처럼 동시에 다운그레이드가 일어나는 상황을 놓치지 않도록 주의해야 합니다.

즉 카운터 값을 확인하는 순서에 따라 upgrade 또는 downgrade가 일어나는 것을 놓칠 수 있다는 것입니다. data_ref_count가 1인지 먼저 확인하면, 다른 카운터를 확인하기 전에 upgrade()가 실행되는 경우를 놓칠 수 있습니다. 그러나 alloc_ref_count가 1인지를 먼저 확인하면, 다른 카운터를 확인하기 전에 downgrade()가 일어나는 것을 놓칠 수 있습니다.

이 딜레마에서 벗어나는 방법은 위크 포인터 카운터를 '잠그는' 방식으로 downgrade() 연산을 잠시 차단하는 것입니다. 뮤텍스 같은 것을 쓰지 않고도 usize::MAX와 같은 특별한 값을 써서 위크 포인터 카운터의 '잠금' 상태를 나타낼 수 있습니다. 다른 카운터를 불러오는 동안 아주 잠깐 잠기기 때문에 downgrade 메서드는 잠금이 해제될 때까지 스피닝^{spinning} 상태로 기다리게 됩니다. 매우 드물게 get_mut과 downgrade가 동시에 실행될 수도 있습니다.

따라서 get_mut에서 먼저 alloc_ref_count가 1인지 확인해야 합니다. 1이라면 값을 usize::MAX로 바꿔줍니다. 이 작업은 compare_exchange가 수행합니다.

그런 다음 다른 카운터 값도 1이라면 위크 포인터 카운터를 즉시 잠금 해제할 수 있습니다. 두 번째 카운터도 1이면 할당과 데이터에 대한 독점적 접근 권한이 있어서 &mut T를 리턴할 수 있다는 것을 알 수 있습니다.

```rust
pub fn get_mut(arc: &mut Self) -> Option<&mut T> {
    // Weak::drop의 Release를 감소시킬 때 Acquire가 사용됨
    // 따라서 업그레이드된 포인터들은 다음 data_ref_count.load 호출에서 확인 가능
    if arc
        .data()
        .alloc_ref_count
        .compare_exchange(1, usize::MAX, Acquire, Relaxed)
        .is_err()
    {
        return None;
    }
    let is_unique = arc.data().data_ref_count.load(Relaxed) == 1;
    // `downgrade`의 Acquire가 증가될 때 Release가 사용됨
    // 따라서 `downgrade` 이후의 data_ref_count에 대한 모든 변경 사항이
    // 위의 is_unique를 변경할 수 없도록 함
    arc.data().alloc_ref_count.store(1, Release);
    if !is_unique {
        return None;
    }
    // Arc::drop의 Release를 감소시킬 때 Acquire가 사용됨
    // 따라서 다른 어떤 스레드도 해당 값에 접근할 수 없음
    fence(Acquire);
    unsafe { Some(&mut *arc.data().data.get()) }
}
```

잠금 연산(compare_exchange)은 Acquire 메모리 순서를 사용하고 잠금 해제 연산(store)은 Release 메모리 순서를 사용합니다.

compare_exchange에 Relaxed를 대신 사용했다면 compare_exchange는 이미 모든 위크 포

인터가 삭제된 것을 확인했음에도 불구하고 이후 data_ref_count.load가 새로 업그레이드된 위크 포인터의 값을 확인하지 못했을 가능성이 있습니다.

store에 Relaxed를 사용했다면 이전의 load는 여전히 다운그레이드 가능한 Arc::drop의 결과를 관찰할 수 있었을 것입니다.

획득 펜스는 이전과 동일합니다. 먼저 Arc::Drop의 release-decrement 연산과 동기화합니다. 그리고 이전의 Arc 클론들을 통한 모든 접근이 끝난 후에 새로운 독점적 접근이 일어나는지 확인합니다.

퍼즐의 마지막 조각은 downgrade 메서드로, 특별한 usize::MAX 값을 확인해서 위크 포인터 카운터가 잠겨 있는지 확인하고 잠금이 해제될 때까지 스핀합니다. upgrade 구현과 마찬가지로 compare-and-exchange 루프를 사용해서 카운터를 증가시키기 전에 카운터 값이 usize::MAX보다 크지 않은지, 즉 오버플로가 발생하는지를 확인합니다.

```
pub fn downgrade(arc: &Self) -> Weak<T> {
    let mut n = arc.data().alloc_ref_count.load(Relaxed);
    loop {
        if n == usize::MAX {
            std::hint::spin_loop();
            n = arc.data().alloc_ref_count.load(Relaxed);
            continue;
        }
        assert!(n < usize::MAX - 1);
        // Acquire는 get_mut의 release-store 연산과 동기화됨
        if let Err(e) = arc.data()
                            .alloc_ref_count
                            .compare_exchange_weak(n, n + 1, Acquire, Relaxed)
        {
         n = e;
         continue;
        }
        return Weak { ptr: arc.ptr };
    }
}
```

compare_exchange_weak에 메모리 획득 순서를 사용하여 get_mut 함수의 release-store 연산과 동기화합니다. 그렇지 않으면 이후의 Arc::drop가 카운터의 잠금을 해제하기 전에 get_ mut을 실행하는 스레드에 영향을 미칠 수 있습니다.

다시 말해, 여기서 획득 메모리 순서를 사용하는 compare-and-exchange 연산은 get_mut을 효과적으로 '잠금'시켜서 get_mut이 성공적으로 종료되지 못하도록 합니다. 나중에 메모리 해제 순서를 사용해 카운터를 다시 1로 감소시키는 Weak::drop에 의해 다시 '잠금 해제'될 수 있습니다.

> **NOTE_** 방금 만든 Arc<T>와 Weak<T>의 최적화된 구현은 러스트 표준 라이브러리에 포함된 것과 거의 동일합니다.

이전과 똑같은 테스트(6.2.1절 참조)를 실행하면 이 최적화된 구현도 컴파일되고 테스트를 통과하는 것을 확인할 수 있습니다.

> **TIP_** 이 최적화된 구현을 위해 메모리 순서를 올바르게 결정하는 것이 어렵다고 느껴지더라도 걱정하지 않아도 됩니다. 많은 동시성 데이터 구조는 올바른 구현을 위해 더 간단하게 만들어졌습니다. 이 Arc 구현은 까다로운 메모리 순서 때문에 이 장에서 다뤘습니다.

요점 정리

- Arc<T>는 레퍼런스 카운트된 할당에 대한 공유 소유권을 제공합니다.
- 레퍼런스 카운터가 정확히 1인지 확인해서 Arc<T>가 조건부로 독점적 액세스를 제공합니다(&mut T).
- 느슨한 연산을 사용해 아토믹 레퍼런스 카운터를 증가시킬 수 있습니다. 하지만 마지막 감소는 이전의 모든 감소와 동기화되어야 합니다.
- 위크 포인터(Weak<T>)를 사용하여 순환 참조를 피할 수 있습니다.
- NonNull<T> 타입은 결코 널이 아닌 T에 대한 포인터를 나타냅니다.
- ManuallyDrop<T> 타입은 unsafe 코드를 사용해 T를 삭제할 시기를 직접 결정하는 데 사용할 수 있습니다.
- 하나 이상의 아토믹 변수가 관련되면 상황이 더 복잡해집니다.
- 전역적인 스핀 락을 구현하는 것은 한 번에 여러 아토믹 변수를 조작할 때 유효한 전략이 될 수 있습니다.

프로세서 이해하기

2장과 3장의 이론은 올바른 동시성 코드를 작성하는 데 꼭 필요하지만, 프로세서 수준에서 실제로 어떤 일이 일어나는지 대략적으로 이해하고 있는 것도 매우 유용할 수 있습니다. 이 장에서는 아토믹 연산이 컴파일되는 기계어 명령어들과 다양한 프로세서 아키텍처의 차이점들을 살펴볼 것입니다. 또한 compare_exchange의 약한 버전이 존재하는 이유, 개별 명령어의 가장 낮은 수준에서 메모리 순서가 무엇을 의미하는지, 캐싱이 이 모든 것과 어떻게 연관되는지에 대해서도 살펴봅니다.

이 장의 목표는 모든 프로세서 아키텍처를 완벽하게 이해하는 것이 아닙니다. 프로세서 수준에서 아토믹이 어떻게 작동하는지에 대한 일반적인 아이디어를 발전시켜 아토믹과 관련된 코드를 구현하고 최적화할 때 정보에 입각한 결정을 내릴 수 있도록 하는 것입니다. 또한 추상적인 이론에서 벗어나 이면에서 어떤 일이 벌어지는지에 대한 호기심을 충족시키기 위한 목적도 있습니다.

구체적으로 설명하기 위해 두 가지 특정 프로세서 아키텍처에 집중하겠습니다.

x86-64

x86 아키텍처의 64비트 버전은 대부분 노트북, 데스크톱, 서버와 콘솔 게임기에 사용됩니다. 원래 16비트 x86 아키텍처와 그 확장 버전인 32비트는 인텔에서 개발했지만, 현재 x86-64라고 부르는 64비트 버전은 AMD에서 개발한 확장 버전으로 AMD64라고도 불립니다. 인텔도 자체적인 64비트 아키텍처로 IA-64를 개발했지만, 결국 x86-64가 더 큰

인기를 얻으면서 인텔 역시 x86-64를 채택하게 되었습니다. 인텔의 AMD64는 IA-32e, EM64T, Intel 64 등이 있습니다. 약간의 차이점은 있지만 기본적으로 AMD64와 동일합니다.

ARM64

거의 모든 최신 모바일 기기, 고성능 임베디드 시스템, 그리고 최근에는 노트북과 데스크톱에서 점점 더 많이 사용되고 있는 64비트 버전의 ARM 아키텍처입니다. AArch64라고도 하며 ARMv8의 일부로 도입되었습니다. ARM64와 비슷한 ARM32는 훨씬 더 다양한 분야에서 사용됩니다. 자동차에서 전자식 코로나19 테스트에 이르기까지, 상상할 수 있는 모든 종류의 임베디드 시스템에서 널리 사용되는 많은 마이크로컨트롤러가 ARMv6 및 ARMv7을 기반으로 하고 있습니다.

이 두 아키텍처는 여러 면에서 서로 다르지만, 가장 중요한 차이점은 아토믹에 대한 접근 방식입니다. 두 아키텍처에서 아토믹이 어떻게 작동하는지 살펴보고, 이를 통해 다른 아키텍처에서의 아토믹 동작 방식에 이를 적용할 수 있습니다.

7.1 프로세서 명령어

프로세서는 컴파일러가 만들어내는 명령어들을 실행하기 때문에, 이 명령어들을 자세히 살펴보면 프로세서 레벨에서 무슨 일이 일어나는지를 대략적으로 파악할 수 있습니다.

어셈블리에 대한 간략한 소개

러스트나 C와 같은 컴파일 언어로 작성된 코드를 컴파일하면 코드가 프로세서에서 실행할 수 있는 기계어 **명령어**^machine instruction^로 변환됩니다. 이러한 명령어는 프로그램이 컴파일되는 프로세서의 아키텍처에 따라 매우 달라집니다.

기계어 코드^machine code^라고도 하는 이 명령어는 사람이 읽을 수 없는 바이너리 형식으로 인코딩되어 있습니다. 어셈블리는 이러한 명령어를 사람이 읽을 수 있는 형태로 표현한 것입니다. 모든 명령어는 한 줄의 텍스트로 표현되며, 일반적으로 명령어를 나타내는 한 단어 또는 줄임말

뒤에 인수 또는 피연산자가 이어집니다. 어셈블러^{assembler}는 텍스트 표현, 즉 어셈블리 코드를 바이너리로 변환하고, 디스어셈블러^{disassembler}는 그 반대의 작업을 수행합니다.

러스트와 같은 언어를 컴파일하면 원래 소스 코드의 구조가 대부분 사라집니다. 하지만 최적화 수준에 따라 함수와 함수 호출을 여전히 알아볼 수 있습니다. 하지만 구조체나 열거형과 같은 타입은 바이트와 메모리 주소로 바뀌고 루프와 조건문은 기본 점프 또는 분기 명령어와 함께 평면적인 구조로 바뀝니다.

다음은 가상의 아키텍처에서 동작하는 프로그램의 어셈블리입니다.

```
ldr x, 1234 // 메모리 주소 1234에서 x로 값을 불러옴
li y, 0     // y를 0으로 초기화
inc x       // x를 증가
add y, x    // y에 x를 더함
mul x, 3    // x에 3을 곱함
cmp y, 10   // y와 10을 비교
jne -5      // 비교 결과가 같지 않다면 5단계 전으로 점프
str 1234, x // x를 메모리 주소 1234에 저장
```

이 예제에서 x와 y는 **레지스터**^{register}의 이름입니다. 레지스터는 주 메모리가 아닌 프로세서의 일부로, 일반적으로 하나의 정수 또는 메모리 주소를 저장합니다. 64비트 아키텍처에서는 레지스터의 크기가 일반적으로 64비트입니다. 레지스터의 수는 아키텍처에 따라 다르지만 일반적으로 매우 제한적입니다. 레지스터는 기본적으로 계산 과정에서 임시로 값을 저장하는 용도로 사용되며, 메모리에 최종 결과를 저장하기 전에 중간 결과를 보관하는 장소로 사용됩니다.

위의 예제에서 1234와 −5와 같이 특정 메모리 주소를 참조하는 상수는 좀 더 사람이 이해하기 쉬운 표현인 **레이블**^{label}로 대체됩니다. 어셈블러는 어셈블리를 바이너리 기계어로 변환할 때 상수를 실제 주소로 변환합니다.

```
          ldr x, SOME_VAR
          li y, 0
my_loop:  inc x
          add y, x
          mul x, 3
          cmp y, 10
          jne my_loop
          str SOME_VAR, x
```

레이블 이름은 어셈블리 코드일 뿐, 기계어 코드가 아니기 때문에 디스어셈블러는 원래 어떤 레이블이 사용되었는지 알 수 없습니다. 따라서 디스어셈블러로 기계어를 어셈블리로 변환하면 각 상수를 label1 및 var2와 같은 의미 없는 이름을 사용하게 됩니다.

아키텍처별로 어셈블리의 동작 원리를 설명하면 이 책의 범위를 벗어납니다. 이를 모르더라도 이 장을 충분히 이해할 수 있습니다. 어셈블리 코드를 단순히 읽기만 할 것이기 때문에 매우 일반적인 수준으로도 예제를 이해할 수 있습니다. 각 예제는 어셈블리에 대한 사전 지식이 없어도 이해할 수 있도록 자세히 설명되어 있습니다.

러스트 컴파일러가 생성하는 정확한 머신 코드를 실펴보기 위한 몇 가지 방법이 있습니다. 평소와 같이 코드를 컴파일한 다음 objdump와 같은 디스어셈블러를 사용해서 생성된 바이너리 파일을 다시 어셈블리로 변환할 수 있습니다. 컴파일러가 컴파일 과정의 일부로 생성하는 디버그 정보를 사용하면 디스어셈블러가 러스트 소스 코드의 원래 함수 이름에 해당하는 레이블을 찾을 수 있습니다. 이 방법의 단점은 컴파일하려는 아키텍처를 지원하는 디스어셈블러가 필요하다는 것입니다. 러스트 컴파일러는 여러 아키텍처를 지원하지만 대부분 디스어셈블러는 하나의 아키텍처만 지원합니다.

보다 직접적인 방법은 컴파일러에 --emit=asm 플래그를 사용해 바이너리 대신 어셈블리 코드를 생성하는 것입니다. 이 방법의 단점은 생성된 결과물이 어셈블러와 디버그 도구에 대한 정보가 포함된 불필요한 코드를 많이 포함한다는 것입니다.

cargo-show-asm[1]과 같은 훌륭한 도구를 사용하면 cargo에서 적절한 플래그를 사용하여 크레이트를 컴파일하고, 찾고자 하는 기능의 관련 어셈블리 코드를 찾고, 실제 명령어가 포함된 라인을 강조 표시하는 과정을 자동으로 처리할 수 있습니다.

비교적 작은 스니펫의 경우 가장 쉽고 권장되는 방법은 맷 고드볼트[Matt Godbolt]가 만든 웹 서비스인 컴파일러 탐색기[2]를 사용하는 것입니다. 이 웹사이트를 사용하면 러스트를 포함한 여러 언어로 코드를 작성하고 선택한 컴파일러 버전을 사용해 컴파일된 어셈블리 코드를 직접 확인할 수 있습니다. 심지어 러스트의 어떤 라인이 어셈블리의 어떤 라인에 해당하는지를 색상을 통해 보여주기도 하고, 최적화 후에도 이러한 연관성이 있다면 라인들을 표시해줍니다.

---

1 https://oreil.ly/ePDzj
2 https://godbolt.org

다양한 아키텍처에 대한 어셈블리를 살펴볼 것이기 때문에 러스트 컴파일러는 정확한 컴파일 타깃을 지정해야 합니다. x86-64에는 x86_64-unknown-linux- musl을, ARM64에는 aarch64-unknown-linux-musl을 사용하겠습니다. 컴파일러 탐색기에서 이 아키텍처들을 지원합니다. 로컬에서 컴파일하는 경우(예: cargo-show-asm 또는 위에서 언급한 다른 방법을 사용하는 경우) 이러한 컴파일 타깃에 대한 러스트 표준 라이브러리를 설치했는지 확인해야 합니다. rustup target add를 사용하면 새로운 컴파일 타깃을 추가할 수 있습니다.

--target 플래그에 원하는 아키텍처를 --target=aarch64-unknown-linux-musl와 같이 지정해서 컴파일 타깃을 선택할 수 있습니다. 타깃을 지정하지 않으면 현재 사용 중인 플랫폼이 자동으로 선택됩니다. 컴파일러 탐색기의 경우 현재 호스팅되는 플랫폼인 x86_64-unknown-linux-gnu가 지정됩니다.

또한 -O 플래그를 사용하면 최적화가 활성화되고 오버플로 검사가 비활성화되어 앞으로 살펴볼 작은 함수로부터 생성되는 어셈블리의 길이를 크게 줄일 수 있어서 최적화를 활성화하는 것이 좋습니다. cargo를 사용한다면 --release 플래그를 추가하면 됩니다.

다음 함수에 대한 x86-64 및 ARM64용 어셈블리를 살펴보겠습니다.

```
pub fn add_ten(num: &mut i32) {
    *num += 10;
}
```

위에서 설명한 방법과 함께 컴파일러 플래그로 -O --target=aarch64-unknown-linux-musl을 사용하면 ARM64에 대해 다음과 같은 어셈블리를 얻을 수 있습니다.

```
add_ten:
    ldr w8, [x0]
    add w8, w8, #10
    str w8, [x0]
    ret
```

x0 레지스터에는 함수에 대한 인수, 즉 10씩 증가시킬 i32의 주소인 num이 들어 있습니다. 먼저, ldr 명령어는 해당 메모리 주소에서 32비트 값을 w8 레지스터로 불러옵니다. 그런 다음 add 명령어는 w8에 10을 더하고 그 결과를 다시 w8에 저장합니다. 그 후 str 명령어는 다시 같

은 메모리 주소에 **w8** 레지스터를 저장합니다. 마지막으로 **ret** 명령어는 함수가 끝났다는 것을 알리고 프로세서가 이전으로 돌아가 **add_ten**을 호출한 함수를 계속 진행하도록 합니다.

같은 함수를 x86_64-unknown-linux-musl에 대해 컴파일하면 다음과 같습니다.

```
add_ten:
    add dword ptr [rdi], 10
    ret
```

이번에는 **num** 인수에 **rdi**라는 레지스터가 사용됩니다. 더 흥미로운 점은 ARM64에서는 필요한 값을 읽고, 증가시키고, 저장하는 작업을 세 개의 명령어기 수행했다면 x86-64에서는 하나의 **add** 명령어로 할 수 있다는 점입니다.

x86과 같은 복잡 명령어 집합 컴퓨터^{complex instruction set computer} (CISC) 아키텍처에서는 코드가 보통 이런 식으로 변환됩니다. 이러한 아키텍처의 명령어는 레지스터에서 작동하거나 특정 크기의 메모리에서 직접 작동하는 등의 다양한 종류가 있습니다. 어셈블리의 **dword**는 32비트 크기의 연산을 나타냅니다.

반면, ARM과 같은 축소 명령어 집합 컴퓨터^{reduced instruction set computer} (RISC) 아키텍처는 일반적으로 명령어 집합이 더 단순하고 변형이 거의 없습니다. 대부분 명령어는 레지스터에서만 작동할 수 있으며 메모리에서 값을 읽거나 저장하려면 별도의 명령어가 필요합니다. 따라서 프로세서가 더 단순해져서 계산 비용이 줄어들거나 더 높은 성능을 낼 수 있습니다.

잠시 후에 살펴보겠지만 이 차이점은 아토믹 fetch-and-modify 명령어와 관련이 있습니다.

> **NOTE_** 컴파일러는 일반적으로 매우 똑똑하지만, 아토믹 연산이 포함된 경우 항상 최적의 어셈블리를 생성하지는 않습니다. 몇 가지 실험을 통해 어셈블리가 지나치게 복잡하게 생성되어서 코드를 이해하기 어려워지는 경우를 발견했다면, 이는 컴파일러를 좀 더 최적화할 수 있다는 신호일 수도 있습니다.

7.1.1 load 및 store 연산

더 복잡한 기능을 살펴보기 전에 가장 기본적인 아토믹 연산인 load 및 store 연산에 사용되는 명령어를 먼저 살펴봅시다.

&mut i32에 비아토믹 store 연산을 하는 경우는 x86-64 및 ARM64 모두 단 하나의 명령어만 필요합니다.

러스트	x86_64	ARM64
```pub fn a(x: &mut i32) { *x = 0;}```	```a: mov dword ptr [rdi], 0 ret```	```a: str wzr, [x0] ret```

x86-64에서는 범용적인 mov 명령어를 사용해 데이터를 다른 곳으로 복사(혹은 '이동')합니다. 이 경우에는 상수 0을 메모리로 복사합니다. ARM64에서는 str[store register] 명령어를 사용해 32비트 레지스터를 메모리에 저장합니다. 이 경우 항상 0을 갖는 특수 레지스터인 wzr 레지스터가 사용됩니다.

코드를 느슨한 아토믹 store 연산을 사용하도록 변경하면 결과는 다음과 같습니다.

러스트	x86_64	ARM64
```pub fn a(x: &AtomicI32) { x.store(0, Relaxed);}```	```a: mov dword ptr [rdi], 0 ret```	```a: str wzr, [x0] ret```

놀랍게도 어셈블리는 아토믹 연산을 사용하지 않았을 때와 동일합니다. 사실 mov와 str 명령어는 이미 아토믹 명령어입니다. 이 명령어들은 완전히 실행되거나 전혀 실행되지 않는 두 가지 경우만 가능합니다. 여기서 &mut i32와 &AtomicI32의 차이는 컴파일러가 코드를 검사할 때와 최적화 과정에만 관련이 있을 뿐 프로세서에게는 의미가 없습니다. 적어도 이 두 아키텍처에서 느슨한 store 연산을 할 때는 아무런 의미가 없습니다.

느슨한 load 연산에서도 마찬가지입니다.

러스트	x86_64	ARM64
```pub fn a(x: &i32) -> i32 { *x}```	```a: mov eax, dword ptr [rdi] ret```	```a: ldr w0, [x0] ret```
```pub fn a(x: &AtomicI32) -> i32 { x.load(Relaxed)}```	```a: mov eax, dword ptr [rdi] ret```	```a: ldr w0, [x0] ret```

x86-64에서는 mov 명령어가 다시 사용되며, 이번에는 메모리에서 32비트 eax 레지스터로 값을 복사하는 데 사용됩니다. ARM64에서는 ldr^{load register} 명령어를 사용해서 메모리에서 w0 레지스터로 값을 불러옵니다.

> **NOTE_** 32비트 eax와 w0 레지스터는 함수의 32비트 리턴값을 다시 전달하는 데 사용됩니다(64비트 값의 경우 64비트 rax 및 x0 레지스터가 사용됩니다).

프로세서는 load 및 store 연산이 아토믹인지 아닌지를 구분하지 않지만, 러스트 코드에서는 그 차이를 무시할 수는 없습니다. 우리가 &mut i32를 사용하는 경우 러스트 컴파일러는 다른 스레드가 동일한 i32에 동시에 접근할 수 없다고 가정하고 store 연산이 더 이상 또 다른 store 명령어를 생성하지 않도록 코드를 변환하거나 최적화하기로 결정할 수 있습니다. 예를 들어 비아토믹 32비트 load 또는 store 연산이 두 개의 개별 16비트 명령어로 나타나는 것은 다소 이례적이지만 매우 자연스러운 현상입니다.

7.1.2 read-modify-write 연산

덧셈과 같은 read-modify-write 연산의 경우 더 흥미로운 일이 벌어질 수 있습니다. 이 장의 앞부분에서 설명한 것처럼 비아토믹 read-modify-write 연산은 일반적으로 ARM64와 같은 RISC 아키텍처에서는 3개의 개별 명령어(읽기, 변경, 쓰기)로 컴파일되지만, x86-64와 같은 CISC 아키텍처에서는 단일 명령어로 수행되는 경우가 많습니다. 이 짧은 예제가 이를 보여줍니다.

러스트	x86_64	ARM64

`pub fn a(x: &mut i32) {`
`    *x += 10;`
`}`
	`a:`
	`    add dword ptr [rdi], 10`
	`    ret`
		`a:`
		`    ldr w8, [x0]`
		`    add w8, w8, #10`
		`    str w8, [x0]`
		`    ret`

해당 아토믹 연산을 자세히 들여다보지 않아도 이번에는 비아토믹 버전과 아토믹 버전 사이에 차이가 있을 것이라고 예상할 수 있습니다. 여기서 ARM64 버전은 load 및 store 연산이 별도

의 단계로 이루어지기 때문에 분명히 아토믹하지 않습니다.

어셈블리 자체에서 직접적으로 드러나지는 않지만 x86-64 버전은 아토믹하지 않습니다. 실제로는 프로세서가 add 명령어를 여러 개의 **작은 명령어**^{microinstruction}로 분할해서, 내부적으로는 값을 불러오고 결과를 저장하는 별도의 과정이 있습니다. 스레드 간에 프로세서 코어를 전환하는 것은 일반적으로 서로 다른 명령어 사이에서만 일어나기 때문에 단일 코어 컴퓨터에서는 이런 일이 일어나지 않습니다. 그러나 여러 코어가 명령어를 병렬적으로 실행하는 경우 더 이상 하나의 명령어를 실행하는 데 필요한 여러 단계를 자세히 살펴보지 않으면 명령어가 모두 아토믹하게 수행된다고 생각할 수 없습니다.

x86 잠금 접두사

멀티 코어 시스템을 지원하기 위해 인텔은 lock이라는 명령어 접두사를 도입했습니다. 이 접두사는 add와 같은 명령어의 앞에 추가되어 해당 연산을 아토믹 연산으로 만듭니다.

원래 lock 접두사는 프로세서가 명령이 실행되는 동안 다른 모든 코어가 메모리에 접근하지 못하도록 일시적으로 차단하는 역할을 합니다. 이는 다른 코어에 무언가를 아토믹하게 보이게 하는 간단하고 효과적인 방법이지만, 모든 아토믹 연산 때문에 다른 모든 연산을 멈추게 하는 것^{stop the world}은 매우 비효율적입니다. 최신 프로세서에는 훨씬 더 발전된 lock 접두사가 구현되어 있어 다른 코어가 관련 없는 메모리에서 작동하는 것을 막지 않으며, 특정 메모리를 사용할 수 있게 될 때까지 기다리는 동안 코어가 다른 유용한 작업을 수행할 수 있습니다.

lock 접두사는 아토믹하게 수행할 수 있는 연산인 add, sub, and, not, or, xor과 같은 매우 제한적인 명령어에만 사용할 수 있습니다. 아토믹 스왑 연산에 해당하는 xchg(교환) 명령어는 명시적으로 lock 접두사가 없더라도 항상 lock xchg처럼 동작합니다.

이전의 예제를 AtomicI32에서 작동하도록 조금 바꿔서 lock add가 실제로 어떻게 작동하는지 살펴봅시다.

러스트	x86_64
```pub fn a(x: &AtomicI32) { x.fetch_add(10, Relaxed);}```	```a: lock add dword ptr [rdi], 10 ret```

예상대로 비아토믹 버전과의 유일한 차이점은 lock 접두사뿐입니다.

위의 예제에서는 연산 전의 x 값인 fetch_add의 리턴값을 무시했습니다. 하지만 이 값을 사용하면 add 명령어는 더 이상 성립되지 않습니다. add 명령은 업데이트된 값이 0인지 또는 음수인지와 같은 다음 명령에 유용한 정보를 제공할 수 있지만, 전체(원래 또는 업데이트된) 값을 제공하지는 않습니다. 대신 원래 불러온 값을 레지스터에 넣는 xadd('교환 및 추가')라는 다른 명령어를 사용할 수 있습니다.

코드를 약간 수정하면 fetch_add가 리턴하는 값을 실제로 확인할 수 있습니다.

러스트	x86_64

<pre>pub fn a(x: &AtomicI32) -> i32 {
    x.fetch_add(10, Relaxed)
}</pre>
	<pre>a:
	    mov eax, 10
	    lock xadd dword ptr [rdi], eax
	    ret</pre>

이제 상수 10 대신에 값 10이 포함된 레지스터를 사용합니다. xadd 명령은 해당 레지스터를 재사용해서 이전 값을 저장합니다.

하지만 xadd와 xchg를 제외한 다른 lock 접두사를 붙일 수 있는 명령어인 sub, and, or은 이러한 변형이 없습니다. 즉 xsub와 같은 명령어는 없습니다. 뺄셈의 경우 xadd를 음수 값과 함께 사용할 수 있으므로 문제가 되지 않습니다. 그러나 and와 or에는 그러한 비슷한 방법이 없습니다.

fetch_or(1) 또는 fetch_and(!1)와 같이 단일 비트에만 영향을 미치는 and, or, xor 연산의 경우 bts [bit test and set](비트 테스트 및 설정), btr [bit test and reset](비트 테스트 및 재설정), btc [bit test and complement](비트 테스트 및 보정) 명령어를 사용할 수 있습니다. 또한 이러한 명령어는 lock 접두사를 사용할 수 있고, 하나의 비트만 변경합니다. 조건부 점프와 같은 다음 명령어에 해당 비트의 이전 값을 전달할 수 있습니다.

이러한 연산이 두 개 이상의 비트에 영향을 미치는 경우 하나의 x86-64 명령어로 표현할 수 없습니다. 마찬가지로 fetch_max 및 fetch_min 연산을 나타내는 단일 x86-64 명령어가 없습니다. 이러한 연산에는 단순한 lock 접두사와는 다른 방법이 필요합니다.

x86 compare-and-exchange 명령어

2.3절에서 모든 아토믹 fetch-and-modify 연산을 compare-and-exchange 루프로 구현하는 방법을 살펴봤습니다. x86-64 아키텍처에는 lock 접두사를 붙일 수 있는 cmpxchg^{compare-and-exchange} 명령어가 포함되어 있어서 컴파일러는 하나의 x86-64 명령어로 표현할 수 없는 연산에 정확히 이 방법을 사용합니다.

마지막 예제를 fetch_add에서 fetch_or로 변경해보겠습니다.

러스트	x86_64
```pub fn a(x: &AtomicI32) -> i32 { x.fetch_or(10, Relaxed) }```	```a: mov eax, dword ptr [rdi] .L1: mov ecx, eax or ecx, 10 lock cmpxchg dword ptr [rdi], ecx jne .L1 ret```

첫 번째 mov 명령어는 아토믹 변수에서 eax 레지스터로 값을 불러옵니다. 다음 mov와 or 명령어는 해당 값을 ecx에 복사하고 바이너리 or 연산을 적용해 eax에 이전 값이 저장되고 ecx에 새 값이 저장되도록 합니다. 이후 cmpxchg 명령은 러스트의 compare_exchange 메서드와 똑같이 동작합니다. 첫 번째 인수는 연산할 메모리 주소(아토믹 변수)이고, 두 번째 인수 ecx는 새 값이며, 기대값^{expected value}은 암묵적으로 eax에서 가져오고, 리턴값은 암시적으로 eax에 저장됩니다. 또한 이어지는 명령어가 연산 성공 여부를 나타내는 데 사용할 수 있는 상태 플래그를 설정합니다. 만일 연산이 실패한 경우 jne^{jump if not equal}를 사용해 .L1 레이블로 다시 돌아가서 다시 시도합니다.

2.3절에서 살펴본 것과 동일한 compare-and-exchange 루프는 다음과 같습니다.

```
pub fn a(x: &AtomicI32) -> i32 {
    let mut current = x.load(Relaxed);
    loop {
        let new = current | 10;
        match x.compare_exchange(current, new, Relaxed, Relaxed) {
            Ok(v) => return v,
            Err(v) => current = v,
```

```
        }
    }
}
```

이 코드를 컴파일하면 `fetch_or` 버전과 완전히 동일한 어셈블리가 생성됩니다. 다시 말해 x86-64에서는 두 버전이 실제로 동일하다는 것을 보여줍니다.

> **NOTE_** x86-64에서는 `compare_exchange`와 `compare_exchange_weak` 사이에 차이가 없습니다. 둘 다 `lock cmpxchg` 명령으로 컴파일됩니다.

7.1.3 load-linked 및 store-conditional 명령어

RISC 아키텍처에서 compare-and-exchange 루프에 가장 가까운 것은 **읽기-연결**^{load-linked}/**저장-조건부**^{store-conditional}(LL/SC) 루프입니다. 여기에는 한 쌍으로 사용되는 두 가지 특수 명령어, 즉 일반 load 명령어처럼 동작하는 load-linked 명령어와 일반 store 명령어처럼 동작하는 store-conditional 명령어가 포함됩니다. 두 명령어는 동일한 메모리 주소를 대상으로 하며 항상 함께 사용됩니다. 일반 load 및 store 명령과의 주요 차이점은 store-conditional 명령은 load-linked 명령 이후 다른 스레드가 해당 메모리를 덮어쓴 경우 메모리에 값을 저장하지 않는다는 점입니다.

이 두 가지 명령어를 사용하면 메모리에서 값을 불러오고, 수정한 다음 값을 불러온 이후 아무도 값을 덮어쓰지 않은 경우에만 새 값을 다시 저장할 수 있습니다. 실패하면 다시 시도하면 됩니다. 성공하면 연산이 중간에 방해 받지 않았기 때문에 전체 연산이 아토믹하다고 할 수 있습니다.

이러한 명령어를 현실적으로 그리고 효율적으로 구현하기 위한 핵심은 두 가지입니다. (1) 한 번에 하나의 메모리 주소(코어 하나당)만 추적할 수 있고, (2) 값을 저장할 수 있는 상황임에도 저장할 수 없는 조건으로 나타날 수 있습니다. 즉 특정 메모리에 아무것도 변경되지 않았는데도 저장에 실패할 수 있다는 것입니다.

이렇게 하면 메모리 변경 사항을 추적할 때 LL/SC 루프를 통해 몇 번의 추가 사이클을 거치는 대신 정확도가 떨어질 수 있습니다. 메모리 접근은 바이트 단위가 아니라 64바이트 청크 단위 또는 킬로바이트 단위, 심지어 전체 메모리 단위로 추적할 수 있습니다. 메모리 추적 정확도가 떨어지면 LL/SC 루프에서 불필요한 사이클이 많아져 성능이 크게 저하될 뿐만 아니라 구현 복잡성도 증가합니다.

극단적인 예로, 기본적인 가상의 단일 코어 시스템에서는 메모리에 대한 쓰기를 전혀 추적하지 않는 전략을 사용할 수 있습니다. 대신 프로세서가 다른 스레드로 전환될 수 있는 이벤트인 인터럽트 또는 컨텍스트 스위치를 추적할 수 있습니다. 병렬 처리가 없는 시스템에서 이러한 이벤트가 발생하지 않았다면 다른 스레드가 메모리에 접근할 수 없다고 할 수 있습니다. 그런 이벤트가 발생하면 최악의 상황을 가정하고 저장을 거부한 후 다음 루프 반복에서 더 이상 이런 상황이 발생하지 않기를 바랄 수 있습니다.

ARM load-exclusive 및 store-exclusive

ARM64 또는 적어도 ARMv8의 첫 번째 버전에서는 아토믹 fetch-and-modify 또는 compare-and-exchange 연산을 하나의 명령어로 나타낼 수 없습니다. RISC 특성상 불러오기와 저장 단계는 계산과 비교 단계와 분리되어 있습니다.

ARM64의 load-linked 및 store-conditional 명령어를 ldxr[load exclusive register] 및 stxr[store exclusive register]라고 합니다. clrex[clear exclusive] 명령어는 stxr 대신 사용할 수 있는 명령어로, 아무 것도 저장하지 않습니다. clrex는 메모리에 쓰기 연산이 일어나는지 추적하는 것을 중지하는 데 사용됩니다.

실제로 작동하는 것을 확인하기 위해 ARM64에서 아토믹 덧셈을 수행하면 어떤 일이 발생하는지 살펴보겠습니다.

러스트	ARM64
```pub fn a(x: &AtomicI32) -> i32 { x.fetch_add(10, Relaxed)}```	```a:.L1: ldxr w8, [x0] add w9, w8, #10 stxr w10, w9, [x0] cbnz w10, .L1 ret```

load 명령어, add 명령어, store 명령어 등 이전에 나온 비아토믹 버전(7.1.3절에서)과 매우

비슷한 결과가 나왔습니다. load 및 store 명령은 '전용' LL/SC 버전으로 바뀌었습니다. stxr 명령은 성공하면 w10에 0을, 실패하면 1을 저장합니다. 실패하면 cbnz 명령은 w10을 사용해서 전체 연산을 다시 시작합니다.

x86-64의 lock add와 달리, ARM에서는 이전 값을 얻기 위해 특별한 작업을 수행할 필요가 없습니다. 위의 예제에서는 연산이 성공한 후에도 레지스터 w8에서 이전 값을 계속 사용할 수 있기 때문에 xadd와 같은 특별한 명령어가 필요하지 않습니다.

이 LL/SC 패턴은 매우 유연해서 add나 or 같은 일부 연산에만 적용되는 것이 아니라 거의 모든 연산에 사용할 수 있습니다. 예를 들어 ldxr 명령어와 stxr 명령어 사이에 해당 명령어를 넣으면 아토믹 fetch_divide 또는 fetch_shift_left를 쉽게 구현할 수 있습니다. 그러나 두 명령어 사이에 명령어가 너무 많으면 실행이 중단할 가능성이 높아져서 추가적인 사이클이 발생할 수 있습니다. 일반적으로 컴파일러는 거의 성공하지 못하거나 심지어 영원히 반복되는 LL/SC 루프를 피하기 위해 LL/SC 패턴의 명령어 수를 가능한 한 적게 유지합니다.

ARMv8.1 아토믹 명령어

ARM64의 명령어 집합 중 ARMv8.1 이후 버전에는 일반적인 아토믹 연산을 위한 새로운 CISC 스타일의 명령어도 포함되어 있습니다. 예를 들어 새로운 ldadd[load and add] 명령어는 LL/SC 루프가 없이도 아토믹 fetch_add 연산과 동일합니다. 심지어 x86-64에는 존재하지 않는 fetch_max와 같은 연산에 대한 명령도 포함합니다.

또한 compare_exchange에 해당하는 cas[compare and swap] 명령도 포함합니다. 이 명령어를 사용하면 x86-64에서와 마찬가지로 compare_exchange와 compare_exchange_weak 사이에 차이가 없어집니다.

LL/SC 패턴은 매우 유연하고 일반적인 RISC 패턴에 적합하지만, 이러한 새로운 명령어는 특수 하드웨어에 최적화하기가 더 쉽기 때문에 더 높은 성능을 발휘할 수 있습니다.

ARM의 compare-and-exchange

비교에 실패하면 조건부 분기 명령을 사용해 저장 명령을 건너뛰는 compare_exchange 연산은 LL/SC 패턴과 매우 유사합니다. 생성된 어셈블리를 살펴봅시다.

러스트	ARM64
| ```rust
pub fn a(x: &AtomicI32) {
    x.compare_exchange_weak(5, 6, Relaxed,
Relaxed);
}
``` | ```
a:
    ldxr w8, [x0]
    cmp w8, #5
    b.ne .L1
    mov w8, #6
    stxr w9, w8, [x0]
    ret
.L1:
    clrex
    ret
``` |

NOTE_ 비교가 실패할 경우 반복되는 루프에서 compare_exchange_weak 연산이 일반적으로 사용된다는 점에 주의하세요. 그러나 이 예제에서는 해당 연산을 한 번만 사용하고 리턴값을 무시하기 때문에 문제없이 관련 어셈블리를 표시할 수 있습니다.

ldxr 명령은 값을 불러온 다음 즉시 cmp^{compare} 명령을 사용해 불러온 값을 기대값인 5와 비교합니다. 값이 예상과 다를 경우 **b.ne**$^{\text{branch if not equal}}$ 명령은 .L1 레이블로 이동하며, 이 시점에서 clrex 명령이 LL/SC 패턴을 중단합니다. 값이 5인 경우, 그 동안 5를 덮어쓰지 않은 경우에만 mov 및 stxr 명령을 통해 새 값인 6을 메모리에 저장합니다.

stxr가 조건을 잘못 검사해서, 5를 덮어쓰지 않았더라도 여기에서 연산이 실패할 수 있습니다. compare_exchange_weak를 사용하고 있는데, 이 역시 조건이 잘못 검사될 수 있습니다. 사실 이것이 compare_exchange의 약한 버전이 존재하는 이유입니다.

compare_exchange_weak을 compare_exchange로 바꾸면 작업이 실패했을 때 다시 시작하기 위한 추가적인 분기를 제외하고는 거의 동일한 어셈블리를 얻을 수 있습니다.

러스트	ARM64
```pub fn a(x: &AtomicI32) { x.compare_exchange(5, 6, Relaxed, Relaxed); }```	```a: mov w8, #6 .L1: ldxr w9, [x0] cmp w9, #5 b.ne .L2 stxr w9, w8, [x0] cbnz w9, .L1 ret .L2: clrex ret```

예상대로 이제 실패 시 LL/SC 루프를 다시 시작하기 위한 추가적인 cbnz^{compare and branch on nonzero} 명령어가 있습니다. 또한 루프를 최대한 짧게 유지하기 위해 mov 명령어가 루프 밖으로 이동되었습니다.

---

compare-and-exchange 루프 최적화

7.1.2절에서 살펴본 바와 같이, fetch_or 연산과 이에 해당하는 compare_exchange 루프는 x86-64에서 정확히 동일한 명령어로 컴파일됩니다. 불러오기와 약한 compare-and-exchange 연산이 LL/SC 명령어와 일치하기 때문에, ARM에서도 compare_exchange_weak가 동일하게 컴파일될 것으로 예상할 수 있습니다.

하지만 안타깝게도 러스트 1.66.0 기준으로 현재는 그렇지 않습니다.

컴파일러가 항상 개선되고 있어서 앞으로는 달라질 수 있습니다. 하지만 컴파일러가 사람이 직접 작성한 compare-and-exchange 루프를 동일한 LL/SC 루프로 안전하게 바꾸는 것은 매우 어려운 일입니다. 그 이유 중 하나는 컴파일러가 최적화 과정에서 stxr 명령어와 ldxr 명령어 사이에 넣을 수 있는 명령어의 수와 종류에 제한이 있기 때문입니다. compare-and-exchange 루프와 같은 패턴은 여전히 컴파일러가 인식할 수 있습니다. 하지만 해당 코드가 어떤 명령어로 컴파일될지는 아직 알 수 없어서 일반적으로 이런 최적화는 구현하기가 매우 까다롭습니다.

따라서 더 똑똑한 컴파일러가 나올 때까지 가능하면 compare-and-exchange 루프보다는 전용 fetch-and-modify 메서드를 사용하는 것이 좋습니다.

7.2 캐싱

메모리를 읽고 쓰는 것은 느리기 때문에 수십, 수백 개의 명령어를 실행하는 것만큼이나 많은 시간이 소요될 수 있습니다. 따라서 모든 고성능 프로세서는 상대적으로 느린 메모리와의 상호작용을 최대한 피하기 위해 **캐싱**^{caching}을 사용합니다. 최신 프로세서의 메모리 캐시가 어떻게 구현되는지를 자세히 다루기에는 그 내용이 너무 복잡한데다 각 프로세서마다 독자적인 기술을 가지고 있는 경우가 많습니다. 무엇보다도 대부분의 내용은 우리가 프로그램을 작성할 때 전혀 상관이 없습니다. 어쨌든, **캐시**^{cache}라는 이름은 **숨겨져 있다**^{hidden}는 뜻의 프랑스어 **caché** 에서 유래했습니다. 물론 대부분의 프로세서가 캐싱을 구현하는 기본 원리를 이해하면 소프트웨어의 성능을 최적화할 때 큰 도움이 될 수 있습니다. (흥미로운 주제인 캐시에 대해 자세히 설명하기 위한 변명이 절대 아닙니다.)

초소형 마이크로컨트롤러를 제외한 거의 모든 최신 프로세서는 캐싱을 사용합니다. 프로세서는 메인 메모리와 직접 통신하지 않고 모든 읽기 및 쓰기 요청을 캐시를 통해 처리합니다. 명령어가 메모리에서 무언가를 읽어야 하는 경우 프로세서는 캐시에 해당 데이터를 요청합니다. 이미 캐시에 저장되어 있는 경우 캐시는 메인 메모리와 통신할 필요 없이 저장된 데이터로 신속하게 응답합니다. 데이터가 저장되어 있지 않다면 메인 메모리에서 데이터를 복사해야 합니다. 메인 메모리가 응답하면 캐시는 최종적으로 프로세서의 읽기 요청에 응답할 뿐만 아니라 데이터를 기억해서 다음에 이 데이터가 요청될 때 더 **빠르게** 응답할 수 있습니다. 캐시가 가득 차면 캐시는 유용성이 낮다고 판단되는 오래된 데이터를 삭제해 공간을 확보합니다.

명령어가 메모리에 무언가를 쓰려고 할 때 캐시는 주 메모리에 곧바로 값을 쓰지 않고 수정된 데이터를 일단 저장하고 있기로 결정할 수 있습니다. 이후에 동일한 메모리 주소에 대한 모든 읽기 요청은 메인 메모리의 오래된 데이터를 무시하고 수정된 데이터, 즉 캐시에 저장된 값을 가져옵니다. 실제로는 캐시 공간을 확보하기 위해 데이터를 캐시에서 삭제해야 할 때만 데이터를 메인 메모리에 기록합니다.

대부분의 프로세서 아키텍처에서 캐시는 단 하나의 바이트만 요청되더라도 64바이트 블록 단위로 메모리를 읽고 씁니다. 이러한 블록을 **캐시 라인**^{cache line}이라고도 합니다. 요청된 바이트를 둘러싸고 있는 64바이트 블록 전체를 캐싱하면 해당 블록의 다른 바이트에 접근해야 하는 다음 명령어는 메인 메모리에서 값을 읽어올 필요가 없습니다.

7.2.1 캐시 일관성

최신 프로세서에는 일반적으로 두 개 이상의 캐싱 레이어가 있습니다. 첫 번째 캐시 또는 **레벨 1(L1) 캐시**는 가장 작고 빠릅니다. 메인 메모리와 통신하는 대신 훨씬 더 크지만 속도가 느린 **레벨 2(L2) 캐시**와 통신합니다. L2 캐시가 메인 메모리와 통신하는 캐시일 수도 있지만, 더 크고 느린 또 다른 L3 캐시, 심지어 L4 캐시가 있을 수도 있습니다.

레이어를 추가한다고 해서 작동 방식이 크게 달라지는 것은 아닙니다. 각 레이어는 독립적으로 작동할 수 있습니다. 그러나 흥미로운 점은 자체 캐시가 있는 프로세서 코어가 여러 개 있을 때입니다. 멀티코어 시스템에서 각 프로세서 코어에는 일반적으로 자체 L1 캐시가 있는 반면, L2 또는 L3 캐시는 일부 다른 코어들 또는 전체 코어들과 공유되는 경우가 많습니다.

이러한 조건에서는 캐시가 더 이상 다음 레이어와의 모든 상호작용을 제어한다고 가정할 수 없기 때문에 단순한 캐싱 구현은 문제를 일으킬 수 있습니다. 한 캐시가 다른 캐시에게 알리지 않고 일부 캐시 라인에 값을 써서 값이 변경되었다고 표시하면 캐시 상태가 일관되지 않을 수 있습니다. 캐시가 다음 단계로 데이터를 기록할 때까지 다른 코어에서 변경된 데이터를 사용할 수 없을 뿐만 아니라, 다른 캐시에 저장된 다른 변경 사항과 충돌을 일으킬 수도 있습니다.

이 문제를 해결하기 위해 **캐시 일관성 프로토콜**cache coherence protocol이 사용됩니다. 이 프로토콜은 모든 것을 일관된 상태로 유지하기 위해 캐시가 정확히 어떻게 작동하고 서로 통신하는지를 정의합니다. 실제로 사용되는 프로토콜은 아키텍처, 프로세서 모델, 심지어 캐시 레벨에 따라 다릅니다.

여기서는 두 가지 기본 캐시 일관성 프로토콜에 대해 설명하겠습니다. 최신 프로세서는 다양한 프로토콜을 조금씩 수정해서 사용합니다.

쓰기-통과 프로토콜

쓰기-통과 캐시 일관성 프로토콜write-through cache coherence protocol을 사용하는 캐시에서는 쓰기가 저장되지 않고 즉시 다음 레이어로 전송됩니다. 나머지 캐시는 캐시들끼리 공유되는 통신 채널을 통해 다음 레이어에 연결되기 때문에 다른 캐시가 다음 레이어와 통신하는 것을 확인할 수 있습니다. 캐시가 현재 저장하고 있는 주소에 대한 쓰기를 발견하면 즉시 자신의 캐시 라인을 삭제하거나 업데이트해서 모든 것을 일관되게 유지합니다.

이 프로토콜을 사용하면 캐시에 수정된 상태의 캐시 라인이 포함되지 않습니다. 이렇게 하면 작업이 크게 간소화되지만 쓰기 캐싱의 이점이 모두 사라집니다. 캐시를 읽기 전용으로 최적화할 때는 이 프로토콜이 좋은 선택이 될 수 있습니다.

MESI 프로토콜

MESI 캐시 일관성 프로토콜$^{MESI\ cache\ coherence\ protocol}$은 캐시 라인이 가질 수 있는 네 가지 상태인 수정 상태^{modified}(M), 독점 상태^{exclusive}(E), 공유 상태^{shared}(S), 무효 상태^{invalid}(I)의 앞 글자를 따서 이름을 붙였습니다. 수정 상태(M)는 값이 변경되었지만 아직 메모리 또는 다음 레벨 캐시에 기록되지 않은 데이터가 포함된 캐시 라인에 사용됩니다. 독점 상태(E)는 같은 레벨의 다른 캐시에 저장되지 않고 변경되지 않은 데이터가 포함된 캐시 라인에 사용됩니다. 공유 상태(S)는 하나 이상의 같은 레벨의 다른 캐시에도 나타날 수 있는 수정되지 않은 캐시 라인에 사용됩니다. 무효 상태(I)는 유용한 데이터를 포함하지 않는 비어 있거나 삭제된 캐시 라인에 사용됩니다.

이 프로토콜을 사용하는 캐시는 같은 레벨의 다른 모든 캐시와 통신합니다. 캐시는 서로 간에 값을 업데이트하거나 업데이트 요청을 보내 전체적으로 일관성을 유지할 수 있도록 합니다.

캐시가 아직 저장하지 않은 주소에 대해 요청하는 경우를 **캐시 미스**$^{cache\ miss}$라고 합니다. 이 경우 캐시는 다음 레이어에 즉시 요청을 보내지 않습니다. 대신, 같은 레벨에 있는 다른 캐시에 이 캐시 라인을 사용할 수 있는지 물어봅니다. 캐시 라인이 없는 경우 캐시는 계속해서 다음 레이어에 주소를 요청하고 그 결과로 생성된 새 캐시 라인을 독점 상태(E)로 표시합니다. 이 캐시 라인이 쓰기 작업에 의해 수정되면 캐시는 다른 캐시 라인에 동일한 캐시 라인이 캐싱되어 있지 않다는 것을 알기 때문에 다른 레이어에 알리지 않고 상태를 수정 상태(M)로 바꿀 수 있습니다.

다른 캐시에 바로 사용 가능한 캐시 라인을 요청하면 다른 캐시에서 직접 가져온 공유 상태(S) 캐시 라인이 생성됩니다. 캐시 라인이 수정 상태(M)였다면 먼저 다음 레이어에 기록(또는 **플러시**^{flushed})된 후 공유 상태(S)로 바뀌고 공유됩니다. 독점 상태(E)였다면 즉시 공유 상태(S)로 변경됩니다.

바로 다음에 데이터를 수정하려는 경우와 같이, 캐시가 공유 접근이 아닌 독점적 접근을 원하는 경우 다른 캐시는 캐시 라인을 공유 상태(S)로 유지하지 않고 무효 상태(I)로 변경하여 완전히 삭제합니다. 이 경우 결과는 독점 상태(E) 캐시 행이 됩니다.

캐시가 공유 상태(S)에서 이미 사용 가능한 캐시 라인에 대한 독점적 접근이 필요한 경우, 다른 캐시에게 캐시 라인을 독점 상태(E)로 업그레이드하기 전에 삭제하도록 지시합니다.

이 프로토콜에는 여러 가지 다른 버전이 있습니다. 예를 들어, **MOESI** 프로토콜은 수정된 데이터를 다음 레이어에 즉시 쓰지 않고 공유할 수 있도록 추가 상태를 가지고 있고, **MESIF** 프로토콜은 추가 상태를 사용하여 여러 캐시에서 사용 가능한 공유 캐시 라인에 대한 요청에 응답할 캐시를 결정합니다. 최신 프로세서는 더욱 정교하고 독점적인 캐시 일관성 프로토콜을 사용합니다.

7.2.2 성능에 미치는 영향

캐싱은 대부분 상황에서 우리 눈에 보이지 않지만 캐싱 동작은 아토믹 연산의 성능에 상당한 영향을 미칠 수 있습니다. 이러한 영향 중 일부를 측정해보겠습니다.

단일 아토믹 연산은 매우 빠르기 때문에 속도를 측정하는 것은 매우 까다롭습니다. 따라서 유효한 수치를 얻으려면 연산을 10억 번 반복하고 총 소요 시간을 측정해야 합니다. 예를 들어 다음과 같이 10억 번의 load 연산에 걸리는 시간을 측정해볼 수 있습니다.

```rust
static A: AtomicU64 = AtomicU64::new(0);

fn main() {
    let start = Instant::now();
    for _ in 0..1_000_000_000 {
        A.load(Relaxed);
    }
    println!("{:?}", start.elapsed());
}
```

안타깝게도 이 기능은 예상대로 작동하지 않습니다.

최적화가 켜진 상태에서 실행하면(예: cargo run --release 또는 rustc -O) 측정된 시간이 비정상적으로 낮게 나타납니다. 이는 컴파일러가 똑똑하게도 불러온 값이 사용되지 않는다는 것을 파악하고 '불필요한' 루프를 완전히 최적화하기로 결정했기 때문입니다.

이를 방지하기 위해 특별한 std::hint::black_box 함수를 사용할 수 있습니다. 이 함수는 모든 타입의 인수를 받으며, 아무 작업도 하지 않고 그냥 리턴합니다. 이 함수가 특별한 이유는 컴파일러가 함수가 수행하는 작업이 무엇인지 아무 가정도 하지 않고 무엇이든 할 수 있는 '블랙박스'처럼 취급한다는 것입니다.

이 함수를 사용하면 벤치마크를 쓸모 없게 만드는 특정 최적화를 피할 수 있습니다. 이 경우 불러오기 작업의 결과를 black_box()에 전달해 불러온 값이 실제로 필요하지 않다고 가정하는 모든 최적화를 막을 수 있습니다. 하지만 컴파일러는 여전히 A가 항상 0이라고 가정하여 load 연산을 불필요하게 만들 수 있기 때문에 이것만으로는 충분하지 않습니다. 이를 피하려면 컴파일러가 더 이상 A에 접근하는 스레드가 하나만 있다고 가정하지 않도록 시작할 때 A에 대한 레퍼런스를 black_box()에 전달할 수 있습니다. 결국, black_box(&A)가 A와 상호작용하는 추가 스레드를 생성했을 수 있다고 추측해야 합니다.

```
use std::{hint::black_box, time::Instant};

static A: AtomicU64 = AtomicU64::new(0);

fn main() {
    black_box(&A); // 추가됨!
    let start = Instant::now();
    for _ in 0..1_000_000_000 {
        black_box(A.load(Relaxed)); // 추가됨!
    }
    println!("{:?}", start.elapsed());
}
```

이 작업을 여러 번 실행하면 출력에 약간의 변동이 있지만, 최신이 아닌 x86-64 컴퓨터에서는 약 300밀리초의 결과가 나옵니다.

캐싱 효과를 확인하기 위해 아토믹 변수와 상호작용하는 백그라운드 스레드를 생성해보겠습니다. 이렇게 하면 메인 스레드의 load 작업에 영향을 미치는지를 확인할 수 있습니다.

먼저 다음과 같이 백그라운드 스레드에서 load 작업만 수행해보겠습니다.

```
static A: AtomicU64 = AtomicU64::new(0);

fn main() {
    black_box(&A);
```

```
    thread::spawn(|| { // 추가됨!
        loop {
            black_box(A.load(Relaxed));
        }
    });

    let start = Instant::now();
    for _ in 0..1_000_000_000 {
        black_box(A.load(Relaxed));
    }
    println!("{:?}", start.elapsed());
}
```

백그라운드 스레드에서의 작업 성능은 측정하지 않는다는 점에 주의하세요. 메인 스레드가 10
억 번의 load 작업을 수행하는 데 걸리는 시간만 측정합니다.

이 프로그램을 실행하면 이전과 비슷한 측정 결과가 나옵니다. 동일한 x86-64 컴퓨터에서 테
스트했을 때 300밀리초 내외로 약간 변동이 있습니다. 백그라운드 스레드는 메인 스레드에 큰
영향을 미치지 않습니다. 각각 별도의 프로세서 코어에서 실행되지만 두 코어의 캐시 **모두** A의
복사본을 저장하고 있어서 두 스레드 모두 매우 빠르게 A에 접근할 수 있습니다.

이제 백그라운드 스레드가 store 연산을 수행하도록 변경해보겠습니다.

```
static A: AtomicU64 = AtomicU64::new(0);

fn main() {
    black_box(&A);

    thread::spawn(|| {
        loop {
            A.store(0, Relaxed); // 추가됨!
        }
    });

    let start = Instant::now();
    for _ in 0..1_000_000_000 {
        black_box(A.load(Relaxed));
    }
    println!("{:?}", start.elapsed());
}
```

이번에는 상당한 차이를 확인할 수 있습니다. 이제 동일한 x86-64 컴퓨터에서 이 프로그램을 실행하면 이전보다 거의 10배나 긴 시간인 약 3초를 기준으로 시간이 변동하는 것을 볼 수 있습니다. 최신 컴퓨터에서는 이 차이가 크지 않지만 여전히 상당한 차이를 측정할 수 있습니다. 예를 들어 최신 애플 M1 프로세서에서는 350밀리초에서 500밀리초로, 최신 x86-64 AMD 프로세서에서는 250밀리초에서 650밀리초로 빨라졌습니다.

이러한 동작은 캐시 일관성 프로토콜에 대해 앞에서 설명한 것과 동일합니다. store 연산에는 캐시 라인에 대한 독점적 접근이 필요하기 때문에 캐시 라인을 더 이상 공유하지 않는 다른 코어가 이후에 load를 할 때는 연산 속도가 느려집니다.

---

compare-and-exchange 작업 실패

흥미롭게도 대부분의 프로세서 아키텍처에서는 백그라운드 스레드가 compare-and-exchange 연산만 수행하는 경우에도 store 연산에서 보았던 것과 동일한 효과가 발생합니다. 이는 모든 연산이 실패하더라도 마찬가지입니다.

이를 확인하기 위해 백그라운드 스레드의 store 연산을 항상 실패하는 compare_exchange로 바꿔보겠습니다.

```
...
    loop {
        // A가 10이 아니기 때문에 항상 실패함
        black_box(A.compare_exchange(10, 20, Relaxed, Relaxed).is_ok());
    }
...
```

A는 항상 0이기 때문에 compare_exchange 연산은 절대 성공할 수 없습니다. 이 연산은 A의 현재 값을 불러오지만 새 값으로 업데이트하지는 않습니다.

아토믹 변수를 변경하지 않기 때문에 load 연산과 동일하게 동작할 거라고 생각할 수 있습니다. 하지만 대부분의 프로세서 아키텍처에서 compare_exchange 명령은 값을 비교할 때 해당 연산의 성공 여부와 상관없이 관련 캐시 라인에 대한 독점적 접근 권한을 갖습니다.

즉, 4장의 스핀 락에서처럼 스핀 루프에서 compare_exchange 또는 swap을 사용하지 않고 대신 load 연산을 먼저 사용해 락이 해제되었는지 확인하는 것이 좋습니다. 이렇게 하면 관련 캐시 라인에 대한 독점적 접근이 필요하지 않습니다.

캐싱은 개별 바이트나 변수가 아닌 캐시 라인별로 이루어지기 때문에 동일한 변수가 아닌 메모리상에서 인접한 변수를 사용해도 동일한 효과가 있어야 합니다. 이를 위해 다음과 같이 아토믹 변수를 3개 만들었습니다. 메인 스레드는 이 중 두 번째 변수만 사용하도록 하고, 백그라운드 스레드는 나머지 2개를 사용합니다.

```
static A: [AtomicU64; 3] = [
    AtomicU64::new(0),
    AtomicU64::new(0),
    AtomicU64::new(0)
];

fn main() {
    black_box(&A);
    thread::spawn(|| loop {
        A[0].store(0, Relaxed);
        A[2].store(0, Relaxed);
    });
    let start = Instant::now();
    for _ in 0..1_000_000_000 {
        black_box(A[1].load(Relaxed));
    }
    println!("{:?}", start.elapsed());
}
```

이를 실행한 결과는 이전과 비슷하게 동일한 x86-64 컴퓨터에서 대략 몇 초 정도가 걸립니다. A[0], A[1], A[2]는 각각 하나의 스레드에서만 사용되지만 두 스레드에서 동일한 변수를 사용하는 것과 동일한 효과를 볼 수 있습니다. A[1]이 다른 두 스레드 중 하나 또는 둘 모두와 캐시 라인을 공유하기 때문입니다. 백그라운드 스레드를 실행하는 프로세서 코어는 A[0]이 포함된 캐시 라인과 A[2]가 포함된 캐시 라인에 대한 독점적 접근을 반복적으로 요청하고, A[1]과 '무관한' 작업의 속도를 느리게 합니다. 이 효과를 **잘못된 공유**false sharing라고 합니다.

아토믹 변수 사이의 거리를 더 벌려서 각각 고유한 캐시 라인을 확보하면 이를 방지할 수 있습니다. 앞서 언급했듯이 캐시 라인의 크기가 64바이트일 것이라고 가정하고 있어서 다음과 같이 아토믹 변수를 64바이트로 정렬된 구조체로 감싸보겠습니다.

```
#[repr(align(64))] // 이 구조체는 64비트 크기로 정렬
struct Aligned(AtomicU64);
```

```
static A: [Aligned; 3] = [
    Aligned(AtomicU64::new(0)),
    Aligned(AtomicU64::new(0)),
    Aligned(AtomicU64::new(0)),
];

fn main() {
    black_box(&A);
    thread::spawn(|| loop {
        A[0].0.store(1, Relaxed);
        A[2].0.store(1, Relaxed);
    });
    let start = Instant::now();
    for _ in 0..1_000_000_000 {
        black_box(A[1].0.load(Relaxed));
    }
    println!("{:?}", start.elapsed());
}
```

#[repr(align)] 속성을 사용하면 컴파일러에 해당 타입의 최소 정렬 크기를 바이트 단위로 알려줄 수 있습니다. AtomicU64는 8바이트에 불과하므로 Aligned 구조체에 56바이트의 패딩이 추가됩니다.

이 프로그램을 실행하면 더 이상 느린 결과가 나오지 않습니다. 대신 백그라운드 스레드가 전혀 없을 때와 동일한 결과, 즉 x86-64 컴퓨터에서 실행했을 때와 동일한 약 300밀리초의 결과를 얻을 수 있습니다.

> **NOTE_** 이 작업을 시도하는 프로세서 유형에 따라 동일한 효과를 보려면 128바이트 정렬을 사용해야 할 수도 있습니다.

위의 실험은 서로 관련이 없는 아토믹 변수를 서로 가까이 배치하지 않는 것이 바람직하다는 것을 보여줍니다. 예를 들어 작은 뮤텍스가 촘촘하게 배열된 구조는 뮤텍스 간격을 더 멀리 유지하는 구조보다 성능이 좋지 않을 수 있습니다.

반면에 여러 개의 아토믹 변수가 서로 연관되어 있고 자주 연속적으로 접근하는 경우라면 변수를 서로 가깝게 배치하는 것이 좋습니다. 예를 들어 4장의 SpinLock<T>는 AtomicBool 바로 옆에 T를 저장하는데, 이는 `AtomicBool`을 포함하는 캐시 라인에도 T가 포함될 가능성이 높다는 것을 의미합니다. 따라서 하나에 대한 독점적 접근 요청이 나머지 하나에 대한 접근이 될 수 있습니다. 이것이 좋은 방법인지, 아닌지는 상황에 따라 다릅니다.

7.3 재정렬

이 장의 앞부분에서 살펴본 MESI 프로토콜을 사용한 일관된 캐싱은 멀티스레드 환경에서도 정확성을 유지합니다. 일관된 캐싱을 사용했을 때의 다른 점 하나는 타이밍의 차이뿐입니다. 그러나 최신 프로세서는 멀티스레드 환경에서 정확성에 큰 영향을 미칠 수 있는 더 많은 최적화 기법을 사용하고 있습니다.

3장의 시작 부분에서, 컴파일러와 프로세서가 어떻게 명령어를 재정렬하는지에 대해 간략하게 설명했습니다. 이번에는 프로세서가 명령어 또는 그 결과의 순서를 바꿀 수 있는 다양한 방법 몇 가지를 살펴보겠습니다.

스토어 버퍼

캐싱을 사용하더라도 쓰기 속도가 느릴 수 있기 때문에 프로세서 코어에는 보통 스토어 버퍼store buffer가 포함되어 있습니다. 메모리에 대한 쓰기 연산은 이 스토어 버퍼에 저장될 수 있고, 이 과정이 매우 빠르게 처리되므로 프로세서가 다음 명령을 즉시 처리할 수 있습니다. 그런 다음 백그라운드에서는 (L1) 캐시에 값을 기록하게 되는데 이 작업은 오래 걸릴 수 있습니다. 이제 캐시 일관성 프로토콜이 관련 캐시 라인에 대한 독점적 접근 권한을 얻기 위해 작동을 시작하게 되고, 프로세서는 그동안 작업이 끝날 때까지 기다릴 필요가 없게 됩니다.

동일한 메모리 주소에서 이뤄지는 연속적인 읽기 연산을 조심스럽게 처리한다면, 동일한 프로세서 코어의 동일한 스레드에서 실행되는 명령어에서는 이러한 현상이 전혀 나타나지 않습니다. 그러나 짧은 시간 동안은 쓰기 연산을 다른 코어에서 관찰할 수 없어서 다른 코어에서 실행되는 다른 스레드에서 인지하고 있는 메모리 상태에 대한 일관성이 깨지게 됩니다.

무효화 큐

일관성 프로토콜과 무관하게 병렬적으로 작동하는 캐시는 무효화 요청을 처리해야 합니다.

무효화 요청이란 특정 캐시 라인이 수정되어 무효화될 예정이므로 삭제하라는 명령을 의미합니다. 성능 최적화를 위해 이러한 요청을 즉시 처리하지 않고 시간이 조금 지난 뒤에 처리하기 위해 큐에 대기시키는 것이 일반적입니다. 이러한 무효화 큐를 사용 중이라면 캐시가 항상 일관성을 유지하지 못할 수 있습니다. 캐시 라인이 삭제되기 전에 더 이상 유효하지 않을 수 있기 때문입니다. 하지만 이는 단일 스레드 프로그램에서는 속도를 높이는 것 외에는 아무런 영향을 미치지 않습니다. 유일한 영향은 다른 코어의 쓰기 작업이 (아주 약간) 지연된 것처럼 보일 수 있다는 점입니다.

파이프라이닝

성능을 크게 향상시킬 수 있는 프로세서 기능은 파이프라이닝pipelining입니다. 파이프라이닝은 매우 일반적인 기능으로 연속된 명령을 병렬적으로 실행합니다. 명령어 실행이 완료되지 않더라도 프로세서는 다음 명령어를 실행할 수 있습니다. 최신 프로세서는 종종 첫 번째 명령어가 아직 진행 중이더라도 꽤 많은 수의 명령어를 연이어 실행할 수 있습니다.

각 명령어가 이전 명령어의 결과에 의존적인 경우에는 이전 명령어가 끝나기를 기다려야 해서 별다른 도움이 되지 않습니다. 하지만 명령어가 이전 명령어와 독립적으로 실행될 수 있는 경우에는 나중에 실행된 명령어가 먼저 완료될 수도 있습니다. 예를 들어 이전에 시작된 명령어가 여전히 메모리에서 무언가를 읽거나 다른 느린 작업을 대기하고 있는 동안 레지스터를 증가시키는 명령어는 매우 빠르게 수행될 수 있습니다.

파이프라이닝은 단일 스레드 프로그램에는 속도 이외에는 별다른 영향을 미치지 않습니다. 하지만 메모리에서 작동하는 명령어가 이전 명령어보다 먼저 실행을 완료하게 되면 다른 코어와의 상호작용이 순서대로 진행되지 않을 수 있습니다.

최신 프로세서가 예상과 전혀 다른 순서로 명령을 실행할 수 있는 몇 가지 경우를 살펴보겠습니다. 여기에는 칩 제조사의 독점적인 기술들이 사용되며, 그중 일부는 악성 소프트웨어에 의해 악용될 수 있는 작은 오류가 발견될 때만 공개됩니다. 프로세서가 예상대로 작동하는 경우에는 한 가지 공통점이 있습니다. 이러한 기술의 결과가 단일 스레드 프로그램에는 타이밍에만 영향을 주지만, 멀티스레드에서는 다른 코어와의 상호작용이 일관되지 않은 순서로 발생하는 것처럼 보일 수 있습니다.

메모리 연산 순서를 변경할 수 있는 프로세서 아키텍처는 특수한 명령어를 통해 순서가 변경되는 것을 막을 수 있는 방법을 제공합니다. 예를 들어 프로세서가 스토어 버퍼를 플러시하거나, 파이프라인으로 연결된 명령을 반드시 순서대로 완료하도록 강제할 수 있습니다. 때로는 이러한 명령이 특정한 유형의 재정렬만 방지하는 경우도 있습니다. 예를 들어 load 연산의 재정렬은 허용하면서 store 연산은 재정렬되지 않도록 하는 명령이 있을 수 있습니다. 발생할 수 있는 재정렬 유형과 이를 방지할 수 있는 방법은 프로세서 아키텍처에 따라 다릅니다.

7.4 메모리 순서

러스트나 C와 같은 언어에서 아토믹 연산을 수행할 때 메모리 순서를 지정하여 컴파일러에 실행 순서를 알려줄 수 있습니다. 컴파일러는 프로세서가 명령어를 재정렬하면서 규칙을 위반하지 않도록 적절한 명령어를 생성합니다.

메모리 연산의 종류에 따라 허용되는 명령어 재정렬 유형이 다릅니다. 비아토믹 또는 느슨한 아토믹 연산의 경우 모든 유형의 재정렬이 허용됩니다. 반대로, 순차적으로 일관된 아토믹 연산은 어떤 유형의 재정렬도 전혀 허용되지 않습니다.

acquire 연산 이후의 메모리 연산은 acquire 연산의 순서를 바꾸지 않을 수 있으며, release 연산 이전의 메모리 연산은 해제 연산의 순서를 바꾸지 않을 수 있습니다. 그렇지 않으면 뮤텍스로 보호된 일부 데이터에 뮤텍스를 획득하기 전 또는 해제한 후에 접근해서 데이터 경합이 발생할 수 있습니다.

---

other-multi-copy 아토믹

그래픽 카드와 같은 일부 프로세서 아키텍처에서 메모리 연산 순서가 받는 영향을 항상 명령어 재정렬로 설명할 수 있는 것은 아닙니다. 한 코어에서 두 개의 연속적인 저장 작업의 효과가 두 번째 코어에서는 같은 순서로 표시되지만 세 번째 코어에서는 반대 순서로 표시될 수 있습니다. 예를 들어 일관되지 않은 캐싱 또는 공유된 저장 버퍼로 인해 이러한 현상이 발생할 수 있습니다. 두 번째 코어와 세 번째 코어에서 관찰되는 불일치는 첫 번째 코어의 명령이 재정렬되는 것으로는 설명할 수 없습니다.

3장에서 설명한 이론적 메모리 모델은 순차적으로 일관된 아토믹 연산 외에는 전역적으로 일관된 순서가 필요하지 않기 때문에 이러한 프로세서 아키텍처를 위한 여지를 남깁니다.

이 장에서 집중적으로 살펴볼 아키텍처인 x86-64와 ARM64는 other-multi-copy 아토믹 아키텍처로, 쓰기 작업이 어느 코어에 나타나면 모든 코어에도 동시에 이것을 관찰할 수 있다는 것을 의미합니다. **other-multi-copy** 아토믹 아키텍처의 경우 메모리 순서는 명령어 재정렬의 문제일 뿐입니다.

ARM64와 같은 일부 아키텍처는 프로세서에서 메모리 연산을 자유롭게 재정렬할 수 있기 때문에 **약한 순서**$^{\text{weakly ordered}}$라고 합니다. 반면에 x86-64와 같은 강한 순서 아키텍처는 순서를 변경할 수 있는 메모리 연산이 매우 제한적입니다.

7.4.1 x86-64: 강한 순서

x86-64 프로세서에서는 load 연산이 뒤따르는 메모리 연산 이후에 발생한 것으로 표시되지 않습니다. 마찬가지로 이 아키텍처에서는 store 연산이 이전 메모리 연산 전에 수행된 것으로 표시되지 않습니다. x86-64에서 볼 수 있는 유일한 종류의 재정렬은 저장 작업이 나중에 load 연산 이후까지 지연되는 것입니다.

NOTE_ x86-64 아키텍처는 재정렬 제한 때문에 종종 강한 순서$^{\text{strongly ordered}}$ 아키텍처로 설명하지만, 일각에서는 모든 메모리 작업의 순서를 보존하는 아키텍처에 대해서만 이 용어를 사용하기도 합니다.

이러한 제한은 acquire-load(이후의 연산으로 불러오기 순서가 바뀌지 않기 때문에)와 release-store(이전 연산으로 저장 순서가 바뀌지 않기 때문에)의 모든 요구 사항을 충족합니다. 즉, x86-64에서는 release-acquire 연산을 느슨한 연산과 동일하게 '아무 비용 없이' 사용할 수 있습니다.

7.1.1절의 'x86 잠금 접두사'의 몇 가지 코드 스니펫에서 `Relaxed`를 각각 `Release`, `Acquire`, `AcqRel`로 바꾸면 이를 확인할 수 있습니다.

러스트	x86_64
```pub fn a(x: &AtomicI32) { x.store(0, Release);}```	```a: mov dword ptr [rdi], 0 ret```
```pub fn a(x: &AtomicI32) -> i32 { x.load(Acquire);}```	```a: mov eax, dword ptr [rdi] ret```
```pub fn a(x: &AtomicI32) { x.fetch_add(10, AcqRel);}```	```a: lock add dword ptr [rdi], 10 ret```

예상대로 어셈블리는 더 강력한 메모리 순서를 지정했음에도 불구하고 동일합니다.

컴파일러 최적화의 영향을 무시한다면 x86-64에서 release-acquire 연산은 느슨한 연산만큼 비용이 작다는 결론을 내릴 수 있습니다. 더 정확하게는, 느슨한 연산이 release-acquire 연산만큼 비용이 크다는 결론을 내릴 수도 있습니다.

이번에는 SeqCst에서 어떤 일이 일어나는지 확인해보겠습니다.

러스트	x86_64
```pub fn a(x: &AtomicI32) { x.store(0, SeqCst);}```	```a: xor eax, eax xchg dword ptr [rdi], eax ret```
```pub fn a(x: &AtomicI32) -> i32 { x.load(SeqCst);}```	```a: mov eax, dword ptr [rdi] ret```
```pub fn a(x: &AtomicI32) { x.fetch_add(10, SeqCst);}```	```a: lock add dword ptr [rdi], 10 ret```

load 연산과 fetch_add 연산은 여전히 이전과 동일한 어셈블리를 생성하지만, store에 대한 어셈블리는 완전히 바뀌었습니다. xor 명령어는 조금 엉뚱해 보이지만 eax 레지스터를 자기 자신과 xor하여 0으로 설정하는 일반적인 방법으로, 결과는 항상 0이 됩니다. mov eax, 0 명령어도 가능하지만 저장 공간을 조금 더 차지합니다.

흥미로운 부분은 store 연산에 사용되는 스왑 연산이 이전 값도 가져오는 xchg 명령어라는 것입니다.

이전과 같은 일반적인 mov 명령어는 나중에 load 연산으로 순서를 변경하여 전역적으로 일관된 순서를 깨뜨릴 수 있기 때문에 SeqCst 저장에 적합하지 않습니다. load 연산도 수행하는 연산으로 변경하면 불러오는 값은 신경 쓰지 않더라도 이후 메모리 연산으로 명령어의 순서가 바뀌지 않아서 문제를 해결할 수 있습니다.

> **NOTE_** SeqCst store 연산이 xchg로 업그레이드되기 때문에 SeqCst load 연산은 여전히 일반 mov 연산이 될 수 있습니다. SeqCst 연산은 다른 SeqCst 연산끼리만 전역적으로 일관된 순서를 보장합니다. SeqCst load 연산의 mov 명령어는 이전의 비 SeqCst store 연산의 mov 명령어에 의해 순서가 변경될 수 있지만 이 경우는 전혀 문제가 없습니다.

x86-64에서 store 연산은 SeqCst와 더 약한 메모리 순서 지정 사이에 차이가 있는 유일한 아토믹 연산입니다. 즉, store 연산을 제외한 x86-64 SeqCst 연산은 Release, Acquire, AcqRel, 심지어 Relaxed 연산과 마찬가지로 연산 비용이 작습니다. 필요한 경우 x86-64는 Relaxed 연산을 SeqCst 연산만큼 연산 비용이 들게 만듭니다.

7.4.2 ARM64: 약한 순서

ARM64와 같이 **약한 순서**^{weakly ordered} 아키텍처에서는 모든 메모리 연산이 잠재적으로 순서가 서로 바뀔 수 있습니다. 즉, x86-64와 달리 acquire-release 연산은 느슨한 연산과 동일하지 않습니다.

ARM64에서 Release, Acquire, AcqRel에 대해 어떤 일이 발생하는지 살펴보겠습니다.

러스트	x86_64

`pub fn a(x: &AtomicI32) {`
`    x.store(0, Release);`
`}`
	`a:`
	`    stlr wzr, [x0] 1) ①`
	`    ret`

`pub fn a(x: &AtomicI32) -> i32 {`
`    x.load(Acquire);`
`}`
	`a:`
	`    ldar w0, [x0] ②`
	`    ret`

```
pub fn a(x: &AtomicI32) {          a:
    x.fetch_add(10, AcqRel);       .L1:
}                                      ldaxr w8, [x0] ③
                                       add w9, w8, #10
                                       stlxr w10, w9, [x0] ④
                                       cbnz w10, .L1
                                       ret
```

앞서 살펴본 **Relaxed** 버전과 비교했을 때 변경 사항은 매우 미묘합니다.

① str^store register은 이제 stlr^store-release register입니다.

② ldr^load register은 이제 ldar^load-acquire register입니다.

③ ldxr^load exclusive register은 이제 ldaxr^load-acquire exclusive register입니다.

④ stxr^store exclusive register는 이제 stlxr^store-release exclusive register입니다.

여기서 볼 수 있듯이 ARM64에는 acquire-release 순서를 위한 특별한 불러오기와 저장 명령어가 있습니다. ldr 또는 ldxr 명령어와 달리 ldar 또는 ldxar 명령어는 이후 메모리 연산으로 순서가 변경되지 않습니다. 마찬가지로 str 또는 stxr 명령과 달리 stlr 또는 stxlr 명령은 이전 메모리 연산과 절대 순서가 변경되지 않습니다.

> **NOTE_** AcqRel 대신 Release 또는 Acquire 순서만 사용하는 fetch-and-modify 연산은 각각 일반 ldxr 또는 stxr 명령어와 짝을 이루는 stlxr 및 ldxar 명령어 중 하나만 사용합니다.

acquire-release에 필요한 제한 사항 외에도 acquire-release 명령어 중 어느 것도 다른 특별한 명령어로 순서가 변경되지 않으므로 SeqCst를 사용해도 좋습니다.

아래에서 볼 수 있듯이 SeqCst로 업그레이드하면 이전과 동일한 어셈블리가 생성됩니다.

러스트	ARM64

`pub fn a(x: &AtomicI32) {`
`    x.store(0, SeqCst);`
`}`
	`a:`
	`    stlr wzr, [x0]`
	`    ret`

```
pub fn a(x: &AtomicI32) -> i32 {        a:
    x.load(SeqCst);                         ldar w0, [x0]
}                                           ret
```

```
pub fn a(x: &AtomicI32) {                a:
    x.fetch_add(10, SeqCst);             .L1:
}                                           ldaxr w8, [x0]
                                            add w9, w8, #10
                                            stlxr w10, w9, [x0]
                                            cbnz w10, .L1
                                            ret
```

즉, ARM64에서 순차적으로 일관된 연산은 acquire-release 연산만큼 비용이 적습니다. 또는 오히려 ARM64의 Acquire, Release, AcqRel 연산은 SeqCst만큼 비쌉니다. 그러나 x86-64와 달리 Relaxed 연산은 필요 이상의 강력한 순서를 보장하지 않기 때문에 상대적으로 비용이 낮습니다.

ARMv8.1 아토믹 acquire-release 명령어

7.3.1절의 'ARMv8.1 아토믹 명령어'에서 설명한 대로 ARM64의 ARMv8.1 버전에는 ldxr/stxr 루프에 대한 대안으로 ldadd$^{load\ and\ add}$(불러오기 및 덧셈)와 같은 아토믹 연산을 위한 CISC 스타일 명령어가 포함되어 있습니다.

load 및 store 연산에 acquire-release의 의미가 담긴 특별한 버전이 있는 것처럼, 이러한 명령어에도 더 강력한 메모리 순서를 위한 변형이 있습니다. 이러한 명령어에는 불러오기와 저장이 모두 포함되어 있어서 각각 해제(-l), 획득(-a), 해제와 획득이 결합된(-al) 세 가지 변형이 있습니다.

예를 들어 ldadd의 경우 ldaddl, ldadda, ldaddal가 있습니다. 마찬가지로 cas 명령어에는 casl, casa, casal과 같은 변형이 있습니다.

불러오기와 저장 명령어와 마찬가지로 acquire-release (-al) 변형도 SeqCst 연산에 사용할 수 있습니다.

7.4.3 실험

강한 정렬 아키텍처가 인기를 얻으면서 특정 종류의 메모리 순서 버그가 쉽게 발견되지 않는 문제가 발생했습니다. Relaxed를 획득 또는 해제가 필요한 곳에 사용하는 것은 올바르지 않지만, 컴파일러가 아토믹 연산의 순서를 바꾸지 않는다고 가정하면 x86-64에서 실제로는 정상적으로 작동할 수 있습니다.

> **CAUTION_** 순서를 어긋나게 만들 수 있는 것이 프로세서뿐만은 아니라는 점을 기억하세요. 컴파일러도 메모리 순서의 제약 조건을 고려해서 생성하는 명령어의 순서를 변경할 수 있습니다. 실제로 컴파일러는 아토믹 연산과 관련된 최적화에 대해 매우 보수적인 경향이 있지만 앞으로는 바뀔 수 있습니다.

즉, 실수로 x86-64에서는 완벽하게 작동하지만 ARM64 프로세서용으로 컴파일하고 실행하면 문제가 발생할 수 있는 잘못된 동시성 코드를 개발자가 어렵지 않게 작성할 수 있다는 의미입니다.

정확히 그렇게 해보겠습니다.

스핀 락으로 보호되는 카운터를 생성하되, 모든 메모리 순서를 Relaxed로 변경하겠습니다. 새로운 타입이나 언세이프 코드는 만들지 않고 스핀 락에는 AtomicBool을, 카운터에는 AtomicUsize를 사용합니다.

컴파일러가 연산의 순서를 바꾸지 않도록 하기 위해, 프로세서에게 알리지 않고 컴파일러에게 Acquire 또는 Release가 되어야 할 연산을 알려주는 std::sync::compiler_fence() 함수를 사용합니다.

4개의 스레드가 각각 백만 번씩 잠금, 카운터 증가, 잠금 해제를 반복하도록 합니다. 이 모든 것을 합치면 다음 코드가 완성됩니다.

```
fn main() {
    let locked = AtomicBool::new(false);
    let counter = AtomicUsize::new(0);

    thread::scope(|s| {
        // 4개의 스레드를 생성하고, 각각 100만 번씩 연산을 반복함
        for _ in 0..4 {
```

```
        s.spawn(|| {
            for _ in 0..1_000_000 {
                // 잘못된 메모리 순서를 사용해서 잠금을 획득함
                while locked.swap(true, Relaxed) {}
                compiler_fence(Acquire);
                // 잠금을 획득한 상태에서 아토믹하지 않게 카운터를 증가시킴
                let old = counter.load(Relaxed);
                let new = old + 1;
                counter.store(new, Relaxed);
                // 잘못된 메모리 순서를 사용해서 잠금을 해제함
                compiler_fence(Release);
                locked.store(false, Relaxed);
            }
        });
    }
});
println!("{}", counter.into_inner());
}
```

잠금이 제대로 작동한다면 카운터의 최종 값은 정확히 4백만 개가 될 것으로 예상할 수 있습니다. 스핀 락에 문제가 있다면 카운터를 증가시키는 것이 누락되어 카운터의 총 값이 낮아질 수 있으므로 카운터 증가가 단일 fetch_add가 아닌 별도의 load 및 store 연산을 통해 아토믹하지 않은 방식으로 이루어짐을 주의하세요.

x86-64 프로세서가 탑재된 컴퓨터에서 이 프로그램을 몇 번 실행하면 다음과 같은 결과를 얻을 수 있습니다.

```
4000000
4000000
4000000
```

예상대로 우리는 '연산 비용 없이' acquire-release을 할 수 있으며, 일부러 만든 실수로 인해 문제가 발생하지 않습니다.

2021년형 안드로이드 스마트폰과 ARM64 프로세서를 사용하는 라즈베리 파이 3 모델 B에서 이 코드를 실행했더니 동일한 결과가 나왔습니다.

```
4000000
4000000
4000000
```

이 실험만으로는 많은 것을 짐작할 수는 없습니다. 하지만 모든 ARM64 프로세서가 모든 형태의 명령어를 재정렬하는 것은 아니라는 점을 알 수 있습니다.

ARM64 기반 애플 M1 프로세서가 포함된 2021 애플 아이맥에서 같은 실험을해보면 다른 결과를 얻을 수 있습니다.

```
3988255
3982153
3984205
```

이전에는 보이지 않던 실수가 갑자기 실제 문제로 드러났고, 이는 약한 순서의 시스템에서만 볼 수 있는 문제입니다. 카운터가 0.4% 정도만 벗어난 것은 이러한 문제가 얼마나 미묘한지를 보여줍니다. 실제 환경에서는 이와 같은 문제가 오랫동안 발견되지 않을 수도 있습니다.

> **TIP_** 위의 결과를 재현할 때는 최적화를 활성화하는 것을 잊지 마세요(`cargo run --release` 또는 `rustc -O` 사용). 최적화를 사용하지 않으면 동일한 코드에 더 많은 명령어가 생성되어 명령어 재정렬의 미묘한 효과가 사라질 수 있습니다.

7.4.4 메모리 펜스

메모리 순서 지정과 관련된 명령어 중 아직 메모리 펜스를 살펴보지 않았습니다. 메모리 펜스 또는 메모리 배리어 명령은 3.8절에서 설명한 `std::sync::atomic::fence`를 표현하는 데 사용됩니다.

앞서 살펴본 것처럼 x86-64 및 ARM64의 메모리 순서는 명령어 재정렬에 관한 것입니다. 펜스 명령어는 특정 종류의 명령어가 펜스 명령어를 지나쳐 재정렬되는 것을 방지합니다.

획득 펜스는 앞의 load 연산이 이후의 메모리 연산으로 재정렬되는 것을 방지해야 합니다. 마찬가지로 해제 펜스는 이후의 store 연산이 이전의 모든 메모리 연산과 함께 재정렬되지 않도록 해야 합니다. 순차적으로 일관된 펜스는 펜스 이전의 모든 메모리 연산이 펜스 이후의 메모리 연산과 재정렬되지 않도록 해야 합니다.

x86-64에서는 기본 메모리 순서 지정 방식이 이미 acquire-release 펜스의 요구 사항을 만족합니다. 이 아키텍처에서는 이러한 펜스가 막고자 하는 재정렬을 허용하지 않습니다.

x86-64와 ARM64 모두에서 네 가지 펜스가 어떤 명령어로 컴파일되는지 살펴보겠습니다.

러스트	x86_64	ARM64

pub fn a() {
    fence(Acquire);
}
	a:
	    ret
		a:
		    dmb ishld
		    ret

pub fn a() {
    fence(Release);
}
	a:
	    ret
		a:
		    dmb ish
		    ret

pub fn a() {
    fence(AcqRel);
}
	a:
	    ret
		a:
		    dmb ish
		    ret

pub fn a() {
    fence(SeqCst);
}
	a:
	    mfence
	    ret
		a:
		    dmb ish
		    ret

당연히 x86-64에서 acquire-release 펜스는 어떤 명령도 만들어내지 않습니다. 이 아키텍처에서는 릴리스 및 획득을 '연산 비용 없이' 얻을 수 있습니다. SeqCst 펜스만 mfence(메모리 펜스) 명령어를 생성합니다. 이 명령은 다음으로 넘어가기 전에 그 이전의 모든 메모리 연산이 완료되었는지 확인합니다.

ARM64에서 이에 상응하는 명령은 dmb ish[data memory barrier, inner shared domain](데이터 메모리 배리어, 내부 공유 도메인)입니다. x86-64와 달리 이 아키텍처는 acquire-release를 암시적으로 제공하지 않아서 Release와 AcqRel에도 같은 명령어가 사용됩니다. Acquire의 경우 약간 덜 영향력 있는 변형인 dmb ishld가 사용됩니다. 이 변형은 load 연산이 완료될 때까지만 기다리고 이전 store 연산은 완료된 후에도 자유롭게 순서가 변경될 수 있습니다.

앞서 아토믹 연산에서 살펴본 것과 같이 x86-64에서는 acquire-release 펜스를 '연산 비용 없이'로 사용할 수 있습니다. 반면, ARM64에서는 순차적으로 일관된 펜스를 해제 펜스와 동일한 연산 비용으로 사용할 수 있다는 사실을 알 수 있습니다.

요점 정리

- x86−64 및 ARM64에서 느슨한 load 및 store 연산은 아토믹이 아닌 연산과 동일합니다.

- x86−64(및 ARMv8.1 이후 ARM64)의 일반적인 아토믹 fetch−and−modify 연산과 compare−and−exchange 연산에는 고유한 명령어가 있습니다.

- x86−64에서 동등한 명령어가 없는 아토믹 연산은 compare−and−exchange 루프로 컴파일됩니다.

- ARM64에서 모든 아토믹 연산은 불러오기−연결/저장−조건부 루프(메모리 연산이 중단되면 자동으로 다시 시작되는 루프)로 표현할 수 있습니다.

- 캐시는 보통 64바이트 크기인 캐시 라인으로 작동합니다.

- 캐시는 쓰기−통과 또는 MESI와 같은 캐시 일관성 프로토콜을 통해 일관성을 유지합니다.

- 예를 들어 #[repr(align(64))]를 통한 패딩은 **잘못된 공유**^{false sharing}를 방지해 성능을 개선하는 데 유용합니다.

- load 연산은 실패한 compare−and−exchange 연산보다 훨씬 연산 비용이 낮습니다. 그 이유는 compare−and−exchange 연산이 캐시 라인에 대한 독점적 접근이 필요한 경우가 많기 때문입니다.

- 명령어 재정렬은 단일 스레드 프로그램 내에서는 확인하기 어렵습니다.

- x86−64 및 ARM64를 포함한 대부분의 아키텍처에서 메모리 순서는 특정 유형의 명령어 재정렬을 방지하는 것을 의미합니다.

- x86−64에서는 모든 메모리 연산에 acquire−release의 시맨틱이 적용되기 때문에 relaxed 명령어를 사용했을 때의 연산 비용과 동일합니다. store과 펜스를 제외한 모든 연산은 추가 비용 없이 순차적으로 일관된 개념을 갖습니다.

- ARM64에서는 acquire−release의 개념이 느슨한 연산만큼 연산 비용이 작지는 않지만 추가 연산 비용 없이 순차적으로 일관된 개념을 포함합니다.

이 장에서 살펴본 어셈블리 명령어를 [그림 7−1]에 요약했습니다.

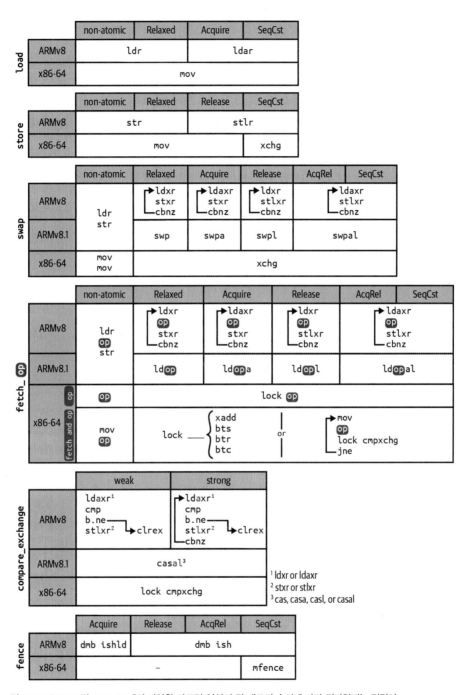

그림 7-1 ARM64 및 x86-64에서 다양한 아토믹 연산이 각 메모리 순서에 따라 컴파일되는 명령어

CHAPTER 8

운영체제의 기본 요소

지금까지는 주로 차단하지 않은 연산을 주로 살펴봤습니다. 뮤텍스나 조건 변수처럼 다른 스레드가 잠금을 해제하거나 알림을 보낼 때까지 기다릴 수 있는 것을 구현하려면 현재 스레드를 효율적으로 차단할 수 있는 방법이 필요합니다.

4장에서 살펴본 것처럼 운영체제의 도움 없이도 스핀을 돌리면서 반복적으로 무언가를 시도하면 프로세서 시간을 많이 낭비하게 됩니다. 효율적으로 차단을 구현하려면 운영체제 커널의 도움이 필요합니다.

커널, 더 구체적으로 말하면 커널의 스케줄러 부분은 어떤 프로세스나 스레드를 언제, 얼마나 오랫동안, 어떤 프로세서 코어에서 실행할지 결정하는 역할을 담당합니다. 스레드가 어떤 일이 일어나기를 기다리는 동안 커널은 이 리소스를 더 잘 활용할 수 있는 다른 스레드에 우선순위를 부여해서 다른 스레드에 프로세서 시간을 제공할 수 있습니다.

따라서 커널에 현재 스레드가 잠자기 상태임을 알리고 관련 작업이 발생할 때까지 스레드를 절전 모드로 전환하도록 요청할 수 있는 방법이 필요합니다.

8.1 커널 인터페이스

커널과 통신하는 방식은 운영체제나 버전에 따라 크게 달라집니다. 일반적으로 이러한 작동 방식에 대한 자세한 내용은 이를 처리하는 하나 이상의 라이브러리에 숨겨져 있습니다. 예를 들어 러스트 표준 라이브러리를 사용하면 운영체제의 커널 인터페이스에 대해 자세히 알 필요 없이 `File::open()`을 호출해서 파일을 열 수 있습니다. 마찬가지로 C 표준 라이브러리인 libc를 사용하면 `fopen()` 함수를 호출해서 파일을 열 수 있습니다. 이러한 함수를 호출하면 결국 운영체제의 커널을 특별한 프로세서 명령인 **시스템 콜**^{syscall}을 통해 호출하게 됩니다. 일부 아키텍처에서는 이 명령어를 문자 그대로 `syscall`이라고 부릅니다.

프로그램은 일반적으로 직접 시스템 콜을 하지 않고 운영체제와 함께 제공되는 고수준 라이브러리를 사용해야 하며, 때로는 이 방법만 가능하기도 합니다. 유닉스나 리눅스 기반 시스템에서 libc는 커널에 표준 인터페이스를 제공하는 특별한 역할을 수행합니다.

일반적으로 POSIX 표준으로 더 잘 알려진 '이식 가능한 운영체제 인터페이스' 표준에는 유닉스 시스템에서 libc에 대한 추가적인 요구 사항이 포함되어 있습니다. 예를 들어 POSIX는 C 표준의 `fopen()` 함수 외에 파일을 열기 위한 하위 수준인 `open()` 및 `openat()` 함수가 추가로 필요하며, 이는 종종 시스템 콜과 직접적으로 대응됩니다. 유닉스 시스템에서 libc의 특수한 지위 때문에 C가 아닌 다른 언어로 작성된 프로그램은 일반적으로 커널과의 모든 상호작용에 여전히 libc를 사용합니다.

표준 라이브러리를 포함한 러스트 소프트웨어는 이름이 같은 크레이트인 libc를 통해 libc를 사용하는 경우가 많습니다.

특히 리눅스의 경우, 시스템 콜 인터페이스가 안정적이기 때문에 libc를 사용하지 않고도 직접 시스템 콜을 할 수 있습니다. 이 방법이 가장 일반적이거나 가장 권장되는 방법은 아니지만, 점차 널리 사용되고 있습니다.

그러나 POSIX 표준을 따르는 유닉스 운영체제인 맥OS에서는 커널의 시스템 콜 인터페이스가 안정적이지 않아서 직접 사용하지 않는 것이 좋습니다. 프로그램에서 사용할 수 있는 유일한 안정적인 인터페이스는 시스템과 함께 제공되는 라이브러리인 libc, libc++와 C, C++, Objective-C 그리고 애플이 선택한 프로그래밍 언어인 Swift에서 사용할 수 있는 다양한 라이브러리입니다.

윈도우는 POSIX 표준을 따르지 않습니다. 커널에 대한 기본 인터페이스 역할을 하는 확장 libc가 제공되지 않고, 대신 파일 열기를 위한 `CreateFileW`와 같은 윈도우 전용 기능을 제공하는 `kernel32.dll`과 같은 별도의 라이브러리가 함께 제공됩니다. 맥OS에서와 마찬가지로 문서화되지 않은 저수준 함수를 사용하거나 직접 시스템 콜을 만들어서는 안 됩니다.

운영체제는 라이브러리를 통해 뮤텍스 및 조건 변수와 같이 커널과 상호작용해야 하는 동기화 원형을 제공합니다. 이러한 원형의 구현이 라이브러리의 일부인지, 커널의 일부인지는 운영체제마다 크게 다릅니다. 예를 들어 뮤텍스 잠금 및 잠금 해제 작업이 커널 시스템 콜에 직접 대응하는 경우가 있는 반면, 다른 시스템에서는 라이브러리가 대부분의 작업을 처리하고 스레드를 차단하거나 깨워야 할 때만 시스템을 호출합니다. 시스템 콜의 속도가 느릴 수 있기 때문에 경우에 따라 두 번째 방법이 더 효율적인 경향이 있습니다.

8.2 POSIX

POSIX는 pthreads로 더 잘 알려진 POSIX 스레드 확장의 일부분에서 동시성을 위한 데이터 유형과 함수를 다루고 있습니다. 실제로는 별도의 시스템 라이브러리인 `libpthread`에 포함됐지만, 요즘에는 이 기능이 `libc`에 직접 포함되는 경우가 많습니다.

스레드 생성 및 조인(`pthread_create` 및 `pthread_join`)과 같은 기능 외에도 `pthread`는 뮤텍스(`pthread_mutex_t`), 읽기/쓰기 잠금(`pthread_rwlock_t`), 조건 변수(`pthread_cond_t`) 등 가장 일반적인 동기화 원형을 포함합니다.

pthread_mutex_t

`pthread`의 뮤텍스는 `pthread_mutex_init()`을 호출해 초기화해야 하며, `pthread_mutex_destroy()`로 삭제해야 합니다. 초기화 함수는 뮤텍스의 일부 속성을 정의하는 데 사용되는 `pthread_mutexattr_t` 타입의 인수를 받습니다.

이러한 속성 중 하나는 이미 잠금을 획득한 동일한 스레드가 다시 잠그려고 시도할 때 발생하는 재귀적 잠금에 대한 동작을 정의하는 것입니다. 기본 설정(`PTHREAD_MUTEX_DEFAULT`)을 사용하면 정의되지 않은 동작이 발생하지만, 오류(`PTHREAD_MUTEX_ERRORCHECK`), 교착 상태(`PTHREAD_MUTEX_NORMAL`) 또는 두 번째 잠금 성공(`PTHREAD_MUTEX_RECURSIVE`)을 발생시키도록 구성할 수도 있습니다.

이러한 뮤텍스는 pthread_mutex_lock() 또는 pthread_mutex_trylock()을 통해 잠그고 pthread_mutex_unlock()을 통해 잠금을 해제할 수 있습니다. 또한 러스트의 표준 뮤텍스와 달리 시간 제한이 있는 잠금도 pthread_mutex_timedlock()을 통해 사용할 수 있습니다.

pthread_mutex_t는 pthread_mutex_init()를 호출하지 않고도 pthread_mutex_initizer의 값을 할당해 정적으로 초기화할 수 있습니다. 그러나 이는 기본 설정이 있는 뮤텍스에서만 가능합니다.

pthread_rwlock_t

pthread의 읽기/쓰기 잠금은 pthread_rwlock_init()로 초기화되고 pthread_rwlock_destroy()를 통해 삭제됩니다. 뮤텍스와 마찬가지로 기본 pthread_rwlock_t도 pthread_rwlock_initializer를 사용하여 정적으로 초기화할 수 있습니다.

pthread의 읽기/쓰기 잠금은 초기화 함수에서 사용할 수 있는 속성이 pthread 뮤텍스에 비해 훨씬 적습니다. 특히 재귀적으로 쓰기 잠금을 시도하면 항상 교착 상태가 발생합니다.

그러나 추가적인 읽기 잠금을 재귀적으로 획득하려는 시도는 대기 중인 작성자가 있더라도 성공할 수 있습니다. 이는 읽기보다 쓰기를 우선시하는 구현을 무시하기 때문에 대부분의 pthread 구현이 읽기에 더 높은 우선순위를 지정합니다.

이 인터페이스는 시간 제한을 지원한다는 점을 제외하면 pthread_mutex_t와 거의 동일하지만, 각 잠금 함수는 읽기용(pthread_rwlock_rdlock)과 쓰기용(pthread_rwlock_wrlock)의 두 가지 변형으로 제공됩니다. 하지만 두 종류의 잠금을 해제하는 데 사용되는 잠금 해제 함수는 단 하나(pthread_rwlock_unlock)뿐입니다.

pthread_cond_t

pthread 조건 변수는 pthread 뮤텍스와 함께 사용됩니다. 이 변수는 pthread_cond_init로 초기화되고 pthread_cond_destroy를 통해 삭제되며 구성할 수 있는 몇 가지 속성이 있습니다. 가장 주목할 만한 것은 시간제한에 단조증가 시계(예: 러스트의 Instant)를 사용할지, 실시간 시계(예: 러스트의 SystemTime, '벽시계 시간'이라고도 함)를 사용할지 설정할 수 있다는 점입니다. PTHREAD_COND_INITIALIZER에 의해 정적으로 초기화된 조건 변수처럼 기본 설정이 있는 조건 변수는 실시간 시계를 사용합니다.

시간 제한이 있을 수 있는 조건 변수를 기다리는 것은 pthread_cond_timedwait()를 통해 수행됩니다. 대기 중인 스레드를 깨우려면 pthread_cond_signal()을 호출합니다. 대기 중인 모든 스레드를 한 번에 깨운다면 pthread_cond_broadcast()를 호출하면 됩니다.

pthread가 제공하는 나머지 동기화 원형은 배리어(pthread_barrier_t), 스핀 락(pthread_spinlock_t), 일회성 초기화(pthread_once_t)이며 여기서는 자세히 다루지 않습니다.

8.2.1 러스트에서 libc 사용하기

다음과 같이 libc 크레이트를 통해 C 타입을 구조체로 감싸면 pthread 동기화 원형을 러스트에서 쉽게 접근할 수 있습니다.

```
pub struct Mutex {
    m: libc::pthread_mutex_t,
}
```

그러나 pthread의 타입은 러스트가 아닌 C용으로 설계되므로 문제가 발생할 수 있습니다.

러스트에는 가변성과 소유권 대여에 규칙이 있어 일반적으로 어떤 값이 공유될 때 그 값에 대한 변경을 허용하지 않습니다. pthread_mutex_lock과 같은 함수는 뮤텍스 내부의 값을 변경할 가능성이 높고, 이를 허용하기 위해 내부 가변성이 필요합니다. 따라서 이 함수를 UnsafeCell로 감싸야 합니다.

```
pub struct Mutex {
    m: UnsafeCell<libc::pthread_mutex_t>,
}
```

훨씬 더 큰 문제는 **소유권 이동**moving과 관련이 있습니다.

러스트에서는 항상 객체를 이동합니다. 예를 들어 함수에서 객체를 리턴하거나, 인수로 전달하거나, 새로운 위치에 객체를 할당합니다. 우리가 소유하고 있는 모든 것(다른 곳에서 빌린 것이 아닌)은 자유롭게 새로운 장소로 이동할 수 있습니다.

하지만 C에서는 그렇지 않습니다. 일반적으로 C에서 타입은 메모리 주소가 일정하게 유지되어야 합니다. 예를 들어 어떤 객체가 자기 자신을 가리키는 포인터를 포함하거나 전역 데이터 구조체에 자기 자신을 가리키는 포인터를 저장할 수 있습니다. 이 경우 객체를 새로운 위치로 이동하면 정의되지 않은 동작이 발생할 수 있습니다.

앞서 설명한 pthread 타입은 이동이 항상 가능한 것은 아니기 때문에, 이는 러스트에서 상당히 문제가 됩니다. 많이 쓰이는 Mutex::new() 함수조차도 문제가 됩니다. 이 함수는 뮤텍스 객체를 리턴하고, 이 객체는 메모리의 새로운 위치로 이동합니다.

사용자는 언제든지 자신이 소유한 뮤텍스 객체를 이동할 수 있어서 인터페이스를 언세이프하게 만들거나, 사용자로부터 객체를 이동시키지 않겠다고 약속하거나, 소유권을 없애고 모든 것을 std::pin::Pin과 같은 래퍼에 숨겨야 합니다. 이 두 가지 방법 모두 뮤텍스 타입의 인터페이스에 영향을 주게 됩니다. 하지만 이 방법은 오류가 발생하기 쉽고 사용하기 불편해지기 때문에 좋은 해결책이 아닙니다.

이 문제를 해결하는 방법은 뮤텍스를 Box로 감싸는 것입니다. pthread 뮤텍스를 자체 메모리에 할당하면 소유권이 이동하더라도 같은 메모리 주소가 유지됩니다.

```
pub struct Mutex {
    m: Box<UnsafeCell<libc::pthread_mutex_t>>,
}
```

> **NOTE_** 러스트 1.62 이전의 모든 유닉스 운영체제에서 std::sync::Mutex는 이렇게 구현되었습니다.

이 접근 방식의 단점은 오버헤드입니다. 이제 모든 뮤텍스가 자체 메모리를 할당하기 때문에 뮤텍스를 생성, 삭제, 그리고 사용하는 데 상당한 오버헤드가 추가됩니다. 또 다른 단점은 new 함수가 const가 될 수 없어서 static 뮤텍스를 사용할 수 없다는 것입니다.

만일 pthread_mutex_t의 소유권을 이동할 수 있더라도, const fn new는 기본값으로만 객체를 초기화하기 때문에 락을 재귀적으로 잠글 때 정의되지 않은 동작이 발생합니다. 재귀적으로 잠그는 것을 방지하는 안전한 인터페이스를 설계할 방법이 없기 때문에 잠금 함수를 언세이프하게 만들어 사용자가 재귀 잠금을 사용하지 않게끔 해야 합니다.

Box를 사용한 접근 방식에서 여전히 남아있는 문제는 잠긴 뮤텍스를 삭제할 때입니다. 설계가 올바르게 되어 있다면 MutexGuard에게 소유권을 대여한 상태이므로 잠금 상태의 뮤텍스를 삭제할 수 없습니다. 먼저 뮤텍스 가드를 삭제해서 뮤텍스의 잠금을 해제해야 합니다. 하지만 러스트에서는 개체를 삭제하지 않고도 잊어버려도(또는 유출해도) 안전합니다. 즉, 다음과 같은 코드를 작성할 수 있습니다.

```
fn main() {
    let m = Mutex::new(..);
    let guard = m.lock(); // 잠금
    std::mem::forget(guard); // 하지만 잠금을 해제하지는 않음
}
```

위의 예제에서는 잠금 상태의 m이 범위의 끝에서 삭제됩니다. 가드가 유출되어 더 이상 사용할 수 없어서 러스트 컴파일러는 이것을 안전하다고 판단합니다.

그러나 pthread는 잠긴 뮤텍스에서 pthread_mutex_destroy()를 호출하는 경우 올바르게 작동하지 않을 수 있고, 정의되지 않은 동작이 발생할 수 있다고 명시하고 있습니다. 한 가지 해결 방법은 뮤텍스를 삭제할 때 먼저 pthread 뮤텍스를 잠그고(그리고 잠금을 해제하고), 이미 잠겨 있으면 패닉을 일으키거나 Box를 유출합니다. 하지만 이렇게 하면 오버헤드가 훨씬 더 늘어납니다.

이러한 문제는 pthread_mutex_t뿐만 아니라 앞서 설명한 다른 경우에도 적용됩니다. 전반적으로 pthread 동기화 원형의 설계는 C에는 적합하지만 러스트에는 적합하지 않습니다.

8.3 리눅스

리눅스 시스템에서 pthread 동기화 원형은 모두 **퓨텍스**futex 시스템 콜을 사용해 구현됩니다. 이 시스템 콜을 추가한 원래 목적은 pthread 구현과 같은 다른 라이브러리에서 빠르고 효율적인 뮤텍스 구현을 사용할 수 있도록 하기 위한 것이었습니다. 이런 이유에서 '빠른 사용자 공간 뮤텍스fast user-space mutex'라는 이름을 붙였습니다. 퓨텍스는 매우 유연하며 다양한 동기화 도구를 구축하는 데 사용합니다.

퓨텍스 시스템 콜은 2003년에 리눅스 커널에 추가되었고 그 이후로 몇 가지 개선과 확장이 있었습니다. 이후 다른 운영체제에서도 유사한 기능이 추가되었습니다. 특히 2012년 윈도우 8에는 WaitOnAddress가 추가되었습니다(이 기능에 대한 더 자세한 내용은 8.5절에서 설명합니다). 2020년에는 C++ 언어에 atomic_wait 및 atomic_notify 함수가 추가되어 표준 라이브러리에 기본적인 퓨텍스와 비슷한 연산을 지원하기 시작했습니다.

8.3.1 퓨텍스

리눅스에서 SYS_futex는 32비트 아토믹 정수에 대해 작동하는 다양한 여사을 구현하는 시스템 콜입니다. 두 가지 주요 연산은 FUTEX_WAIT와 FUTEX_WAKE입니다. **대기**wait 연산은 스레드를 잠자기 상태로 전환하고, 동일한 아토믹 변수에 대한 **깨우기**wake 연산은 스레드를 다시 활성화합니다.

이러한 연산은 아토믹 정수에 아무것도 저장하지 않습니다. 대신 커널은 어떤 스레드가 어떤 메모리 주소에서 대기 중인지 기억해서 깨우기 연산이 올바른 스레드를 깨울 수 있도록 합니다.

1.8절에서 경합으로 인해 스레드가 차단 또는 깨우기 신호를 놓치지 않도록 해야 한다고 했습니다. 스레드 파킹의 경우 이 문제는 unpark() 연산이 향후 park() 연산에도 적용되도록 해서 해결되었습니다. 조건 변수의 경우 조건 변수와 함께 사용되는 뮤텍스가 이를 처리합니다.

퓨텍스의 대기 및 깨우기 연산에는 다른 방식이 사용됩니다. 대기 연산은 아토믹 변수가 가질 것으로 예상되는 값을 인수로 받고, 이 값이 일치하지 않으면 차단하지 않습니다. 대기 연산은 깨우기 연산에 대해 아토믹하게 작동하기 때문에 예상 값을 확인하는 시점과 실제로 잠자기 상태가 되는 시점 사이에 깨우기 신호가 사라지지 않습니다.

깨우기 작업 직전에 아토믹 변수의 값이 변경되는지 확인하면 대기를 시작하려는 스레드가 잠자기 상태가 되지 않도록 할 수 있어서 퓨텍스의 깨우기 연산은 더 이상 누락되지 않습니다.

이를 실제로 확인하기 위해 간단한 예제를 살펴보겠습니다.

먼저 이러한 시스템 콜을 사용할 수 있어야 하기 때문에 libc 크레이트의 syscall 함수를 사용해[1] 각각을 다음과 같이 함수로 감싸면 됩니다.

----

[1] 옮긴이_ 'cargo add libc'로 의존성을 추가하면 됩니다.

```
#[cfg(not(target_os = "linux"))]
compile_error!("Linux only. Sorry!");

pub fn wait(a: &AtomicU32, expected: u32) {
    // futex (2)의 man 페이지에서 syscall의 함수 정의를 확인하세요.
    unsafe {
        libc::syscall(
            libc::SYS_futex,       // futex 시스템 콜
            a as *const AtomicU32, // 작업할 아토믹 변수
            libc::FUTEX_WAIT,      // futex 연산
            expected, // 예상되는 결과
            std::ptr::null::<libc::timespec>(), // 시간 제한 없음
        );
    }
}

pub fn wake_one(a: &AtomicU32) {
    // futex (2)의 man 페이지에서 syscall의 함수 정의를 확인하세요
    unsafe {
        libc::syscall(
            libc::SYS_futex,       // futex 시스템 콜
            a as *const AtomicU32, // 작업할 아토믹 변수
            libc::FUTEX_WAKE,      // futex 연산
            1,                     // 깨울 스레드 수
        );
    }
}
```

실제 사용 예제로 스레드가 다른 스레드를 대기하도록 만들어봅니다. 0으로 초기화되는 아토믹 변수를 사용해 메인 스레드가 퓨텍스의 대기 연산을 사용합니다. 두 번째 스레드는 이 변수를 1로 변경한 다음 이 변수에 대해 퓨텍스의 깨우기 연산을 실행해 메인 스레드를 깨웁니다.

조건 변수에 대한 스레드 파킹 및 대기와 마찬가지로, 퓨텍스 대기 연산은 아무 일도 일어나지 않았는데도 거짓으로 스레드를 깨울 수 있습니다. 따라서 조건이 아직 충족되지 않은 경우에 계속 대기하는 루프를 만들 때 가장 많이 사용됩니다.

아래 예시를 살펴보겠습니다.

```
fn main() {
    let a = AtomicU32::new(0);
```

```
thread::scope(|s| {
    s.spawn(|| {
        thread::sleep(Duration::from_secs(3));
        a.store(1, Relaxed); ①
        wake_one(&a); ②
    });
    println!("Waiting...");
    while a.load(Relaxed) == 0 { ③
        wait(&a, 0); ④
    }
    println!("Done!");
});
}
```

① 생성된 스레드는 몇 초 후에 아토믹 변수를 1로 설정합니다.

② 그런 다음 잠자기 상태의 메인 스레드를 깨우기 위해 퓨텍스의 깨우기 연산을 실행해 변수가 변경된 것을 확인할 수 있도록 합니다.

③ 메인 스레드는 마지막 메시지를 출력하기 전, 변수가 0인 동안에는 계속 대기합니다.

④ 퓨텍스의 대기 연산은 스레드를 잠자기 상태로 전환하는 데 사용됩니다. 여기서 중요한 점은 이 연산이 스레드를 잠자기 상태로 전환하기 전에 a가 여전히 0인지 확인한다는 것입니다. 이는 생성된 스레드의 신호가 ③과 ④ 사이에서 손실되지 않도록 하는 이유가 되기도 합니다. ①과 ②가 아직 발생하지 않아 스레드가 잠자기 상태가 되거나, ①와 ②가 이미 발생한 경우에는 즉시 다음 단계로 진행합니다.

여기서 주목해야 할 점은 while 루프 이전에 a가 이미 1로 설정된 경우 대기 호출이 전혀 사용되지 않을 수 있다는 점입니다. 비슷한 맥락에서, 메인 스레드가 신호를 기다리기 시작했는지 여부를 아토믹 변수에 0이나 1이 아닌 다른 값으로 저장했다고 생각해보겠습니다. 메인 스레드가 아직 대기 중이 아니라면 신호를 보내는 스레드는 퓨텍스의 깨우기 연산을 생략할 수 있습니다. 이것이 바로 퓨텍스 기반 동기화 원형이 매우 빠른 이유입니다. 상태를 직접 관리하기 때문에 실제로 차단해야 할 때를 제외하고는 커널에 의존할 필요가 없습니다.

> **NOTE_** 러스트 1.48부터 리눅스에서 표준 라이브러리의 스레드 파킹 함수는 다음과 같이 구현됩니다. 스레드당 하나의 아토믹 변수를 사용하며, 유휴 상태와 초기 상태는 0으로, '파킹되었지만 아직 파킹되지 않은 상태'는 1로, '파킹되었지만 아직 파킹 해제되지 않은 상태'는 −1의 세 가지 상태를 사용할 수 있습니다.

9장에서 이러한 연산을 사용하여 뮤텍스, 조건 변수, 읽기/쓰기 잠금을 구현해보겠습니다.

8.3.2 퓨텍스 연산

대기와 깨우기 작업 외에도 몇 가지 다른 퓨텍스 시스템 콜 연산이 있습니다. 이번 절에서는 이 시스템 콜이 지원하는 모든 연산에 대해 간략하게 설명하겠습니다.

퓨텍스의 첫 번째 인수는 항상 연산하고자 하는 32비트 아토믹 변수에 대한 포인터입니다. 두 번째 인수는 FUTEX_WAIT와 같이 연산을 나타내는 상수인데 최대 2개의 플래그를 추가할 수 있습니다. 플래그는 FUTEX_PRIVATE_FLAG, FUTEX_CLOCK_REALTIME이 있습니다. 나머지 인수는 연산에 따라 달라집니다.

FUTEX_WAIT

이 연산에는 아토믹 변수가 가질 것으로 예상되는 값과 대기할 최대 시간을 나타내는 timepec에 대한 포인터가 필요합니다.

아토믹 변수의 값이 예상되는 값과 같으면 깨우기 연산 중 하나에 의해 깨어나거나 timespec에 지정된 시간이 지날 때까지 대기 연산은 다른 스레드를 차단합니다. timepec 에 대한 포인터가 null이면 시간 제한이 없습니다. 또한 대기 연산은 시간 제한이 지나기 전에 해당 깨우기 연산 없이 거짓으로 깨어났다가 돌아올 수 있습니다.

확인 및 차단 연산은 다른 퓨텍스 연산에 대해 단일 아토믹 연산으로 이루어지기 때문에 그 사이에 깨우기 신호가 손실되지 않습니다.

timespec에 지정된 시간은 기본적으로 단조 시계(예: 러스트의 Instant)에서의 시간을 나타냅니다. FUTEX_CLOCK_REALTIME 플래그를 추가하면 실시간 시계(예: 러스트의 SystemTime)가 대신 사용됩니다.

리턴값은 예상 값과 일치하는지 여부와 타임아웃에 도달했는지 여부를 나타냅니다.

FUTEX_WAKE

이 연산은 i32타입의 깨우고자 하는 스레드 수를 인수로 하나 더 받습니다.

이 함수는 동일한 아토믹 변수에 대한 대기 연산에서 차단된 지정된 수만큼의 스레드를 깨웁니다. (또는 대기 중인 스레드가 많지 않은 경우 더 적은 수) 하나의 스레드만 깨우려면 1을, 모든 스레드를 깨우려면 i32::MAX를 사용합니다.

깨어난 스레드 수가 리턴됩니다.

FUTEX_WAIT_BITSET

이 연산에는 아토믹 변수가 가질 것으로 예상되는 값, 대기할 최대 시간을 나타내는 timepec 포인터, 무시되는 포인터, 32비트 '비트셋'(u32)의 네 가지 추가 인수가 필요합니다.

이 연산은 두 가지 차이점이 있지만 FUTEX_WAIT과 동일하게 동작합니다.

첫 번째 차이점은 동일한 아토믹 변수에 대한 모든 깨우기 연산이 아니라 특정 깨우기 연산만 기다리는 데 사용할 수 있는 비트셋 인수를 받는다는 점입니다. FUTEX_WAKE 연산은 무시되지 않지만, 대기 비트셋[bitset]과 깨우기 비트셋이 1비트 값을 공통으로 가지고 있지 않은 경우 FUTEX_WAKE_BITSET 연산의 신호는 무시됩니다.

예를 들어 비트셋이 0b0101인 FUTEX_WAKE_BITSET 연산은 비트셋이 0b1100인 FUTEX_WAIT_BITSET 연산을 깨우지만, 비트셋이 0b0010인 연산은 깨우지 않습니다.

이는 읽기/쓰기 잠금과 같은 것을 구현할 때 값을 읽는 스레드를 깨우지 않고 값을 쓰는 스레드를 깨우는 데 유용할 수 있습니다. 그러나 커널은 아토믹 변수당 하나의 대기열을 유지하기 때문에 두 개의 개별 아토믹 변수를 사용하는 것이 두 가지 종류의 대기열에 대해 하나의 아토믹 변수를 사용하는 것보다 더 효율적일 수 있습니다.

FUTEX_WAIT와의 또 다른 차이점은 timespec이 지속 시간이 아닌 절대값인 타임스탬프로 사용된다는 것입니다. 이 때문에 FUTEX_WAIT_BITSET은 종종 u32::MAX(모든 비트가 설정됨)의 비트셋과 함께 사용되며, 이 경우는 사실상 일반 FUTEX_WAIT 연산과 같지만 시간 제한에 타임스탬프가 사용됩니다.

FUTEX_WAKE_BITSET

이 연산에는 깨울 스레드 수, 무시되는 포인터 2개, 32비트 '비트셋'(u32)의 인수 4개가 필요합니다.

이 연산은 겹치지 않는 비트셋으로 FUTEX_WAIT_BITSET 연산을 깨우지 않는다는 점을 제외하면 FUTEX_WAKE와 동일합니다(위의 FUTEX_WAIT_BITSET 참조).

비트셋이 u32::MAX(모든 비트가 설정됨)인 경우 FUTEX_WAKE와 동일하게 동작합니다.

FUTEX_REQUEUE

이 연산에는 깨울 스레드 수(i32), 큐에 대기할 스레드 수(i32), 두 번째 아토믹 변수의 주소의 세 가지 추가 인수가 필요합니다.

이 연산은 지정된 수의 대기 중인 스레드를 깨운 다음 지정된 수의 나머지 대기 중인 스레드를 다른 아토믹 변수를 대신 기다리도록 합니다.

다른 변수를 기다리는 스레드는 계속 대기하지만 더 이상 기본 아토믹 변수에 대한 깨우기 연산에 영향을 받지 않습니다. 대신, 이제 두 번째 아토믹 변수에 대한 깨우기 연산에 의해 깨어납니다.

이는 조건 변수의 '모두 알림' 연산과 같은 것을 구현할 때 유용합니다. 모든 스레드를 깨우고 이후 뮤텍스를 잠그려고 시도할 때 한 스레드를 제외한 모든 스레드가 해당 뮤텍스를 바로 기다리게 하는 대신, 하나의 스레드만 깨우고 다른 모든 스레드를 큐에 넣어 뮤텍스를 직접 기다리도록 할 수 있습니다.

FUTEX_WAKE 연산과 마찬가지로, i32::MAX 값을 사용하면 대기 중인 모든 스레드를 큐에 넣을 수 있습니다(깨울 스레드 수에 i32::MAX 값을 지정하는 것은 이 연산이 FUTEX_WAKE와 동일하게 되므로 그다지 유용하지 않습니다).

깨어난 스레드 수가 리턴됩니다.

FUTEX_CMP_REQUEUE

이 연산에는 깨울 스레드 수(i32), 큐에 대기할 스레드 수(i32), 두 번째 아토믹 변수의 주소, 기본 아토믹 변수가 가질 것으로 예상되는 값의 네 가지 추가 인수가 필요합니다.

이 연산은 기본 아토믹 변수의 값이 예상 값과 일치하지 않는 경우 연산을 거부한다는 점을 제외하면 FUTEX_REQUEUE와 거의 동일합니다. 값 확인과 다시 큐에 넣는 연산은 다른 퓨텍스 연산에 대해 아토믹하게 이루어집니다.

FUTEX_REQUEUE와 달리, 이 연산은 깨어난 스레드와 다시 대기 상태가 된 스레드의 수를 합한 값을 리턴합니다.

FUTEX_WAKE_OP

이 연산에는 주 아토믹 변수에서 깨울 스레드 수(i32), 두 번째 아토믹 변수에서 깨울 가능성이 있는 스레드 수(i32), 두 번째 아토믹 변수의 주소, 연산과 비교를 모두 인코딩한 32비트 값의 네 가지 추가 인수가 필요합니다.

이는 매우 특수한 연산으로, 두 번째 아토믹 변수를 변경하고, 기본 아토믹 변수에서 대기 중인 여러 스레드를 깨우고, 아토믹 변수의 이전 값이 주어진 조건과 일치하는지 확인하고, 일치하는 경우 두 번째 아토믹 변수에 있는 여러 스레드도 깨우게 됩니다.

즉, 전체 연산이 다른 퓨텍스 연산에 대해 아토믹하게 동작한다는 점을 제외하면 다음 코드와 동일합니다.

```
let old = atomic2.fetch_update(Relaxed, Relaxed, some_operation);
wake(atomic1, N);
if some_condition(old) {
    wake(atomic2, M);
}
```

수행할 변경 연산과 확인할 조건은 모두 32비트로 인코딩된 마지막 인수에 의해 지정됩니다. 연산은 12비트의 인수 또는 2의 거듭제곱인 32비트 인수를 사용해서 할당, 덧셈, 이진 or, 이진 and-not, 이진 xor 중 하나가 될 수 있습니다. 비교는 ==, !=, <, <=, >, >= 중에서 선택할 수 있으며, 12비트 인수를 사용할 수 있습니다.

이 인수의 인코딩에 대한 자세한 내용은 리눅스의 futex(2) 매뉴얼을 참조하세요. 이 인수를 편리하게 구성하는 방법이 포함된 crates.io의 linux-futex 크레이트를 사용하는 것도 좋은 방법입니다.

이 연산은 깨어난 스레드의 총 수를 리턴합니다.

언뜻 보기에는 많은 사용 사례를 가진 유연한 연산처럼 보일 수 있지만 이 연산은 두 개의 개별 아토믹 변수에서 두 개의 스레드를 깨워야 하는 GNU libc의 특정 사용 사례 하나만을 위해 설계되었습니다. 이 특정 사례는 더 이상 FUTEX_WAKE_OP를 사용하지 않는 다른 구현으로 대체되었습니다.

동일한 아토믹 변수에 대한 모든 퓨텍스 연산이 동일한 프로세스의 스레드에서 실행되는 경우, 일반적으로 이러한 연산에 FUTEX_PRIVATE_FLAG를 추가하여 최적화할 수 있습니다. 이 기능을 사용하려면 모든 관련 퓨텍스 연산에 동일한 플래그가 있어야 합니다. 커널이 다른 프로세스와의 상호작용이 없다고 가정하면 퓨텍스 연산을 수행할 때 비용이 많이 들 것으로 예상되는 몇 가지 단계를 건너뛸 수 있어서 성능이 향상됩니다.

리눅스 외에도 NetBSD는 위에서 설명한 모든 퓨텍스 연산을 지원합니다. OpenBSD에도 퓨텍스 시스템 콜이 있지만 FUTEX_WAIT, FUTEX_WAKE, FUTEX_REQUEUE 연산만 지원합니다. FreeBSD에는 네이티브 퓨텍스 시스템 콜이 없지만 _umtx_op라는 시스템 콜이 포함되어 있으며, 이 시스템 콜에는 거의 동일한 연산인 UMTX_OP_WAIT(64비트 아토믹), UMTX_OP_WAIT_UINT(32비트 아토믹)과 UMTX_OP_WAKE이 포함되어 있습니다. 윈도우에는 이 장의 뒷부분에서 설명할 퓨텍스 대기 및 깨우기 연산과 매우 비슷하게 동작하는 함수도 포함되어 있습니다.

> ### 새로운 퓨텍스 연산
>
> 2022년에 릴리즈된 리눅스 5.16부터 futex_waitv라는 퓨텍스 시스템 콜이 추가되었습니다. 이 새로운 시스템 콜은 대기할 아토믹 변수와 예상되는 값의 목록을 제공해 한 번에 두 개 이상의 퓨텍스를 기다릴 수 있습니다. futex_waitv에서 차단된 스레드는 지정된 변수에 대한 깨우기 연산으로 깨울 수 있습니다.
>
> 이 새로운 시스템 콜은 향후 확장을 위한 여지도 남겨둡니다. 예를 들어, 대기할 아토믹 변수의 크기를 지정할 수 있습니다. 초기 구현에서는 원래의 퓨텍스 시스템 콜과 마찬가지로 32비트 아토믹만 지원하지만, 향후 8비트, 16비트, 64비트 아토믹을 포함하도록 확장될 수 있습니다.

8.3.3 우선순위 상속 퓨텍스 연산

우선순위 역전은 우선순위가 낮은 스레드가 보유한 잠금이 우선순위가 높은 스레드를 차단할 때 발생하는 문제입니다. 우선순위가 높은 스레드는 낮은 스레드가 잠금을 해제할 때까지 기다려야만 작업을 진행할 수 있기 때문에 사실상 우선순위가 '역전'된 상태입니다.

이 문제에 대한 해결책은 우선순위 상속으로, 다른 스레드를 차단하고 있는 스레드가 대기 중인 스레드 중 가장 높은 우선순위의 스레드의 우선순위를 상속받아서 잠금을 획득한 동안 낮은 우선순위 스레드의 우선순위를 일시적으로 높이는 것입니다.

앞서 설명한 7가지 퓨텍스 연산 외에도, 우선순위 상속 잠금을 구현하기 위해 특별히 설계된 6가지 우선순위 상속 퓨텍스 연산이 있습니다.

앞서 설명한 일반적인 퓨텍스 연산에는 아토믹 변수의 값에 대한 정확한 요구 사항이 없습니다. 32비트가 무엇을 나타내는지는 우리가 직접 선택해야 합니다. 그러나 우선순위 상속 뮤텍스의 경우, 커널은 뮤텍스가 잠겼는지, 잠겼다면 어떤 스레드가 잠겼는지 파악할 수 있어야 합니다.

상태가 변경될 때마다 시스템 콜이 발생하지 않도록 우선순위 상속 퓨텍스 연산은 커널이 이해할 수 있는 32비트 아토믹 변수의 값에 대해 정확한 내용을 명시합니다. 가장 높은 비트는 뮤텍스 잠금을 대기 중인 스레드가 있는지를 나타내고, 가장 낮은 30비트에는 잠금을 보유한 스레드의 식별자(러스트의 ThreadId가 아닌 리눅스의 tid)를 포함하거나 잠금이 해제되면 0을 포함합니다.

또한 커널은 잠금을 기다리고 있는 스레드가 있는데도 잠금을 보유한 스레드가 잠금을 해제하지 않고 종료되는 경우, 두 번째로 높은 비트를 설정합니다. 이를 통해 뮤텍스가 예외 상황에 더 잘 대처할 수 있습니다. 잠금을 '소유한' 스레드가 예기치 않게 종료되는 상황을 매끄럽게 처리할 수 있는 뮤텍스를 **강건하다**^{robust}라고 합니다.

우선순위 상속 뮤텍스 연산은 표준 뮤텍스 연산과 일대일로 대응됩니다. 잠금을 위한 FUTEX_LOCK_PI, 잠금 해제를 위한 FUTEX_UNLOCK_PI, 차단 없는 잠금을 위한 FUTEX_TRYLOCK_PI입니다. 또한 FUTEX_CMP_REQUEUE_PI와 FUTEX_WAIT_REQUEUE_PI 연산은 우선순위 상속 뮤텍스에 대응되는 조건 변수를 구현하는 데 사용할 수 있습니다.

이러한 연산에 대해서는 자세히 설명하지 않겠습니다. 자세한 내용은 futex(2) 리눅스 매뉴얼 페이지 또는 crates.io의 linux-futex 크레이트를 참조하세요.

8.4 맥OS

맥OS의 커널은 다양하고 유용한 저수준 동시성 관련 시스템 콜을 지원합니다. 그러나 대부분의 운영체제와 마찬가지로 커널 인터페이스를 직접 사용하는 것은 바람직하지 않습니다.

소프트웨어가 맥OS 커널과 통신하는 유일한 방법은 시스템과 함께 제공되는 라이브러리를 이용하는 것입니다. 이러한 라이브러리에는 C(libc), C++(libc++), Objective-C와 스위프트에 대한 표준 라이브러리 구현 등이 있습니다.

POSIX 호환 유닉스 시스템인 맥OS의 C 라이브러리에는 전체 pthread 구현이 포함되어 있습니다. 다른 언어의 표준 잠금은 내부적으로 pthread의 원형을 사용하는 경우가 많습니다.

다른 운영체제에 비해 맥OS에서는 pthread의 잠금 속도가 상대적으로 느린 경향이 있습니다. 그 이유 중 하나는 맥OS에서는 **두 개의 잠금이 한 쌍으로**^{fair locks} 작동하기 때문입니다. 즉, 여러 스레드가 동일한 뮤텍스를 잠그려고 시도할 때, 정확하게 도착한 순서대로 잠금을 획득할 수 있습니다. 스레드를 공평하게 처리하는 것은 좋은 방법일 수 있지만, 경합이 심할 경우에는 성능이 크게 저하될 수 있습니다.

8.4.1 os_unfair_lock

맥OS 10.12에서는 pthread 원형에 이어 새로운 경량 플랫폼 전용 뮤텍스가 도입되었는데, 이 뮤텍스는 스레드를 공평하게 다루지 않습니다. 이 뮤텍스는 크기가 32비트에 불과하고 OS_UNFAIR_LOCK_INIT 상수로 정적으로 초기화되며 삭제할 필요가 없습니다. 스레드를 차단하는 os_unfair_lock_lock() 또는 차단하지 않는 os_unfair_lock_try_lock()을 통해 뮤텍스를 잠글 수 있으며, os_unfair_lock_unlock()을 통해 잠금을 해제할 수 있습니다.

안타깝게도 조건 변수와 함께 사용할 수 없고 읽기/쓰기 변형도 없습니다.

8.5 윈도우

윈도우 운영체제에는 64비트 시스템에서도 흔히 'Win32 API'라고 불리는 윈도우 API를 구성하는 라이브러리 세트가 함께 제공됩니다. 거의 문서화되지 않은 커널 인터페이스인 '네이티브 API'기 때문에 직접 사용하지 않고 한 단계 위에 추가적인 단계가 필요합니다.

러스트에서는 윈도우 API를 마이크로소프트의 공식 `windows` 및 `windows-sys` 크레이트를 crates.io에서 다운로드해서 사용할 수 있습니다.

8.5.1 무거운 커널 객체

윈도우의 오래된 동기화 원형은 커널이 완전히 관리하므로 상당히 무겁고, 커널이 관리하는 파일과 같은 객체들과 비슷한 속성을 가집니다. 여러 프로세스에서 사용할 수 있고, 이름을 지정하여 찾을 수 있으며, 파일과 마찬가지로 세분화된 권한이 지원됩니다. 예를 들어 프로세스가 다른 프로세스를 깨우기 위해 신호를 보내지 않고 특정 객체를 기다리도록 할 수 있습니다.

커널이 관리하는 이러한 강력한 동기화 객체에는 `Mutex`(잠그고 잠금 해제할 수 있음), `Event`(신호를 보내고 대기할 수 있음), `WaitableTimer`(선택한 시간 이후 또는 주기적으로 자동으로 신호를 보낼 수 있음) 등이 있습니다. 이러한 객체를 생성하면 파일을 열 때와 마찬가지로 쉽게 전달하고 사용할 수 있는 `HANDLE`이 생성됩니다. 이 핸들에는 대기 함수 종류가 가장 많이 사용됩니다. 이러한 함수를 사용하면 무거운 동기화 원형, 프로세스, 스레드 및 다양한 형태의 I/O를 포함한 다양한 종류의 객체를 기다릴 수 있습니다.

8.5.2 가벼운 커널 객체

윈도우 API에 포함된 더 가벼운 동기화 원형은 '임계 영역'입니다.

임계 영역critical section이라는 용어는 둘 이상의 스레드가 동시에 진입할 수 없는 프로그램의 일부, 즉 코드의 '영역'을 의미합니다. 임계 영역을 보호하는 메커니즘을 흔히 뮤텍스라고 합니다. 마이크로소프트는 이 메커니즘에 '임계 영역'이라는 이름을 사용했는데, 아마도 위에서 설명한 무거운 뮤텍스 객체가 이미 '뮤텍스'라는 이름을 사용하고 있기 때문일 것입니다.

윈도우의 `CRITICAL_SECTION`은 '잠금'이나 '잠금 해제' 대신 '입력'과 '종료'라는 용어를 사용한다는 점을 제외하면 사실상 **재귀 뮤텍스**recursive mutex와 같습니다. 재귀 뮤텍스는 다른 스레드에 대해서만 보호하도록 설계되었습니다. 동일한 스레드가 두 번 이상 잠그거나 '진입'하는 것을 허용하기 때문에 잠금과 같은 횟수만큼 잠금을 해제(탈출)해야 합니다.

이 타입을 러스트로 감싸는 경우 이 점을 염두에 두어야 합니다. CRITICAL_SECTION을 성공적으로 잠그는(진입하는) 경우 해당 영역이 보호하는 데이터에 대한 독점적 레퍼런스(&mut T)가 만들어져서는 안 됩니다. 스레드가 동일한 데이터에 대한 두 개의 독점적 레퍼런스를 생성하면 즉시 정의되지 않은 동작을 일으킬 수 있습니다.

CRITICAL_SECTION은 InitializeCriticalSection() 함수를 사용하여 초기화되고 DeleteCriticalSection()으로 삭제되며 다른 스레드로 이동되지 않습니다. EnterCriticalSection() 또는 TryEnterCriticalSection()을 통해 잠금 상태가 되고 LeaveCriticalSection()으로 잠금이 해제됩니다.

> **NOTE_** 러스트 1.51까지, 윈도우 XP의 std::sync::Mutex는 박스에 할당된 CRITICAL_SECTION 객체를 기반으로 했습니다. 러스트 1.51에서는 Windows XP에 대한 지원이 중단되었습니다.

슬림 읽기/쓰기 잠금

윈도우 비스타와 윈도우 서버 2008부터 윈도우 API에는 **슬림 읽기/쓰기 잠금**^{slim reader-writer lock}, 줄여서 **SRW 잠금**이라는 매우 가벼운 잠금 원형이 포함되어 있습니다.

SRWLOCK 타입은 크기가 포인터 하나에 불과하기 때문에 SRWLOCK_INIT으로 정적으로 초기화할 수 있으며 나중에 별도로 삭제할 필요가 없습니다. 사용하지 않는(대여된) 동안에는 다른 스레드로 이동도 가능하기 때문에 러스트 타입으로 감싸기에 매우 적합합니다.

쓰기 연산에 관해서는 AcquireSRWLockExclusive(), TryAcquireSRWLockExclusive()을 사용해 독점적 잠금 상태를 만들고 ReleaseSRWLockExclusive()를 통해 잠금을 해제할 수 있습니다. 읽기 연산은 AcquireSRWLockShared(), TryAcquireSRWLockShared()로 공유 잠금 상태로 만들고 ReleaseSRWLockShared()를 통해 잠금 상태를 해제합니다. 공유된 읽기 잠금 기능을 무시하고 일반 뮤텍스처럼 사용하는 경우도 많습니다.

SRW 잠금은 쓰기나 읽기 중 어느 쪽에도 우선순위를 두지 않습니다. 보장되지는 않지만, 성능 저하 없이 가능한 한 모든 잠금 요청을 순서대로 처리하려고 시도합니다. 이미 공유 읽기 잠금이 있는 스레드에 대해 두 번째 공유 읽기 잠금을 획득하려고 시도해서는 안 됩니다. 그렇게 하면 첫 번째 스레드의 공유 읽기 잠금으로 인해 차단되는 다른 스레드의 독점적 쓰기 잠금 연산 이후의 연산이 큐에 대기하게 되고, 이로 인해 영구적인 교착 상태가 발생할 수 있습니다.

SRW 잠금은 조건 변수와 함께 윈도우 API에 도입되었습니다. SRW 잠금과 마찬가지로 조건 변수는 크기가 포인터 하나에 불과하고, `CONDITION_VARIABLE_INIT`으로 정적으로 초기화할 수 있으며, 삭제할 필요가 없습니다. 또한 사용 중(대여 상태)이 아니라면 이동하는 것도 허용됩니다.

이 조건 변수는 `SleepConditionVariableSRW`를 통해 SRW 잠금과 함께 사용할 수 있을 뿐만 아니라 `SleepConditionVariableCS`를 통해 중요 영역에도 사용할 수 있습니다.

대기 중인 단일 스레드를 깨우려면 `WakeConditionVariable`를 사용하고, 모든 대기 중인 스레드를 깨우려면 `WakeAllConditionVariable`을 사용하면 됩니다.

> **NOTE_** 원래 표준 라이브러리에서 사용되는 윈도우 SRW 잠금과 조건 변수는 객체의 이동을 막기 위해 Box로 감싸져 있었습니다. 마이크로소프트는 2020년에 우리가 요청하기 전까지 객체의 이동성이 보장된다는 것을 문서화하지 않았습니다. 그 이후 러스트 1.49부터 윈도우 비스타 이상에서 `std::sync::Mutex`, `std::sync::RwLock`, `std::sync::Condvar`는 Box 할당 없이 SRWLOCK 또는 `CONDITION_VARIABLE`을 직접 감싸고 있습니다.

8.5.3 주소 기반 대기 방법

윈도우 8과 윈도우 서버 2012에는 8장의 앞부분에서 설명한 리눅스의 FUTEX_WAIT과 FUTEX_WAKE 연산과 매우 비슷한 더 유연한 동기화 기능이 도입되었습니다.

`WaitOnAddress` 함수는 8비트, 16비트, 32비트 또는 64비트 아토믹 변수에 대해 작동합니다. 이 함수에는 아토믹 변수의 주소, 예상 값을 보유한 변수의 주소, 아토믹 변수의 크기(바이트), 중단하기 전까지 대기할 최대 시간(밀리초), 또는 시간 제한이 없는 경우 u32::MAX의 네 가지 인수가 필요합니다.

FUTEX_WAIT 연산과 마찬가지로 아토믹 변수의 값을 예상 값과 비교해서 일치하면 잠자기 상태가 되어 깨우기 연산을 기다립니다. 확인과 대기 연산은 깨우기 연산에 대해 아토믹하게 이루어지므로 그 사이에 깨우기 신호가 손실되지 않습니다.

잠자기 상태의 단일 스레드를 깨우려면 WakeByAddressSingle을, 대기 중인 모든 스레드를 깨우려면 WakeByAddressAll을 사용합니다. 이 두 함수는 아토믹 변수의 주소를 입력받고 WaitOnAddress에 이 주소가 전달되기도 합니다.

윈도우 API의 동기화 원형 중 일부(전부는 아님)가 이 함수를 사용하여 구현되었습니다. 이 함수는 9장에서 다룰 자체 원형을 구축하기 위한 훌륭한 구성 요소입니다.

요점 정리

- **시스템 콜**은 운영체제의 커널에 대한 호출이며 일반 함수 호출에 비해 상대적으로 느립니다.
- 일반적으로 프로그램은 직접 시스템 콜을 하지 않고 운영체제의 libc와 같은 라이브러리를 통해 커널과 통신합니다. 많은 운영체제에서 이 방법은 커널과 통신하는 유일한 방법입니다.
- libc 크레이트를 사용하면 러스트 코드에서 libc를 편리하게 사용할 수 있습니다.
- POSIX 시스템에서 libc는 C 표준에서 요구하는 것 이상을 포함합니다.
- POSIX 표준은 동시성 원형이 있는 라이브러리인 **pthreads**를 포함합니다.
- pthread는 러스트가 아닌 C 전용으로 설계되었습니다. 이로 인해 해당 타입은 다른 스레드로 이동할 수 없는 문제가 있습니다.
- 리눅스에는 AtomicU32 변수에 대해 대기 연산과 깨우기 연산을 지원하는 **퓨텍스** 시스템 콜이 있습니다. 대기 연산은 예상되는 아토믹 값을 확인하여 알림이 누락되지 않는 데 사용됩니다.
- 맥OS는 pthread 외에도 가벼운 잠금 원형으로 os_unfair_lock도 제공합니다.
- 윈도우의 무거운 동시성 원형은 항상 커널과 상호작용해야 하지만 프로세스 간에 전달할 수 있고 윈도우의 대기 함수와 함께 사용할 수 있습니다.
- 윈도우의 경량 동시성 원형에는 슬림 읽기/쓰기 잠금(**SRW 잠금**)과 조건 변수가 포함됩니다. 이러한 원형은 이동 가능하기 때문에 러스트로 쉽게 감쌀 수 있습니다.
- 또한 윈도우는 WaitOnAddress와 WakeByAddress를 통해 기본적인 퓨텍스와 비슷한 기능을 제공합니다.

CHAPTER 9

잠금 구현해보기

이번 장에서는 뮤텍스, 조건 변수와 읽기/쓰기 잠금을 직접 만들어봅니다. 기본 버전으로 시작한 다음 효율적인 버전으로 점차 발전시켜 보겠습니다.

표준 라이브러리의 잠금 타입을 사용하지 않고 직접 구현해야 하므로, 스레드를 계속 대기시키지 않을 수 있도록 8장에서 다뤘던 도구들을 사용해야 합니다. 하지만 8장에서 살펴본 것처럼 운영체제가 제공하는 도구는 플랫폼마다 매우 다양하므로 모든 플랫폼에서 작동하는 무언가를 만들기는 어렵습니다.

다행히도 대부분의 최신 운영체제는 퓨텍스와 비슷한 기능을 지원하거나 최소한 깨우기 및 대기 연산을 지원합니다. 8장에서 살펴본 바와 같이 리눅스는 2003년부터 `futex` 시스템 콜을 통해, 윈도우는 2012년부터 `WaitOnAddress` 함수 종류를 통해, FreeBSD는 2016년부터 `_umtx_op` 시스템 콜의 일부로 이를 지원해왔습니다.

가장 주목할 만한 예외는 맥OS입니다. 커널이 이러한 연산 기능을 지원하지만, C 함수를 통해 안정적이고 공개적으로 사용할 수 있는 기능은 없습니다. 하지만 맥OS에는 C++ 표준 라이브러리의 구현인 `libc++`의 최신 버전이 함께 제공됩니다. 이 라이브러리에는 아주 기본적인 아토믹 대기 및 깨우기 연산인 `std::atomic<T>::wait()`을 기본으로 지원하는 C++20 버전이 포함되어 있습니다. 여러 가지 이유로 러스트에서 이를 사용하는 것은 다소 까다롭지만, 맥OS에서도 퓨텍스와 유사한 기본적인 대기 및 깨우기 기능을 사용할 수 있습니다.

자세한 내용 대신 crates.io의 `atomic-wait` 크레이트의 잠금 원형의 구성 요소를 사용하겠습니다. 이 크레이트는 wait(), wake_one(), wake_all()의 세 가지 함수만 제공합니다. 위에서 설명한 다양한 플랫폼별로 기능이 구현되어 있기 때문에 모든 주요 플랫폼에 대해 이 함수를 사용할 수 있습니다. 즉, 이 세 가지 함수를 사용하기만 하면 더 이상 플랫폼별 세부 사항에 대해 생각할 필요가 없습니다.

이러한 함수는 8.3절에서 구현한 것과 동일하게 동작합니다. 각 함수들의 작동 방식을 간단히 정리해보겠습니다.

wait(&AtomicU32, u32)

이 함수는 아토믹 변수의 값이 특정 값과 달라질 때까지 기다리는 데 사용됩니다. 이 함수는 아토믹 변수에 저장된 값이 주어진 값과 같으면 스레드를 차단합니다. 다른 스레드가 아토믹 변수의 값을 수정하면 해당 스레드는 동일한 아토믹 변수에 대해 아래의 깨우기 함수 중 하나를 호출하여 잠자기 상태의 스레드를 깨워야 합니다.

이 함수는 해당 깨우기 연산의 성공 여부와 상관 없이 리턴될 수 있습니다. 따라서 리턴된 아토믹 변수의 값을 확인하고 필요한 경우 wait() 호출을 반복해야 합니다.

wake_one(&AtomicU32)

이 함수는 동일한 아토믹 변수에 대한 wait()에서 차단된 **단일 스레드를 깨웁니다.** 아토믹 변수를 수정한 직후에 이 함수를 사용하면 대기 중인 스레드 하나에 변경 사항을 알릴 수 있습니다.

wake_all(&AtomicU32)

이 함수는 현재 동일한 아토믹 변수에 대해 wait()로 차단된 **모든 스레드를 깨웁니다.** 아토믹 변수를 수정한 직후에 사용하면 대기 중인 스레드에 변경 사항을 알릴 수 있습니다.

32비트 아토믹 변수만 사용 가능합니다. 이는 모든 주요 플랫폼에서 지원되는 유일한 크기이기 때문입니다.

> **TIP_** 8.3절에서 이러한 함수가 실제로 어떻게 사용되는지 보여주는 아주 간단한 예제를 소개했습니다. 잊어버렸다면 해당 예제를 확인하길 바랍니다.

atomic-wait 크레이트를 사용하려면 Cargo.toml의 [dependencies] 섹션에 atomic-wait = "1"을 추가하거나 cargo add atomic-wait@1을 실행하면 됩니다. 세 가지 함수는 크레이트의 루트에 정의되어 있으며 use atomic_wait::{wait, wake_one, wake_all}; 을 사용해 가져올 수 있습니다.

> **NOTE_** 이 글을 읽는 시점에는 이 크레이트의 이후 버전이 배포될 수도 있습니다. 하지만 이 장에서는 메이저 버전인 I만 소개합니다. 이후 버전에는 호환되는 인터페이스가 없을 수도 있습니다.

이제 기본적인 구성 요소의 준비가 끝났습니다. 본격적으로 시작해보겠습니다.

9.1 뮤텍스

4장의 SpinLock<T> 타입을 참고하여 Mutex<T>를 만들겠습니다. 가드 타입의 디자인처럼 차단과 관련이 없는 부분은 변경하지 않을 것입니다.

타입 정의부터 시작합니다. 스핀 락과 비교해 한 가지 변경해야 할 점이 있습니다. 아토믹 대기 및 깨우기 함수와 함께 사용할 수 있도록 false 또는 true로 설정된 AtomicBool 대신 0 또는 1로 설정된 AtomicU32를 사용합니다.

```
pub struct Mutex<T> {
    /// 0: 잠금 해제
    /// 1: 잠금
    state: AtomicU32,
    value: UnsafeCell<T>,
}
```

스핀 락과 마찬가지로, 무서운 UnsafeCell이 포함되어 있더라도 Mutex<T>가 스레드 간에 공유될 수 있음을 보장해야 합니다.

```
unsafe impl<T> Sync for Mutex<T> where T: Send {}
```

또한 4.3절에서 설명한 것처럼 완전히 안전한 잠금 인터페이스를 제공하기 위해 `Deref` 트레이트를 갖는 `MutexGuard` 타입을 추가합니다.

```
pub struct MutexGuard<'a, T> {
    mutex: &'a Mutex<T>,
}

unsafe impl<T> Sync for Guard<'_, T> where T: Sync {}

impl<T> Deref for MutexGuard<'_, T> {
    type Target = T;
    fn deref(&self) -> &T {
        unsafe { &*self.mutex.value.get() }
    }
}

impl<T> DerefMut for MutexGuard<'_, T> {
    fn deref_mut(&mut self) -> &mut T {
        unsafe { &mut *self.mutex.value.get() }
    }
}
```

TIP_ 잠금 가드 타입의 설계 및 작동에 대해서는 4.3절을 참고하세요.

흥미로운 부분으로 넘어가기 전에 `Mutex::new` 함수를 만들어봅시다.

```
impl<T> Mutex<T> {
    pub const fn new(value: T) -> Self {
        Self {
            state: AtomicU32::new(0), // 잠금 해제 상태
            value: UnsafeCell::new(value),
        }
    }

    ...
}
```

이제 모든 과정을 마쳤으니 잠금(`Mutex::lock()`)과 잠금 해제(`MutexGuard<T>`의 Drop 트레

이트)가 남았습니다.

스핀 락에 구현한 잠금 함수는 아토믹 스왑 연산을 사용해 잠금을 시도하고, '잠금 해제' 상태를 '잠금' 상태로 변경하는 데 성공하면 종료합니다. 실패하면 즉시 다시 시도합니다.

wait()를 사용해 다시 시도하기 전에 기다린다는 점을 제외하면 뮤텍스를 잠그는 것은 거의 동일합니다.

```rust
pub fn lock(&self) -> MutexGuard<T> {
    // state를 1로 바꾸어 잠금 상태를 나타냄
    while self.state.swap(1, Acquire) == 1 {
        // 이미 잠금 상태라면 state가
        // 1이 아닐 때까지 기다림
        wait(&self.state, 1);
    }
    MutexGuard { mutex: self }
}
```

> **NOTE_** 메모리 순서의 경우 스핀 락과 동일한 추론이 적용됩니다. 자세한 내용은 4장을 다시 참조하세요.

wait() 함수를 호출할 때 상태가 여전히 1(잠김)로 설정되어 있는 경우에만 차단이 발생하므로 스왑과 대기 호출 사이에 깨우기 호출이 누락될 가능성에 대해 걱정할 필요가 없습니다.

가드 타입의 **Drop** 트레이트는 뮤텍스의 잠금을 해제하는 역할을 합니다. 스핀 락을 해제하는 것은 간단합니다. 상태를 false(잠금 해제)로 다시 설정하면 됩니다. 하지만 뮤텍스의 경우 그것만으로는 충분하지 않습니다. 뮤텍스 잠금을 기다리는 스레드가 있는 경우 깨우기 작업을 통해 이를 알리지 않는 한 스레드는 뮤텍스가 잠금 해제되었다는 사실을 알지 못합니다. 깨우지 않으면 영원히 잠자기 상태로 있을 가능성이 높습니다. (운이 좋아서 적절한 시기에 거짓으로 깨어날 수도 있지만 기대해서는 안 됩니다.)

따라서 상태를 0(잠금 해제)으로 다시 설정하고 이어서 wake_one()을 호출하겠습니다.

```rust
impl<T> Drop for MutexGuard<'_, T> {
    fn drop(&mut self) {
        // state를 0으로 바꾸어 잠금 해제 상태를 나타냄
        self.mutex.state.store(0, Release);
```

```
        // 대기 중인 스레드가 있다면 깨움
        wake_one(&self.mutex.state);
    }
}
```

대기 중인 스레드가 여러 개 있더라도 그중 하나만 잠금을 요청할 수 있어서 하나의 스레드를 깨우는 것으로 충분합니다. 다음으로 잠금을 얻은 스레드가 작업을 완료하면 다른 스레드를 깨우는 방식으로 진행됩니다. 한 번에 두 개 이상의 스레드를 깨우면 해당 스레드는 실제로 잠금을 얻지 못해서 다시 잠자기 상태로 돌아가기 때문에 귀중한 프로세서 시간을 낭비하게 됩니다.

깨어난 스레드 하나가 잠금을 획득할 수 있다는 보장은 없습니다. 다른 스레드가 먼저 잠금을 획득할 수도 있습니다.

여기서 중요한 점은 이 뮤텍스 구현이 대기 및 깨우기 함수 없이도 기술적으로 여전히 올바르게 메모리 안전성을 지키면서 구현될 수 있다는 점입니다. wait() 연산은 거짓으로 깨울 수 있기 때문에 언제 함수가 종료되는지에 대해 어떤 가정도 할 수 없습니다. 여전히 잠금 원형의 상태를 직접 관리해야 합니다. 대기 및 깨우기 함수 호출을 제거하면 뮤텍스는 기본적으로 스핀락과 동일해집니다.

일반적으로 아토믹 대기와 깨우기 함수는 메모리 안전 관점에서 볼 때 정확성에 영향을 주지 않습니다. 계속된 대기 상태를 피하기 위한 (매우 심각한) 최적화일 뿐입니다. 그렇다고 해서 실용적인 기준에서 비효율적인 잠금이 '올바른' 것은 아니지만, 이 인사이트는 unsafe 러스트 코드를 고려할 때 도움이 될 수 있습니다.

잠금 API

새로운 취미로 러스트 잠금 구현에 도전할 계획이라면 안전한 인터페이스를 제공하는 데 필요한 기초 코드에 금방 지루함을 느낄 수 있습니다. 여기에는 UnsafeCell, Sync 트레이트, 가드 유형, Deref 트레이트 등이 포함됩니다.

crates.io의 lock_api 크레이트는 이 모든 것을 자동으로 처리하는 데 사용할 수 있습니다. 잠금 상태를 나타내는 타입을 만들고, (unsafe) lock_api::RawMutex 특성을 통해 (unsafe) 잠금 및 잠금 해제 함수를 제공하기만 하면 됩니다. 그 대가로 lock_api::Mutex 타입은 잠금 구현에 따라 뮤텍스 가드를 포함하여 완전히 안전하고 사용하기 편리한 뮤텍스 타입을 제공할 것입니다.

9.1.1 시스템 콜 피하기

뮤텍스에서 가장 느린 부분은 대기 및 깨우기입니다. 이는 **시스템 콜**^{syscall}을 통해 운영체제의 커널로 요청을 보내기 때문입니다. 이렇게 커널과 대화하는 것은 상당히 복잡한 과정이며, 특히 아토믹 연산에 비해 상당히 느린 경향이 있습니다. 따라서 고성능 뮤텍스 구현을 위해서는 가능한 한 대기 및 깨우기 호출을 피해야 합니다.

다행히 이미 절반은 달성했습니다. 잠금 함수의 while 루프는 wait()이 호출되기 전의 상태를 확인하기 때문에 뮤텍스가 잠기지 않았을 때와 같이 기다릴 필요가 없는 상황에서는 wait 연산이 완전히 생략됩니다. 그러나 잠금을 해제할 때는 무조건 wake_one() 함수를 호출합니다.

대기 중인 다른 스레드가 없다는 것을 알면 wake_one() 함수를 건너뛸 수 있습니다. 대기 중인 스레드가 있는지 확인하려면 이 정보를 직접 관리해야 합니다.

이를 위해 '잠김' 상태를 두 개의 개별 상태로 나눌 수 있습니다. '대기자가 없는 잠김'과 '대기자가 있는 잠김'입니다. 이를 위해 state가 값 1과 2를 추가로 사용하도록 구조체 정의의 state 필드의 주석을 업데이트하겠습니다.

```
pub struct Mutex<T> {
    /// 0: 잠금 해제 상태
    /// 1: 대기 중인 스레드가 없는 잠금 상태
    /// 2: 대기 중인 스레드가 있는 잠금 상태
    state: AtomicU32,
    value: UnsafeCell<T>,
}
```

이제 잠금이 해제된 뮤텍스의 경우 잠금 함수는 여전히 상태를 1로 설정해야 잠글 수 있습니다. 그러나 이미 잠긴 경우 잠금 함수는 이제 대기 중인 스레드가 있음을 잠금 해제 함수가 알 수 있도록 잠자기 상태로 전환하기 전에 상태를 2로 설정해야 합니다.

이를 위해 먼저 compare-and-exchange 함수를 사용해 상태를 0에서 1로 변경하려고 시도합니다. 이것이 성공하면 뮤텍스가 잠긴 것이고, 뮤텍스가 이전에 잠겨 있지 않았기 때문에 다른 대기자가 없다는 것을 알 수 있습니다. 실패하면 뮤텍스가 현재 잠겨 있기 때문일 것입니다(상태 1 또는 2). 이 경우 아토믹 스왑 연산을 사용해 상태를 2로 설정합니다. 스왑 연산이 이전 값인 1 또는 2를 반환하면 뮤텍스가 실제로 여전히 잠겨 있다는 의미이며, 그때만 wait()를 사용해 변경될 때까지 기다립니다. 스왑 연산이 0을 리턴하면 뮤텍스의 상태를 0에서 2로 변경하여 잠그는 데 성공했다는 것을 의미합니다.

```
pub fn lock(&self) -> MutexGuard<T> {
    if self.state.compare_exchange(0, 1, Acquire, Relaxed).is_err() {
        while self.state.swap(2, Acquire) != 0 {
            wait(&self.state, 2);
        }
    }
    MutexGuard { mutex: self }
}
```

이제 잠금 해제 함수는 wake_one()이 필요하지 않은 경우 호출을 건너뛰고 새로운 정보를 활용할 수 있습니다. 이제 뮤텍스의 잠금을 해제하기 위해 0을 저장하는 대신 스왑 연산을 사용하여 이전 값을 확인할 수 있습니다. 그 값이 2인 경우에만 스레드를 깨웁니다.

```
impl<T> Drop for MutexGuard<'_, T> {
    fn drop(&mut self) {
        if self.mutex.state.swap(0, Release) == 2 {
            wake_one(&self.mutex.state);
        }
    }
}
```

상태를 0으로 다시 설정하면 대기 중인 스레드가 있는지 여부를 더 이상 표시하지 않는다는 점에 주의해야 합니다. 깨어난 스레드는 다른 대기 중인 스레드가 계속 대기하지 않도록 상태를 다시 2로 설정해야 합니다. 이것이 바로 compare-and-exchange 연산이 잠금 함수의 while 루프에 포함되지 않는 이유입니다.

즉, 스레드가 잠그는 동안 wait()를 호출할 때마다 필요하지 않은 경우에도 잠금을 해제할 때 wake_one()을 호출하게 됩니다. 그러나 가장 중요한 것은 스레드가 동시에 잠금을 획득하려고 시도하지 않는 이상적인 상황인 **경합이 없는 경우**^{uncontended case}에는 wait()와 wake_one() 호출을 완전히 피할 수 있다는 것입니다.

[그림 9-1]은 두 개의 스레드가 동시에 뮤텍스를 잠그려고 시도하는 상황에서 연산과 happens-before 관계를 나타냅니다. 첫 번째 스레드는 상태를 0에서 1로 변경하여 뮤텍스를 잠

급니다. 이때 두 번째 스레드는 잠금을 획득할 수 없으므로 상태를 1에서 2로 변경한 후 잠자기 상태가 됩니다. 첫 번째 스레드가 뮤텍스의 잠금을 해제하면 상태는 다시 0으로 바뀝니다. 이전 값이 2였기 때문에 대기 중인 스레드가 있다는 것을 알 수 있고, 두 번째 스레드를 깨우기 위해 wake_one()을 호출합니다. 깨우기 작업과 대기 작업 사이의 happens-before 관계에 의존하지 않는다는 점에 주목하세요. 깨우기 연산이 대기 중인 스레드를 깨우는 역할을 할 가능성이 높지만, happens-before 관계는 해제 스왑 연산이 저장한 값을 관찰하는 획득 스왑 연산을 통해 설정됩니다.

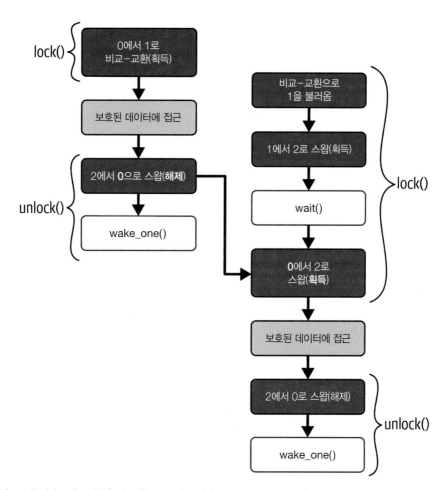

그림 9-1 동시에 뮤텍스 잠금을 시도하는 두 스레드 간의 happens-before 관계

9.1.2 좀 더 최적화해보기

이 시점에서는 더 이상 최적화할 수 있는 부분이 많지 않은 것처럼 보일 수 있습니다. 스레드 간에 경합이 없는 경우 시스템 콜을 사용할 필요 없이 간단한 아토믹 연산만 사용하면 됩니다.

대기 및 깨우기 연산을 피할 수 있는 유일한 방법은 스핀 락 구현으로 돌아가는 것입니다. 스피닝은 일반적으로 매우 비효율적이지만, 적어도 시스템 콜의 잠재적인 오버헤드는 피할 수 있습니다. 스피닝을 사용해 계속 기다리는 것이 더 효율적일 수 있는 유일한 상황은 아주 짧은 시간 동안만 대기할 때입니다.

뮤텍스를 잠그는 경우 현재 잠금을 유지하고 있는 스레드가 다른 프로세서 코어에서 동시에 실행됩니다. 이런 상황은 매우 일반적입니다.

wait()을 호출하기 전에 아주 짧은 시간 동안 대기하면 두 가지 접근 방식의 장점을 모두 누릴 수 있습니다. 이렇게 하면 잠금이 매우 빠르게 해제되는 경우 wait()를 사용할 필요가 없으면서도 프로세서 시간을 다른 스레드에서 더 잘 활용할 수 있습니다.

이를 구현하려면 잠금 함수만 변경하면 됩니다.

경합이 없는 경우의 성능을 최대한 유지하기 위해 잠금 함수가 시작될 때 원래의 compare-and-exchange 연산을 유지합니다. 계속 기다리는 기능은 별도의 함수에서 다루겠습니다.

```rust
impl<T> Mutex<T> {
    ...
    pub fn lock(&self) -> MutexGuard<T> {
        if self.state.compare_exchange(0, 1, Acquire, Relaxed).is_err() {
            // 이미 잠금 상태 :(
            lock_contended(&self.state);
        }
        MutexGuard { mutex: self }
    }
}
fn lock_contended(state: &AtomicU32) {
    ...
}
```

lock_contended에서는 대기 루프로 진행하기 전에 동일한 compare-and-exchange 연산을 수백 번 반복할 수 있습니다. 그러나 compare-and-exchange 연산은 일반적으로 관련 캐시 라인에 대한 독점적으로 접근하려고 하기 때문에(7.2.1절의 'MESI 프로토콜' 참조) 반복적으로 실행할 경우 단순한 불러오기 연산보다 연산 비용이 더 많이 들 수 있습니다.

이러한 점을 염두에 두고 다음과 같이 lock_contended를 구현했습니다.

```rust
fn lock_contended(state: &AtomicU32) {
    let mut spin_count = 0;

    while state.load(Relaxed) == 1 && spin_count < 100 {
        spin_count += 1;
        std::hint::spin_loop();
    }

    if state.compare_exchange(0, 1, Acquire, Relaxed).is_ok() {
        return;
    }

    while state.swap(2, Acquire) != 0 {
        wait(state, 2);
    }
}
```

먼저 4장에서 했던 것처럼 **스핀 루프 힌트**^{spin loop hint}를 활용해 100번까지 루프를 반복합니다. 뮤텍스가 잠겨 있고 대기자가 없는 동안에만 반복합니다. 다른 스레드가 이미 대기 중이었다면 시간이 너무 오래 걸려서 스피닝이 종료되었다는 의미입니다. 이는 이 스레드에서도 스피닝이 그다지 유용하지 않을 수 있음을 나타냅니다.

> **NOTE_** 100회 반복 횟수는 임의로 선택되었습니다. 반복에 걸리는 시간과 (우리가 피하고자 하는) 시스템 콜에 걸리는 시간은 플랫폼에 따라 크게 달라집니다. 철저한 벤치마킹을 통해 올바른 숫자를 선택할 수 있지만, 안타깝게도 하나의 정답은 없습니다.
> 러스트 표준 라이브러리(적어도 러스트 1.66.0에 있는 라이브러리)에 있는 std::sync::Mutex의 리눅스 구현은 루프를 100번 반복합니다.

잠금 상태가 변경된 후에는 스피닝을 멈추고 대기를 시작하기 전에 상태를 1로 설정해 잠그기를 한 번 더 시도합니다. 앞서 설명했듯이 다른 대기자가 무시될 수 있어서 wait()를 호출한 후에는 더 이상 뮤텍스의 상태를 1로 설정하여 잠글 수 없습니다.

콜드와 인라인 속성

`lock_contended` 함수 정의에 `#[cold]` 속성을 추가하면 컴파일러가 이 함수를 일반(비경합) 상황에서 호출하지 않기 때문에 잠금 메서드를 최적화하는 데 도움이 될 수 있습니다.

또한 `#[inline]` 속성을 `Mutex`와 `MutexGuard`에 추가하면 컴파일러에 메서드를 인라인으로 넣는 것, 즉 메서드가 호출되는 위치에 생성된 명령어를 바로 넣는 것이 좋습니다. 일반적인 경우에 이런 방법으로 성능이 향상된다고 하기는 어렵지만, 이와 같은 아주 작은 함수들에서는 성능이 향상됩니다.

9.1.3 벤치마킹

뮤텍스의 성능을 테스트하는 것은 어렵습니다. 벤치마크 테스트를 작성하고 몇 가지 수치를 얻는 것은 간단하지만 의미 있는 수치를 얻는 것은 매우 어렵습니다.

특정 벤치마크 테스트에서 매우 우수한 성능을 발휘하도록 뮤텍스 구현을 최적화하는 것은 실제로 유용하지는 않습니다. 결국 테스트 프로그램뿐만 아니라 실제 프로그램에서도 잘 작동하는 것을 만드는 것이 중요합니다.

두 가지 간단한 벤치마크 테스트를 작성해 최적화가 적어도 일부 사례에서 긍정적인 영향을 미쳤다는 것을 보여드리려고 하지만, 다른 시나리오에서도 이러한 영향이 반드시 적용되는 것은 아니라는 점을 명심하세요.

첫 번째 테스트에서는 `Mutex`를 생성하고 동일한 스레드에서 수백만 번 잠금 및 잠금 해제를 반복하여 총 소요 시간을 측정해보겠습니다. 이것은 깨워야 할 스레드가 전혀 없는, 경합이 없는 시나리오에 대한 테스트입니다. 이 테스트를 통해 상태가 두 가지일 때와 세 가지일 때 상당한 차이가 있음을 알 수 있습니다.

```
fn main() {
    let m = Mutex::new(0);
    std::hint::black_box(&m);
```

```
    let start = Instant::now();
    for _ in 0..5_000_000 {
        *m.lock() += 1;
    }
    let duration = start.elapsed();
    println!("locked {} times in {:?}", *m.lock(), duration);
}
```

> **NOTE_** 7.2.2절에서 설명한 것처럼 std::hint::black_box를 사용해서 컴파일러가 뮤텍스에 접근하는
> 코드가 더 있을 수 있다고 생각해서 루프나 잠금 연산을 최적화하지 못하도록 합니다.

결과는 하드웨어와 운영체제에 따라 크게 달라질 수 있습니다. 최신 AMD 프로세서가 장착된
리눅스 컴퓨터에서 이 방법을 시도한 결과, 최적화되지 않은 상태가 2인 뮤텍스의 경우 약 400
밀리초, 최적화된 상태가 3인 뮤텍스의 경우 약 40밀리초가 소요되었습니다. 10배나 개선되었
습니다! 구형 인텔 프로세서가 탑재된 다른 리눅스 컴퓨터에서는 약 1800밀리초 vs 60밀리초
로 그 차이가 훨씬 더 큽니다. 이는 세 번째 상태를 추가하는 것이 실제로 매우 중요한 최적화
가 될 수 있다는 것을 보여줍니다.

그러나 맥OS를 실행하는 컴퓨터에서 이 작업을 실행하면 두 버전 모두 약 50밀리초로 완전히
다른 결과가 나타나 플랫폼에 따라 크게 달라지는 것을 알 수 있습니다.

사실 맥OS에서 사용하는 libc++의 std::atomic<T>::wake() 구현은 불필요한 시스템 콜
을 피하기 위해 커널과 독립적으로 자체적인 정리 작업을 이미 수행하고 있습니다. 윈도우의
WakeByAddressSingle()도 마찬가지입니다.

이러한 함수는 아토믹 변수 자체에 정보를 저장할 수 없어서 구현이 복잡합니다. 따라서 이런
함수를 사용하지 않기만 해도 성능이 약간 향상될 수 있습니다. 그러나 이러한 운영체제만을
대상으로 한다면 뮤텍스에 세 번째 상태를 추가하는 것이 정말 가치가 있는지 의문을 가져야
합니다.

스피닝 최적화가 성능을 향상시켰는지 확인하려면 이미 잠긴 뮤텍스를 여러 스레드가 반복적
으로 잠그려고 시도한 경합이 있는 다른 벤치마크 테스트가 필요합니다.

네 개의 스레드가 동시에 뮤텍스를 수백만 번 잠그고 잠금 해제를 시도하는 시나리오를 시도해

보겠습니다.

```
fn main() {
    let m = Mutex::new(0);
    std::hint::black_box(&m);
    let start = Instant::now();
    thread::scope(|s| {
        for _ in 0..4 {
            s.spawn(|| {
                for _ in 0..5_000_000 {
                    *m.lock() += 1;
                }
            });
        }
    });
    let duration = start.elapsed();
    println!("locked {} times in {:?}", *m.lock(), duration);
}
```

이는 극단적이고 비현실적인 상황이라는 점에 주의하세요. 뮤텍스는 정수를 증가시키기 위해 매우 짧은 시간 동안만 유지되며, 스레드는 잠금을 해제하면 즉시 뮤텍스를 다시 잠그려고 시도할 것입니다. 다른 상황에서는 아주 다른 결과가 나올 가능성이 높습니다.

이전과 동일한 두 대의 리눅스 컴퓨터에서 이 벤치마크를 실행해보겠습니다. 구형 인텔 프로세서가 탑재된 컴퓨터에서는 스피닝이 없는 뮤텍스 버전이 약 900밀리초, 스피닝 버전을 사용할 때는 약 750밀리초가 소요됩니다. 이전보다는 개선되었지만, 최신 AMD 프로세서가 탑재된 컴퓨터에서는 스피닝이 없을 때 약 650밀리초, 스피닝을 사용할 때 약 800밀리초라는 정반대의 결과가 나옵니다.

결론적으로 스피닝은 상황에 따라 성능이 향상되기도 하고, 아니기도 합니다.

9.2 조건 변수

이제 좀 더 흥미로운 주제인 조건 변수를 구현해보겠습니다.

1.8.2절에서 살펴본 것처럼, 조건 변수는 뮤텍스와 함께 뮤텍스로 보호된 데이터가 특정 조건

과 일치할 때까지 기다리는 데 사용됩니다. 조건 변수에는 뮤텍스의 잠금을 해제하고 신호를 기다린 다음 동일한 뮤텍스를 다시 잠그는 대기 메서드가 있습니다. 일반적으로 신호는 뮤텍스로 보호된 데이터를 변경한 직후 보내집니다. 대기 중인 하나의 스레드에 보내는 경우는 '하나에 알리기' 또는 '신호'라고 하고, 모든 대기중인 스레드에 보내는 경우는 '모두에 알리기' 또는 '브로드캐스트broadcast'라고 합니다.

조건 변수는 잠자기 상태의 스레드가 신호를 받을 때까지 대기 상태를 유지하려고 하지만, 해당 신호가 없어도 대기 중인 스레드가 거짓으로 깨어날 수 있습니다. 하지만 조건 변수의 대기 연산은 리턴하기 전에 뮤텍스를 다시 잠급니다.

이 인터페이스가 퓨텍스의 wait(), wake_one(), wake_all() 함수와 거의 동일하다는 것을 알 수 있습니다. 가장 큰 차이점은 신호 손실을 방지하기 위해 사용되는 방식입니다. 조건 변수는 뮤텍스의 잠금을 해제하기 전에 신호를 '청취'하기 시작해서 그 직후에 신호를 놓치지 않도록 하는 반면, 퓨텍스의 wait() 함수는 아토믹 변수의 상태를 확인해서 계속 기다릴 것인지를 결정합니다.

따라서 조건 변수의 가장 기본적인 구현 아이디어는 다음과 같습니다. 모든 알림이 카운터와 같은 아토믹 변수를 변경하도록 한다면, Condvar::wait() 메서드는 뮤텍스의 잠금을 해제하기 전에 해당 변수의 값을 확인하고 잠금 해제 후 이를 퓨텍스에서 사용하는 것과 비슷한 wait() 함수에 전달하면 됩니다. 이렇게 하면 뮤텍스 잠금 해제 이후 알림 신호가 도착해도 잠자기 상태가 되지 않습니다.

한번 해봅시다!

먼저 0으로 초기화되는 AtomicU32를 포함하는 Condvar 구조체를 만들겠습니다.

```
pub struct Condvar {
    counter: AtomicU32,
}
impl Condvar {
    pub const fn new() -> Self {
        Self {
            counter: AtomicU32::new(0),
        }
    }
    ...
}
```

알림 메서드는 간단합니다. 카운터를 변경하고 깨우기 연산을 사용해 대기 중인 스레드에 알리기만 하면 됩니다.

```rust
pub fn notify_one(&self) {
    self.counter.fetch_add(1, Relaxed);
    wake_one(&self.counter);
}

pub fn notify_all(&self) {
    self.counter.fetch_add(1, Relaxed);
    wake_all(&self.counter);
}
```

(메모리 순서에 대해서는 잠시 후에 설명하겠습니다.)

wait 메서드는 뮤텍스가 잠금 상태라는 것을 확인하기 위해 그 증거로 MutexGuard를 인수로 받습니다. 또한 리턴하기 전에 뮤텍스가 다시 잠겼는지 확인하기 때문에 다시 MutexGuard를 리턴합니다.

위에서 간단히 살펴본 것처럼, 이 메서드는 뮤텍스의 잠금을 해제하기 전에 먼저 카운터의 현재 값을 확인합니다. 뮤텍스 잠금을 해제한 후에는 카운터가 변경되지 않은 경우에만 기다리면서 신호를 놓치지 않았는지 확인해야 합니다. 이를 코드로 표현하면 다음과 같습니다.

```rust
pub fn wait<'a, T>(&self, guard: MutexGuard<'a, T>) -> MutexGuard<'a, T> {
    let counter_value = self.counter.load(Relaxed);

    // guard를 삭제해 뮤텍스를 잠금 해제
    // 다시 잠글 수 있도록 mutex를 저장
    let mutex = guard.mutex;
    drop(guard);

    // 잠금 해제 이후로 카운터가 바뀌지 않았다면 기다림
    wait(&self.counter, counter_value);

    mutex.lock()
}
```

조건 변수의 성공적인 완성을 축하하기 전에 메모리 순서에 대해 잠시 생각해봅시다.

뮤텍스가 잠겨 있는 동안에는 다른 스레드가 뮤텍스로 보호된 데이터를 변경할 수 없습니다. 따라서 뮤텍스를 잠그고 있는 한, 데이터에 어떤 일도 일어나지 않기 때문에 잠금을 해제하기 전의 알림에 대해 걱정할 필요가 없습니다.

우리의 유일한 관심은 우리가 뮤텍스를 해제하고 나서 다른 스레드에서 뮤텍스를 잠그고 보호된 데이터를 변경한 후에 신호를 보내는 경우입니다(뮤텍스를 잠금 해제하고 나서 보내는 것이 좋겠습니다).

이런 경우 Condvar::wait()에서 뮤텍스를 잠금 해제하는 것과 알림을 보낸 스레드에서 뮤텍스를 잠그는 것 사이에 happens-before 관계가 있습니다. 이 happens-before 관계는 잠금 해제 전에 발생하는 느슨한 불러오기가 잠금 후에 발생하는 알림의 느슨한 증가 연산 이전의 값을 관찰하도록 보장합니다.

wait() 연산이 실행될 때는 순서를 보장하는 것은 아무것도 없기 때문에, 해당 연산이 값을 증가시키기 이전과 이후에도 같은 값을 관찰할 수 있을지는 알 수 없습니다. 그러나 wait()는 해당 깨우기 연산에 대해 아토믹하게 동작하기 때문에 이는 중요하지 않습니다. 새 값을 확인하는 경우 잠자기 상태가 되지 않고, 이전 값을 확인하는 경우에는 잠자기 상태가 됩니다. 어떤 경우든 알림의 wake_one() 또는 wake_all() 호출에 의해 깨어나게 됩니다.

[그림 9-2]는 한 스레드가 Condvar::wait()를 사용해 뮤텍스로 보호된 데이터가 변경될 때까지 기다렸다가, 데이터를 변경하고 Condvar::wake_one()을 호출하는 두 번째 스레드가 첫 번째 스레드를 깨우는 상황에 대한 연산과 발생 전 관계를 보여줍니다. 첫 번째 load 연산이 잠금 해제와 잠금 연산 덕분에 값이 증가하기 전에 값을 어떻게 관찰할 수 있는지를 주목하세요.

카운터가 오버플로되면 어떻게 되는지도 고려해야 합니다.

카운터의 실제 값은 각 알림 후에 값이 변하기만 하면 중요하지 않습니다. 안타깝게도 40억 건이 조금 넘는 알림이 발생하면 카운터에 오버플로가 발생해 카운터가 0에서부터 다시 시작되어 이전에 사용했던 값으로 돌아갑니다. 엄밀히 말하면, `Condvar::wait()` 구현이 절전 모드로 전환되지 않아야 할 때 잠자기 상태로 전환될 가능성이 있습니다. 정확히 4,294,967,296개의 알림(또는 그 배수)을 놓치면 카운터가 이전 값으로 완전히 오버플로됩니다.

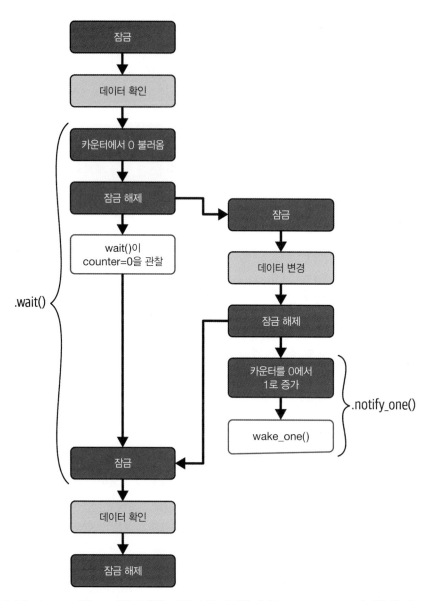

그림 9-2 `Condvar::notify_one()`을 사용하는 다른 스레드에 의해 깨어난 `Condvar::wait()`를 사용하는 한 스레드의 연산 및 happens-before 관계

이런 일이 발생할 가능성은 무시할 수 있을 정도로 낮다고 해도 무방합니다. 뮤텍스 잠금 메서드와는 다르게 조건 변수에서는 깨어난 후에 상태를 다시 확인하거나 wait()를 반복해서 호출하지 않습니다. 대신 카운터의 느슨한 불러오기와 wait() 호출 사이에 오버플로된 값을 주고받을 수 있어서 주의해야 합니다. 스레드가 너무 오랫동안 중단되어서 많은 알림이 발생한다면 이미 심각한 문제가 발생해서 프로그램이 이미 응답하지 않는 상태일 수 있습니다. 이 시점에서는 스레드가 잠자기 상태로 유지되는 문제는 더 이상 중요하지 않습니다.

> **TIP_** 시간 제한이 있는 퓨텍스 스타일의 대기를 지원하는 플랫폼에서는 대기 연산에 몇 초의 시간 제한을 두어 오버플로의 위험을 줄일 수 있습니다. 40억 개의 알림을 전송하는 데는 훨씬 더 오랜 시간이 걸리며, 이 경우 시간 제한을 몇 초로 두더라도 큰 문제가 발생하지 않습니다. 이렇게 하면 대기 상태의 스레드가 영원히 잠자기 상태로 남아 프로그램을 응답하지 않는 상태가 되는 것을 방지할 수 있습니다.

잘 작동하는지 확인해보겠습니다.

```rust
use std::time::Duration;

#[test]
fn test_condvar() {
    let mutex = Mutex::new(0);
    let condvar = Condvar::new();

    let mut wakeups = 0;

    thread::scope(|s| {
        s.spawn(|| {
            thread::sleep(Duration::from_secs(1));
            *mutex.lock() = 123;
            condvar.notify_one();
        });

        let mut m = mutex.lock();
        while *m < 100 {
            m = condvar.wait(m);
            wakeups += 1;
        }

        assert_eq!(*m, 123);
```

```
    });

    // 거짓으로 깨우기가 가능하므로 메인 스레드가 실제로 기다렸는지 확인
    assert!(wakeups < 10);
}
```

조건 변수가 대기 메서드에서 리턴되는 횟수를 계산해서 실제로 잠자기 상태가 되는지 확인합니다. 이 숫자가 매우 크다면 의도치 않게 스피닝이 발생하고 있다는 뜻입니다. 절대로 잠자기 상태가 되지 않는 조건 변수는 여전히 '올바르게' 동작하지만 대기 루프를 스피닝 루프로 바꿔버릴 수 있어서 이를 테스트하는 것이 중요합니다.

이 테스트를 실행하면 조건 변수가 실제로 메인 스레드를 잠자기 상태로 전환했음을 확인하면서 코드가 정상적으로 컴파일되고 테스트를 통과하는 것을 볼 수 있습니다. 물론 이것이 구현이 정확하다는 것을 보여주는 것은 아닙니다. 필요한 경우 더 많은 스레드를 사용하는 긴 스트레스 테스트를 해야 하며, 약한 정렬의 프로세서 아키텍처에서 실행하는 것이 가장 좋습니다.

9.2.1 시스템 콜 피하기

9.1.2절에서 살펴본 것처럼 잠금 원형의 최적화는 주로 불필요한 대기와 깨우기 연산을 피하는 것입니다.

조건 변수의 경우 Condvar::wait() 구현에서 wait() 호출을 하지 않으려는 시도는 그다지 유용하지 않습니다. 스레드가 조건 변수를 기다리기로 결정할 때쯤이면 이미 기다리는 일이 아직 발생하지 않았고 대기 중인 변수가 잠자기 상태로 전환되어야 한다는 것을 확인했을 것입니다. 기다릴 필요가 없다면 Condvar::wait()를 호출하지 않았을 것입니다.

그러나 대기 중인 스레드가 없는 경우 Mutex에서 했던 것과 유사하게 wake_one() 및 wake_all() 호출을 하지 않을 수 있습니다.

간단한 방법으로 대기 중인 스레드 수를 계속 관리하는 것이 있습니다. wait 메서드는 대기하기 전에 대기 스레드 수를 증가시키고, 완료되면 감소시켜야 합니다. 이 숫자가 0이면 알림 메서드가 신호를 보내지 않아도 됩니다.

따라서 대기 중인 스레드의 수를 기록하기 위해 Condvar 구조체에 새 필드를 추가합니다.

```
pub struct Condvar {
    counter: AtomicU32,
    num_waiters: AtomicUsize, // 추가됨!
}

impl Condvar {
    pub const fn new() -> Self {
        Self {
            counter: AtomicU32::new(0),
            num_waiters: AtomicUsize::new(0), // 추가됨!
        }
    }

    ...
}
```

num_waiters에 AtomicUsize를 사용하면 오버플로에 대해 걱정할 필요가 없습니다. 모든 활성 스레드가 적어도 1바이트의 메모리를 차지한다고 가정하면 usize는 동시에 존재하는 스레드의 수를 계산할 수 있을 만큼 충분히 큽니다.

대기 중인 스레드가 없으면 아무 작업도 수행하지 않도록 알림 함수를 업데이트합니다.

```
pub fn notify_one(&self) {
    if self.num_waiters.load(Relaxed) > 0 { // 추가됨!
        self.counter.fetch_add(1, Relaxed);
        wake_one(&self.counter);
    }
}

pub fn notify_all(&self) {
    if self.num_waiters.load(Relaxed) > 0 { // 추가됨!
        self.counter.fetch_add(1, Relaxed);
        wake_all(&self.counter);
    }
}
```

(메모리 순서에 대해서는 잠시 후에 설명하겠습니다.)

마지막으로 가장 중요한 것은 대기 메서드를 시작할 때 num_waiter를 늘리고 깨어나는 즉시 감소시킨다는 점입니다.

```
pub fn wait<'a, T>(&self, guard: MutexGuard<'a, T>) -> MutexGuard<'a, T> {
    self.num_waiters.fetch_add(1, Relaxed); // 추가됨!

    let counter_value = self.counter.load(Relaxed);

    let mutex = guard.mutex;
    drop(guard);

    wait(&self.counter, counter_value);

    self.num_waiters.fetch_sub(1, Relaxed); // 추가됨!

    mutex.lock()
}
```

이러한 모든 아토믹 연산에 대해 느슨한 메모리 순서가 충분한지 다시 한번 신중하게 자문해봐야 합니다.

새로 생긴 문제 중 하나는 알림 메서드 중 하나가 실제로 깨울 스레드가 있는데도 num_waiters의 값이 0이기 때문에 깨우기 연산을 건너뛰는 것입니다. 이는 깨우기 메서드가 num_waiters가 증가되기 전이나 감소된 후에 값을 확인할 때 발생할 수 있습니다.

카운터의 느슨한 불러오기와 마찬가지로, num_waiters를 증가시키는 동안 대기 중인 스레드가 뮤텍스를 잠긴 상태로 유지합니다. 따라서 num_waiters의 모든 load 연산이 뮤텍스 잠금을 해제한 후에 실행되어도 증가하기 이전의 값을 알 수 없게 됩니다.

알림 스레드가 감소된 값을 '너무 빨리' 관찰하는 것 또한 걱정할 필요가 없습니다. 감소 연산이 거짓 깨우기 후에 실행되면, 대기 중인 스레드를 더 이상 깨울 필요가 없기 때문입니다.

다시 말해, 뮤텍스가 설정하는 happens-before 관계는 여전히 우리에게 필요한 모든 것을 보장합니다.

9.2.2 가짜 깨우기 피하기

조건 변수를 최적화할 수 있는 또 다른 방법은 성급하게 깨어나지 않는 것입니다. 스레드가 깨어날 때마다 뮤텍스를 잠그려고 시도하면서 다른 스레드와 잠재적으로 경쟁하게 되고, 이는 성능에 큰 영향을 미칠 수 있습니다.

기본 wait() 연산이 거짓으로 깨어나는 경우는 매우 드물지만, 조건 변수의 notify_one()으로 인해 하나 이상의 스레드가 잠자기 상태에서 벗어나는 것이 가능합니다. 스레드가 카운터 값을 불러왔지만 아직 잠자기 상태로 전환 중인 경우에 notify_one()을 호출하면 업데이트된 카운터로 인해 해당 스레드가 잠자기 상태로 전환되는 것을 막을 수 있습니다. 하지만 이후의 wake_one() 연산으로 인해 두 번째 스레드가 깨어나게 됩니다. 그러면 두 스레드가 뮤텍스를 잠그기 위해 경쟁하면서 귀중한 프로세서 시간을 낭비하게 됩니다.

이런 일이 드물게 발생할 것 같지만, 뮤텍스가 스레드를 동기화하는 방식 때문에 생각보다 자주 발생합니다. 조건 변수에 대해 notify_one()을 호출하는 대기 중인 스레드는 데이터에 대해 무언가를 변경하기 전에 잠그고 잠금을 해제할 가능성이 높습니다. 즉, Condvar::wait() 메서드가 뮤텍스를 잠금 해제하자마자 뮤텍스를 대기 중이던 알림 스레드의 차단이 즉시 해제될 수 있습니다. 대기 중인 스레드는 잠자기 상태로 전환하기 위해서, 알림 스레드는 뮤텍스를 잠그고 잠금 해제하고 조건 변수에 알림을 보내기 위해서 두 개의 스레드가 경쟁합니다. 알림 스레드가 이 경쟁에서 이기면 카운터가 증가하기 때문에 대기 스레드는 잠자기 상태로 전환되지 않지만, 알림 스레드는 여전히 wake_one()을 호출합니다. 이것이 바로 위에서 설명한 문제 상황으로, 대기 중인 스레드를 불필요하게 추가로 깨울 수 있습니다.

비교적 간단한 해결책은 깨울 수 있는 스레드 수를 관리하는 것입니다. Condvar::wait()에서 리턴되는 스레드 수를 추적하면 됩니다. notify_one 메서드는 카운터를 1씩 증가시키고, wait 메서드는 카운터가 0이 아닌 경우 1씩 감소시키려고 합니다. 카운터가 0이면 뮤텍스를 다시 잠그고 리턴하는 대신 다시 잠자기 상태로 돌아갈 수 있습니다. (모든 스레드에 대한 알림은 절대 감소하지 않는 notify_all 전용 카운터를 추가할 수 있습니다.)

이 접근 방식은 효과가 있지만 다른 문제가 있습니다. 알림을 호출한 스레드를 포함해 아직 Condvar::wait()를 호출하지도 않은 스레드가 깨어날 수 있다는 것입니다. Condvar::notify_one()을 호출하면 깨워야 할 스레드 수가 증가하고 wake_one()을 사용하여 대기 중인 스레드 하나를 깨울 수 있습니다. 그런 다음 다른 스레드, 혹은 같은 스레드가 이미 대기 중이던 스레드가 깨어날 기회를 갖기 전에 나중에 Condvar::wait()를 호출하면 새로 대기 중인 스레드는 대기 중인 알림이 하나 있음을 확인하고 카운터를 0으로 감소시켜서 함수가 종료될 수 있습니다. 그러면 대기 중이던 첫 번째 스레드는 다른 스레드가 이미 알림을 받았기 때문에 다시 잠자기 상태로 돌아갑니다.

경우에 따라 이런 상황은 괜찮을 수도 있고, 일부 스레드가 전혀 진행되지 않는 큰 문제가 될 수도 있습니다.

> **NOTE_** GNU libc의 `pthread_cond_t` 구현은 이 문제로 어려움을 겪곤 했습니다. 이 문제가 POSIX 규격에서 허용되는지 여부에 대한 많은 논의 끝에 2017년 완전히 새로운 조건 변수 구현이 포함된 GNU libc 2.25가 출시되면서 결국 해결되었습니다.

조건 변수가 사용되는 많은 상황에서는 대기 중인 스레드가 이전 알림을 가로채도 괜찮습니다. 그러나 일반적인 상황에서의 조건 변수에는 이러한 동작이 허용되지 않을 수 있습니다.

물론 최적화된 방식을 사용해야 하는가에 대한 답은 '상황에 따라 다르다'입니다.

> **TIP_** 거짓 깨우기를 피하면서 이 문제를 해결할 수 있는 방법이 있지만, 다른 접근 방식보다 훨씬 더 복잡합니다.
> GNU libc의 새로운 조건 변수가 사용하는 해결책은 기다리는 스레드를 두 그룹으로 나누어 첫 번째 그룹만 알림을 소비하도록 허용하고, 첫 번째 그룹에 남은 기다리는 스레드가 없을 때 그룹을 교체하는 것입니다.
> 이 접근 방식의 단점은 알고리즘이 복잡해질 뿐만 아니라 훨씬 더 많은 정보를 추적해야 해서 조건 변수 타입의 크기가 크게 증가한다는 것입니다.

썬더링 허드 문제

조건 변수를 사용할 때 발생할 수 있는 또 다른 성능 문제는 `notify_all()`을 사용할 때 대기 중인 여러 스레드를 깨울 때 발생합니다.

모든 스레드가 깨어난 즉시 동일한 뮤텍스를 잠그려고 시도하기 때문입니다. 대부분의 경우, 하나의 스레드만 성공하고 다른 모든 스레드는 다시 잠자기 상태로 돌아가야 합니다. 많은 스레드가 동일한 리소스를 차지하기 위해 서두르는 이 리소스 낭비 문제를 **썬더링 허드 문제**thundering herd problem라고 합니다.

이런 이유에서 Condvar::notify_all()이 최적화할 필요가 없는 좋지 않은 패턴이라고 생각하는 것도 무리가 아닙니다. 조건 변수의 목적은 뮤텍스의 잠금을 해제하고 알림을 받으면 다시 잠그는 것이기 때문에 한 번에 두 개 이상의 스레드에 알림을 보내는 것은 결코 좋은 결과를 가져올 수 없습니다.

그럼에도 불구하고 이러한 상황에 맞게 최적화하고 싶다면 리눅스의 FUTEX_REQUEUE와 같이 뮤텍스와 비슷한 요청을 다시 보낼 수 있는 연산을 운영체제에서 지원한다면 최적화가 가능합니다(8.3.2절 참조).

잠금을 획득한 스레드를 제외한 모든 스레드를 큐에 넣으면 해당 스레드의 퓨텍스 대기 연산이 더 이상 조건 변수의 카운터를 기다리지 않고 뮤텍스 상태를 기다리기 시작할 수 있습니다.

대기 중인 스레드는 큐에 넣어도 깨어나지 않습니다. 스레드는 자신이 대기 중이라는 사실조차 알지 못합니다. 안타깝게도 이것은 매우 미세한 문제로 이어질 수 있습니다.

상태를 세 가지 갖는 뮤텍스가 깨어난 후, 다른 대기 중인 스레드가 잊혀지지 않도록 항상 올바른 상태('대기 중인 스레드로 잠김')로 잠겨 있어야 한다는 것을 기억하시나요? 즉, 뮤텍스를 잘못된 상태로 설정할 수 있는 일반 뮤텍스 잠금 메서드를 Condvar::wait() 구현에서 더 이상 사용하지 않아야 합니다.

스레드를 큐에 넣는 조건 변수 구현은 대기 중인 스레드가 사용하는 뮤텍스에 대한 포인터를 저장해야 합니다. 그렇지 않으면 알림 메서드가 대기 스레드를 큐에 넣기 위해서 필요한, 뮤텍스의 상태를 나타내는 아토믹 변수를 알 수 없습니다. 이것이 일반적으로 조건 변수가 두 개의 스레드가 서로 다른 뮤텍스를 기다리는 것을 허용하지 않는 이유입니다. 많은 조건 변수 구현이 큐를 사용하지는 않지만, 향후 버전에서 큐를 사용할 가능성을 열어두는 것이 유용할 수 있습니다.

9.3 읽기/쓰기 잠금

이제 읽기/쓰기 잠금을 구현할 차례입니다!

뮤텍스와 달리 읽기/쓰기 잠금은 읽기 잠금과 쓰기 잠금이라는 두 가지 유형의 잠금을 지원합니다. 독점 잠금이라고도 불리는 쓰기 잠금은 뮤텍스 잠금과 동일하게 작동하며 한 번에 하나의 잠금만 허용합니다. 반면에 공유 잠금이라고도 불리는 읽기 잠금은 여러 스레드가 동시에 잠금을 유지할 수 있습니다. 러스트에서 독점 레퍼런스(&mut T)와 공유 레퍼런스(&T)가 작동하는 방식처럼 동시에 하나의 독점 레퍼런스 또는 여러 개의 공유 레퍼런스만 활성화할 수 있습니다.

뮤텍스의 경우 잠겼는지 여부만 확인하면 되지만 읽기/쓰기 잠금의 경우 읽기 잠금이 몇 개나 대기 중인지를 알아야 합니다. 이는 모든 읽기 스레드의 잠금을 해제해야만 쓰기 잠금을 잠글 수 있게 하기 위해서입니다.

하나의 AtomicU32를 상태로 사용하는 RwLock 구조체부터 시작해보겠습니다. 이 구조체는 현재 획득한 읽기 잠금의 수를 니다내는 데 사용되며, 값이 0이면 잠금이 해제된 상태입니다. 쓰기 잠금의 상태를 나타내기 위해 특별한 값인 u32::MAX를 사용하겠습니다.

```rust
pub struct RwLock<T> {
    /// 읽기 스레드의 수. 쓰기 잠금 상태라면 u32::MAX
    state: AtomicU32,
    value: UnsafeCell<T>,
}
```

Mutex<T>의 경우 다른 스레드로 Rc를 전송하는 데 사용할 수 없도록 Sync 트레이트 구현체에서 T 타입들을 Send 트레이트를 구현하는 타입으로만 제한해야 합니다. 새로운 RwLock<T>의 경우 여러 읽기 스레드가 한 번에 데이터에 접근할 수 있어서 T가 추가로 Sync 트레이트를 가집니다.

```rust
unsafe impl<T> Sync for RwLock<T> where T: Send + Sync {}
```

RwLock은 두 가지 방식으로 잠글 수 있어서 두 개의 잠금 함수가 각각 가드 타입을 가지고 있습니다.

```rust
impl<T> RwLock<T> {
    pub const fn new(value: T) -> Self {
        Self {
            state: AtomicU32::new(0), // 잠금 해제
            value: UnsafeCell::new(value),
        }
```

```
    }

    pub fn read(&self) -> ReadGuard<T> {
        ...
    }

    pub fn write(&self) -> WriteGuard<T> {
        ...
    }
}

pub struct ReadGuard<'a, T> {
    rwlock: &'a RwLock<T>,
}

pub struct WriteGuard<'a, T> {
    rwlock: &'a RwLock<T>,
}
```

쓰기 가드는 독점적 레퍼런스(&mut T)처럼 동작해야 하는데, 이를 위해 다음과 같이 Deref와 DerefMut 트레이트를 구현하면 됩니다.

```
impl<T> Deref for WriteGuard<'_, T> {
    type Target = T;
    fn deref(&self) -> &T {
        unsafe { &*self.rwlock.value.get() }
    }
}

impl<T> DerefMut for WriteGuard<'_, T> {
    fn deref_mut(&mut self) -> &mut T {
        unsafe { &mut *self.rwlock.value.get() }
    }
}
```

그러나 읽기 가드는 데이터에 대한 독점적인 접근 권한이 없어서 공유 레퍼런스(&T)처럼 동작하므로 DerefMut이 아닌 Deref만 구현해야 합니다.

```
impl<T> Deref for ReadGuard<'_, T> {
    type Target = T;
```

```
    fn deref(&self) -> &T {
        unsafe { &*self.rwlock.value.get() }
    }
}
```

기본적인 코드를 모두 정리했으니 이제 흥미로운 부분인 잠금과 잠금 해제를 살펴보겠습니다.

RwLock을 읽기 잠금 상태로 만드려면 상태를 1씩 증가시켜야 하지만, 아직 쓰기 잠금 상태가 아닌 경우에만 가능합니다. 이를 위해 compare-and-exchange 루프(2.3절 참조)를 사용합니다. 상태가 u32::MAX인 경우, 즉 RwLock이 쓰기 잠금 상태인 경우 wait() 연산을 사용해 잠자기 모드로 전환하고 나중에 다시 시도합니다.

```
pub fn read(&self) -> ReadGuard<T> {
    let mut s = self.state.load(Relaxed);
    loop {
        if s < u32::MAX {
            assert!(s != u32::MAX - 1, "too many readers");
            match self.state.compare_exchange_weak(s, s + 1, Acquire, Relaxed) {
                Ok(_) => return ReadGuard { rwlock: self },
                Err(e) => s = e,
            }
        }
        if s == u32::MAX {
            wait(&self.state, u32::MAX);
            s = self.state.load(Relaxed);
        }
    }
}
```

쓰기 잠금은 더 간단합니다. 상태를 0에서 u32::MAX로 변경하거나 이미 잠긴 경우에는 wait()을 호출하면 됩니다.

```
pub fn write(&self) -> WriteGuard<T> {
    while let Err(s) = self.state.compare_exchange(0, u32::MAX, Acquire, Relaxed) {
        // 이미 잠금 상태라면 대기
        wait(&self.state, s);
    }
    WriteGuard { rwlock: self }
}
```

잠금 상태인 RwLock의 정확한 상태 값은 달라지지만 wait() 연산에는 정확한 상태를 입력해야 합니다. 이것이 바로 compare-and-exchange 연산에서 리턴된 값을 wait() 연산에 사용하는 이유입니다.

읽기 잠금을 해제하려면 상태를 1만큼 감소시켜야 합니다. RwLock을 잠금 해제하는 읽기 스레드는 대기 중인 쓰기 스레드가 있다면 해당 스레드를 깨워야 합니다.

이 시점에서 대기 중인 읽기 스레드가 없기 때문에 하나의 스레드만 깨우는 것으로 충분합니다. 읽기 스레드가 읽기 잠금 상태의 RwLock을 기다릴 이유가 없기 때문입니다.

```
impl<T> Drop for ReadGuard<'_, T> {
    fn drop(&mut self) {
        if self.rwlock.state.fetch_sub(1, Release) == 1 {
            // 대기 중인 쓰기 스레드가 있다면 깨움
            wake_one(&self.rwlock.state);
        }
    }
}
```

쓰기 스레드가 잠금을 해제하려면 상태를 0으로 재설정한 후에 대기 중인 쓰기 스레드 한 개 혹은 여러 개의 읽기 쓰레드 전부를 깨워야 합니다.

읽기와 쓰기 중 어느 쪽이 대기 중인지 알 수 없으며, 쓰기 스레드만 깨울 수도 없고 읽기 스레드만 깨울 수도 없습니다. 그래서 그냥 모든 스레드를 깨우겠습니다.

```
impl<T> Drop for WriteGuard<'_, T> {
    fn drop(&mut self) {
        self.rwlock.state.store(0, Release);
        // 모든 대기 중인 읽기와 쓰기 스레드를 깨움
        wake_all(&self.rwlock.state);
    }
}
```

드디어 매우 간단하지만 완벽하게 작동하는 읽기/쓰기 잠금을 만들었습니다. 이제 몇 가지 문제를 수정할 차례입니다.

9.3.1 쓰기 스레드의 무의미한 반복 피하기

우리 구현의 한 가지 문제는 쓰기 잠금이 의도와 다르게 무의미한 반복을 야기할 수 있다는 것입니다.

많은 읽기 스레드가 RwLock을 반복적으로 잠그고 해제하는 동안 잠금 상태가 지속적이고 빠르게 변할 수 있습니다. 쓰기 메서드의 경우 특히 wait() 연산이 (상대적으로 느린) 시스템 콜로 직접 구현된다면 compare-and-exchange 연산과 wait() 연산 사이에 잠금 상태가 변경될 가능성이 높습니다. 즉, 잠금이 해제되지 않았음에도 불구하고 예상과 다른 수의 읽기 스레드 때문에 wait() 연산이 즉시 리턴되는 경우가 발생합니다.

해결책은 쓰기 스레드가 다른 AtomicU32를 사용하고, 실제로 쓰기 스레드를 깨우고 싶을 때만 해당 아토믹 변수의 값을 변경하는 것입니다.

RwLock에 새로운 writer_wake_counter 필드를 추가해 이 방법을 시도해보겠습니다.

```
pub struct RwLock<T> {
    /// 읽기 스레드의 수. 쓰기 잠금 상태에서는 u32::MAX
    state: AtomicU32,
    /// 쓰기 스레드를 깨우기 위해 값을 증가
    writer_wake_counter: AtomicU32, // 추가됨!
    value: UnsafeCell<T>,
}

impl<T> RwLock<T> {
    pub const fn new(value: T) -> Self {
        Self {
            state: AtomicU32::new(0),
            writer_wake_counter: AtomicU32::new(0), // 추가됨!
            value: UnsafeCell::new(value),
        }
    }

    ...
}
```

read 메서드는 변경된 것이 없습니다. write 메서드는 이제 새 아토믹 변수를 대신 기다려야 합니다. RwLock이 읽기 잠금 상태임을 확인하는 것과, 실제로 잠자기 상태로 전환되는 것 사이의 알림을 놓치지 않아야 합니다. 따라서 조건 변수를 구현할 때 사용한 것과 비슷한 패턴을 사용하겠습니다. 잠자기 상태에서 깨어날 것인지를 확인하기 전에 writer_wake_counter를 먼저 확인합니다.

```rust
pub fn write(&self) -> WriteGuard<T> {
    while self
        .state
        .compare_exchange(0, u32::MAX, Acquire, Relaxed)
        .is_err()
    {
        let w = self.writer_wake_counter.load(Acquire);
        if self.state.load(Relaxed) != 0 {
            // 깨우기 신호가 없고 RwLock가 잠금 상태라면 기다림
            wait(&self.writer_wake_counter, w);
        }
    }
    WriteGuard { rwlock: self }
}
```

writer_wake_counter의 acquire-load 연산은 대기 중인 쓰기 스레드를 깨우기 전에, 상태를 잠금 해제한 직후에 실행되는 release-increment 연산과 happens-before 관계를 형성합니다.

```rust
impl<T> Drop for ReadGuard<'_, T> {
    fn drop(&mut self) {
        if self.rwlock.state.fetch_sub(1, Release) == 1 {
            self.rwlock.writer_wake_counter.fetch_add(1, Release); // 추가됨!
            wake_one(&self.rwlock.writer_wake_counter); // 변경됨!
        }
    }
}
```

happens-before 관계는 write 메서드가 writer_wake_counter 값이 증가된 것을 관찰할 수 없도록 하면서도 이후에는 아직 감소되지 않은 상태 값을 계속 확인할 수 있도록 합니다. 그렇지 않으면 쓰기 잠금 스레드가 깨우기 호출을 놓친 상태에서 RwLock이 여전히 잠겨 있다고 판단할 수 있습니다.

이전과 마찬가지로 쓰기 잠금을 해제하면 대기 중인 쓰기 스레드 하나 또는 모든 대기 중인 읽기 스레드가 깨어나야 합니다. 대기 중인 쓰기 스레드나 읽기 스레드가 있는지 아직 알 수 없습

니다. 따라서 wake_one을 사용해 대기 중인 쓰기 스레드 한 개를 깨우고 wake_all을 사용해
대기 중인 읽기 스레드도 모두 깨워야 합니다.

```
impl<T> Drop for WriteGuard<'_, T> {
    fn drop(&mut self) {
        self.rwlock.state.store(0, Release);
        self.rwlock.writer_wake_counter.fetch_add(1, Release); // 추가됨!
        wake_one(&self.rwlock.writer_wake_counter); // 추가됨!
        wake_all(&self.rwlock.state);
    }
}
```

> **TIP_** 일부 운영체제에서는 깨우기 연산 뒷단의 연산이, 자신이 깨운 스레드 수를 리턴하기도 합니다. 거짓으
> 로 깨어난 스레드로 인해 실제로 깨어난 스레드 수보다 낮은 수치를 나타낼 수 있지만, 이 값은 여전히 최적
> 화에 유용하게 사용될 수 있습니다.
> 예를 들어 위의 drop 구현에서 wake_one() 연산이 실제로 스레드를 깨운 것으로 표시되면 wake_all()
> 호출을 생략할 수 있습니다.

9.3.2 쓰기 고갈 피하기

일반적으로 RwLock를 읽는 스레드는 많지만 자주 쓰는 스레드는 매우 적고, 때로는 한 스레드
인 경우도 있습니다. 예를 들어 한 스레드가 센서 입력을 읽거나 다른 많은 스레드가 사용해야
하는 새 데이터를 주기적으로 다운로드하는 작업을 담당할 수 있습니다.

이러한 상황에서는 **쓰기 고갈**writer starvation이라는 문제가 발생할 수 있습니다. 쓰기 고갈이란 읽
기 잠금을 유지하는 읽기 스레드가 항상 존재하기 때문에 쓰기 스레드가 RwLock을 잠글 기회
를 얻지 못하는 상황을 말합니다.

이 문제에 대한 한 가지 해결책은 RwLock이 읽기 잠금 상태라도, 대기 중인 쓰기 스레드가 있
을 때 새로운 읽기 스레드가 잠금을 획득하지 못하도록 하는 것입니다. 이렇게 하면 모든 새 읽
기 스레드는 쓰기 스레드의 차례가 올 때까지 기다려야 해서 쓰기 스레드가 공유하고자 하는
최신 데이터에 읽기 스레드가 접근할 수 있게 됩니다.

이를 구현해봅시다.

이를 위해서는 대기 중인 쓰기 스레드가 있는지 추적해야 합니다. 상태 변수에 이 정보를 저장할 공간을 확보하기 위해 읽기 스레드의 수에 2를 곱하고 대기 중인 쓰기 스레드가 있는 상황에는 1을 더하면 됩니다. 즉, 상태 6 또는 7은 모두 읽기 잠금이 세 개 있는 상황을 나타냅니다. 대기 중인 쓰기 스레드가 없는 6과, 대기 중인 쓰기 스레드가 있는 7입니다.

쓰기 잠금 상태를 홀수 값인 u32::MAX로 유지하면 읽기 스레드가 기다려야 합니다. 하지만 상태가 짝수인 경우 2씩 증가해 읽기 잠금을 자유롭게 획득할 수 있습니다.

```rust
pub struct RwLock<T> {
    /// 읽기 잠금 수에 2를 곱하고, 쓰기 스레드가 대기 중인 경우 1을 더한 값
    /// u32::MAX : 쓰기 잠금 상태인 경우
    ///
    /// 읽기 스레드는 상태가 짝수일 때 잠금을 획득할 수 있지만
    /// 홀수일 때는 차단해야 함
    state: AtomicU32,
    /// 쓰기 스레드를 깨우기 위해 값을 증가시킴
    writer_wake_counter: AtomicU32,
    value: UnsafeCell<T>,
}
```

읽기 메서드의 두 if 문을 변경하여 더 이상 상태를 u32::MAX와 비교하지 않고 상태가 짝수인지 홀수인지 확인해야 합니다. 또한 assert 문에서 상한을 변경하고 값을 1이 아닌 2씩 증가시켜 잠금을 얻도록 해야 합니다.

```rust
pub fn read(&self) -> ReadGuard<T> {
    let mut s = self.state.load(Relaxed);
    loop {
        if s % 2 == 0 {
            // 짝수
            assert!(s < u32::MAX - 2, "too many readers");
            match self.state.compare_exchange_weak(s, s + 2, Acquire, Relaxed) {
                Ok(_) => return ReadGuard { rwlock: self },
                Err(e) => s = e,
            }
        }
        if s % 2 == 1 {
            // 홀수
```

```
                wait(&self.state, s);
                s = self.state.load(Relaxed);
            }
        }
    }
```

쓰기 메서드에는 더 큰 변화가 필요합니다. 위의 읽기 메서드와 마찬가지로 compare-and-exchange 루프를 사용할 것입니다. 상태가 0 또는 1이면 RwLock이 잠금 해제되었음을 의미하며, 쓰기 잠금을 위해 상태를 u32::MAX로 변경하려고 시도합니다. 그렇지 않으면 기다려야 합니다. 하지만 그 전에 상태가 홀수인지 확인해서 새로운 읽기 스레드가 잠금을 획득하지 못하도록 막아야 합니다. 상태가 홀수인지 확인한 후, 그동안 잠금이 해제되지 않았는시 확인하면서 writer_wake_counter 변수를 기다립니다.

코드는 다음과 같습니다.

```
pub fn write(&self) -> WriteGuard<T> {
    let mut s = self.state.load(Relaxed);
    loop {
        // 잠금 해제 상태라면 잠금을 시도함
        if s <= 1 {
            match self.state.compare_exchange(s, u32::MAX, Acquire, Relaxed) {
                Ok(_) => return WriteGuard { rwlock: self },
                Err(e) => {
                    s = e;
                    continue;
                }
            }
        }
        // 상태가 홀수인지 확인해서 새로운 읽기 스레드를 차단함
        if s % 2 == 0 {
            match self.state.compare_exchange(s, s + 1, Relaxed, Relaxed) {
                Ok(_) => {}
                Err(e) => {
                    s = e;
                    continue;
                }
            }
        }
        // 아직 잠금 상태라면 계속 기다림
        let w = self.writer_wake_counter.load(Acquire);
```

```
            s = self.state.load(Relaxed);
            if s >= 2 {
                wait(&self.writer_wake_counter, w);
                s = self.state.load(Relaxed);
            }
        }
    }
}
```

이제 대기 중인 쓰기 스레드가 있는지 추적하기 때문에 읽기 잠금을 해제할 때 불필요한 경우 wake_one() 호출을 건너뛸 수 있습니다.

```
impl<T> Drop for ReadGuard<'_, T> {
    fn drop(&mut self) {
        // 상태를 2씩 감소시켜 읽기 잠금을 하나 제거함
        if self.rwlock.state.fetch_sub(2, Release) == 3 {
            // 3에서 1로 감소했다는 것은 이제 RwLock이 잠금 해제되었고
            // 대기 중인 쓰기 스레드가 있다는 것을 의미함
            self.rwlock.writer_wake_counter.fetch_add(1, Release);
            wake_one(&self.rwlock.writer_wake_counter);
        }
    }
}
```

쓰기 잠금 상태(상태가 u32::MAX)에서는 스레드가 대기 중인지 여부에 대한 어떠한 정보도 추적하지 않습니다. 따라서 쓰기 잠금 해제에 사용할 새로운 정보가 없으며, 이 상태는 동일하게 유지됩니다.

```
impl<T> Drop for WriteGuard<'_, T> {
    fn drop(&mut self) {
        self.rwlock.state.store(0, Release);
        self.rwlock.writer_wake_counter.fetch_add(1, Release);
        wake_one(&self.rwlock.writer_wake_counter);
        wake_all(&self.rwlock.state);
    }
}
```

'자주 읽고 자주 쓰지 않는' 경우에 최적화된 읽기/쓰기 잠금의 경우, 쓰기 잠금과 해제가 자주 발생하지 않으므로 이 정도는 괜찮을 수 있습니다.

그러나 보다 일반적인 용도의 읽기/쓰기 잠금의 경우, 쓰기 잠금 및 잠금 해제의 성능을 효율적인 3상태 뮤텍스의 성능에 근접하도록 최적화하는 것이 좋습니다. 이것은 독자의 몫으로 남겨두겠습니다.

요점 정리

- atomic-wait 크레이트는 최신 버전의 모든 주요 운영체제에서 작동하는 기본적인 퓨텍스와 같은 기능을 제공합니다.
- 최소한의 뮤텍스 구현에는 4장의 스핀 락처럼 두 개의 상태가 필요합니다.
- 보다 효율적인 뮤텍스는 대기 중인 스레드가 있는지 여부를 추적해 불필요한 깨우기 작업을 피할 수 있습니다.
- 잠자기 상태로 진입하기 전에 스핀하는 것은 상황과 운영체제 그리고 하드웨어에 따라 성능이 크게 달라집니다.
- 최소한의 조건 변수는 알림 카운터만 필요하며, Condvar::wait는 뮤텍스 잠금 해제 전후에 모두 확인해야 합니다.
- 조건 변수는 대기 중인 스레드 수를 추적하여 불필요한 깨우기 연산을 피할 수 있습니다.
- Condvar::wait에서 거짓으로 깨어나지 않도록 하는 것은 추가적인 변수가 필요한 까다로운 작업입니다.
- 최소한의 읽기/쓰기 잠금은 아토믹 변수 하나로 카운터 상태를 관리합니다.
- 추가 아토믹 변수를 사용하여 읽기 스레드와 독립적으로 쓰기 스레드를 깨울 수 있습니다.
- 쓰기 고갈을 방지하려면 대기 중인 쓰기 스레드를 새 읽기 스레드보다 우선시하기 위해 추가적인 상태가 필요합니다.

아이디어와 제안

동시성과 관련된 주제나 알고리즘, 데이터 구조 등 이 책에서 다룰 수 있는 내용은 무한합니다. 아쉽게도 이제 마지막 장입니다. 지금까지의 여정을 통해 새로운 가능성에 대한 설렘과 함께 새로운 지식과 기술을 실무에 적용할 준비가 되었기를 바라며, 이제 그만 헤어질까 합니다.

마지막 장의 목적은 여러분이 직접 연구하고 탐색해보면서 직접 구현할 수 있는 몇 가지 아이디어를 제시하는 것입니다. 이를 통해 여러분 자신의 창작물과 작업에 아이디어를 제공하는 것입니다.

10.1 세마포어

세마포어^{semaphore}는 **신호**^{signal} (**업**^{up} 또는 V)와 **대기**^{wait} (**다운**^{down} 또는 P)라는 두 가지 연산이 있는 카운터입니다. 신호 연산은 카운터를 지정한 최댓값까지 증가시키는 연산이고, 대기 연산은 카운터를 감소시키는 연산입니다. 카운터가 0인 경우 대기 연산은 다른 스레드를 차단하고 신호 연산을 기다리는 방식으로 카운터가 음수가 되는 것을 방지합니다. 다른 동기화 원형 ^{synchronization primitive}을 구현하는 데 사용할 수 있는 유연한 도구입니다.

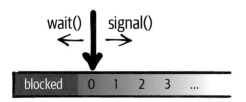

세마포어는 Mutex<u32>를 카운터로, Condvar를 대기 연산에 사용해서 구현할 수 있습니다. 하지만 보다 효율적으로 구현할 수 있는 여러 가지 방법이 존재합니다. 특히 퓨텍스와 유사한 연산(8.3.1절 참조)을 지원하는 플랫폼에서는 단일 AtomicU32(또는 AtomicU8)로 더 효율적으로 구현이 가능합니다.

최댓값이 1인 세마포어는 이진 세마포어라고도 하며, 다른 프리미티브를 구축하기 위한 도구로 사용할 수 있습니다. 예를 들어 카운터를 1로 초기화하고, 대기 연산으로 잠금을 획득하고 신호 연산을 사용해 잠금을 해제하면 뮤텍스로 사용할 수 있습니다. 0으로 초기화하면 조건 변수처럼 신호를 보낼 때도 사용할 수 있습니다. 예를 들어 std::thread의 park() 및 unpark() 함수는 스레드와 연결된 이진 세마포어의 대기 연산과 신호 연산으로 구현할 수 있습니다.

> **NOTE_** 뮤텍스는 세마포어를 사용해 구현할 수 있고, 세마포어는 뮤텍스와 조건 변수를 사용해 구현할 수 있습니다. 세마포어 기반의 뮤텍스를 구현할 때는 뮤텍스 기반의 세마포어를 사용하면 안 됩니다. 그 반대의 경우도 마찬가지입니다.

다음은 세마포어에 대한 추가 정보를 확인할 수 있는 자료입니다.

- '세마포어' 위키백과[1]
- 스탠퍼드 대학교 '세마포어' 관련 강의 자료[2]

---

1 https://oreil.ly/_rSRZ

2 https://oreil.ly/ZVaei

10.2 RCU

여러 스레드가 데이터를 읽기만 하고, 데이터를 변경하는 일이 자주 일어나지 않는 경우에는 RwLock을 사용하는 것이 적합합니다. 데이터가 단일 정수인 경우 AtomicU32와 같은 아토믹 변수를 사용하는 것이 더 효율적입니다. 아토믹 변수를 사용하면 잠금 없이 값을 사용할 수 있기 때문입니다. 하지만 필드가 많은 구조체같이 데이터의 크기가 큰 경우에는 객체 전체에 대한 아토믹 연산을 사용할 수 없습니다. 따라서 이 경우에는 반드시 잠금을 사용해야 합니다.

컴퓨터 과학의 다른 모든 문제와 마찬가지로, 이 문제도 간접 레이어indirection layer를 추가해서 해결할 수 있습니다. 구조체 자체 대신 아토믹 변수를 사용해서 구조체에 대한 포인터를 저장할 수 있습니다. 이렇게 해도 구조체 전체를 아토믹하게 변경할 수는 없지만, 이와 비슷한 효과를 내도록 전체 구조체를 다른 구조체로 아토믹하게 대체할 수 있습니다.

이 패턴은 데이터를 교체하는 데 필요한 단계인 'Read, Copy, Update'의 앞 자를 따서 RCU라고도 합니다. 포인터를 읽은 후, 구조체를 다른 스레드에 대한 걱정 없이 수정할 수 있는 새로운 메모리 공간에 복사해 할당할 수 있습니다. 포인터가 준비되면 compare-and-exchange 연산(2.3절 참조)을 사용하여 아토믹 포인터를 업데이트합니다. 해당 연산은 그동안 다른 스레드가 데이터를 변경하지 않았다면 정상적으로 수행됩니다.

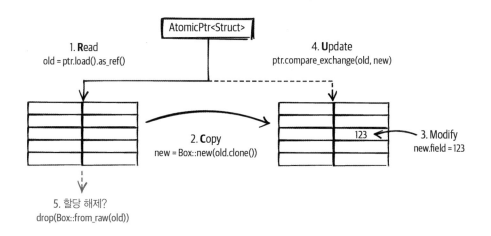

RCU 패턴에서 가장 흥미로운 부분은 RCU라는 이름에 포함되지 않은 마지막 단계인 할당 해제deallocate 단계입니다. 업데이트가 성공적으로 완료되었더라도 다른 스레드가 업데이트되기 전

에 포인터를 읽었다면 여전히 그 값은 업데이트 이전의 값일 것입니다. 따라서 모든 스레드가 완료될 때까지 기다렸다가 이전 값을 할당 해제해야 합니다.

이 문제에 대한 해결책으로는 여러 가지가 있습니다. Arc와 같은 레퍼런스 카운팅, 가비지 컬렉션을 사용할 수도 있습니다. 스레드가 현재 사용 중인 포인터를 다른 스레드에 알리는 방법인 위험 포인터hazard pointer를 사용하는 방법도 있습니다. 또한 특정 조건에서 매우 효율적인 방식 대기 상태 추적quiescent state tracking 방식은 각 스레드가 포인터를 전혀 사용하지 않는 지점에 도달할 때까지 기다리는 것입니다. 바람직하지는 않지만 문제를 무시하고 메모리 누수가 발생하도록 내버려 두는 방법도 존재합니다.

리눅스 커널의 낡은 데이터 구조는 RCU를 기반으로 합니다. 자세한 구현 내용에 대한 흥미로운 강연과 기사가 많아서 좋은 아이디어를 얻을 수 있을 것입니다.

다음은 추가 정보를 확인할 수 있는 자료입니다.

- 'read-copy-update 패턴' 위키백과[3]
- 'What is RCU, Fundamentally?' LWN.net[4]

10.3 잠금 없는 연결 리스트

기본 RCU 패턴을 확장하면 구조체에 다음 구조체를 가리키는 아토믹 포인터를 추가해 연결 리스트처럼 만들 수 있습니다. 이렇게 하면 스레드가 업데이트할 때마다 전체 리스트를 복사할 필요 없이 이 리스트의 원소를 아토믹하게 추가하거나 제거할 수 있습니다.

리스트의 시작 부분에 새 원소를 삽입하려면 먼저 해당 원소를 메모리에 할당한 다음, 해당 원소의 포인터가 리스트의 예전 첫 번째 원소를 가리키도록 합니다. 그다음 리스트의 첫 번째 요소를 가리키는 포인터가 새로 할당된 원소를 가리키도록 아토믹하게 업데이트합니다.

3 *https://oreil.ly/egIIi*
4 *https://oreil.ly/GQZ6r*

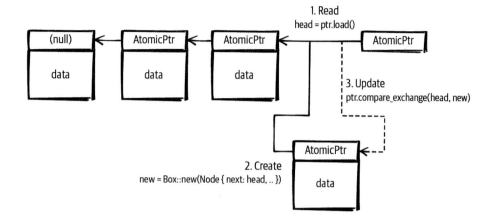

마찬가지로 원소를 제거할 때는 그 앞의 포인터가 그다음 원소를 가리키도록 아토믹하게 업데이트하면 됩니다. 그러나 여러 스레드가 동시에 리스트에 접근하는 경우, 인접한 요소에 대해서 동시에 삽입insertion 또는 제거removal 작업에 주의를 기울여야 합니다. 그렇지 않으면 실수로 새로 삽입된 요소가 추가됨과 동시에 제거된 요소를 다시 삽입할 수도 있습니다.

> **TIP_** 일반 뮤텍스를 사용하면 간단하게 값이 동시에 변경되는 것을 방지할 수 있습니다. 이렇게 하면 잠금 없이 값을 읽을 수 있는 동시에 값이 변경될 걱정을 하지 않아도 됩니다.

연결 리스트에서 원소를 분리한 후에도 이를 할당 해제하거나 소유권을 가져올 수 있을 때까지 기다려야 하는 문제가 있습니다. 이 경우에도 기본 RCU 패턴에서 사용한 것과 동일한 해결 방법을 사용합니다.

아토믹 포인터의 compare-and-exchange 연산을 기반으로 다양하고 정교한 잠금 없는 데이터 구조를 구축할 수 있습니다. 하지만 값의 할당을 해제하거나 소유권을 되찾는 좋은 방법을 항상 염두에 두어야 합니다.

다음은 추가 정보를 확인할 수 있는 자료입니다.

- '스레드를 차단하지 않는 연결 리스트' 위키백과[5]

----

5 *https://oreil.ly/kVQ10*

- 'Using RCU for linked lists' LWN.net[6]

10.4 큐 기반 잠금

잠금 프리미티브locking primitive를 사용하는 경우 운영체제의 커널은 차단된 스레드를 추적 관리하면서 요청이 들어오면 깨울 스레드를 선택하는 방식을 사용합니다. 다른 방법은 대기 중인 스레드의 큐를 직접 관리하면서 뮤텍스(또는 다른 잠금 프리미티브)를 구현하는 것입니다.

이러한 뮤텍스는 대기 중인 스레드 또는 스레드들의 리스트를 가리킬 수 있는 단일 포인터인 `AtomicPtr`로 구현할 수 있습니다.

이 리스트의 각 원소에는 해당 스레드를 깨우는 데 사용할 수 있는 `std::thread::Thread` 객체와 같은 것이 포함되어야 합니다. 아토믹 포인터의 일부 비트는 사용되지 않는 비트는 나중에 뮤텍스 자체의 상태나 큐의 상태를 관리하는 데 필요한 모든 것을 저장할 수 있습니다.

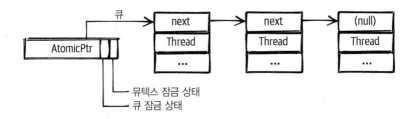

이 방식은 여러 가지 변형이 가능합니다. 큐는 자체적인 잠금 비트로 스스로를 보호하거나, 부분적으로 잠금이 없는 구조로 구현할 수 있습니다. 원소는 힙에 할당될 필요는 없지만 대기 중인 스레드의 지역 변수가 될 수 있습니다. 큐는 다음 원소뿐만 아니라 이전 원소에 대한 포인터가 있는 이중 연결 리스트일 수 있습니다. 첫 번째 원소에는 마지막 원소에 대한 포인터가 포함되어 있어서 마지막에 원소를 효율적으로 추가할 수 있습니다.

이 패턴을 사용하면 스레드 파킹과 같이 단일 스레드를 차단하고 해제하는 데 사용할 수 있는 일부 요소만 사용해서 효율적인 잠금 프리미티브를 구현할 수 있습니다.

---

6 *https://oreil.ly/H0lt4*

Windows SRW 잠금(8.5.2절의 '슬림 읽기/쓰기 잠금')은 이 패턴을 사용하여 구현됩니다.

다음은 추가 정보를 확인할 수 있는 자료입니다.

- Windows SRW locks 구현에 대한 노트[7]
- 큐 기반 잠금을 러스트로 구현하기[8]

10.5 parking lot 기반 잠금

효율적이면서도 최대한 작은 뮤텍스를 만들기 위해서 큐 기반 잠금을 좀 더 발전시켜 보겠습니다. 큐를 전역 데이터 구조로 이동하고 뮤텍스 내부에 한두 비트만 남겨두면 뮤텍스의 크기는 1바이트로 유지할 수 있습니다. 작은 크기 덕분에 포인터를 비트에 넣을 수 있어서 메모리 공간을 소비하지 않고도 매우 세분화된 잠금을 만들 수 있습니다.

전역 데이터 구조는 HashMap을 사용할 수 있습니다. HashMap은 메모리 주소를 해당 주소의 뮤텍스에서 대기 중인 스레드 큐에 매핑하는 역할을 하게 됩니다. 이 전역 데이터 구조는 파킹된 스레드들을 모아놓은 곳이기 때문에 주차장을 의미하는 **parking lot**이라고 불립니다.

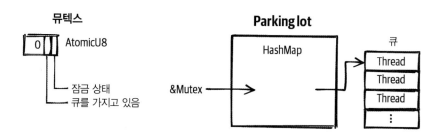

이 패턴은 뮤텍스 큐 이외에도 조건 변수나 다른 프리미티브의 큐를 사용해 일반화할 수 있습니다. 모든 아토믹 변수의 큐를 관리함으로써 기본적으로 지원하지 않는 플랫폼에서 퓨텍스와 유사한 기능을 구현할 수 있습니다.

----

7 https://oreil.ly/El8GA
8 https://oreil.ly/aFyg1

이 패턴은 자바스크립트 객체의 잠금을 위해 WebKit에서 2015년에 구현된 것으로 유명합니다. 이 패턴의 구현은 널리 사용되는 러스트의 `parking_lot` 크레이트와 같은 다른 구현에 영감을 주었습니다.

다음은 추가 정보를 확인할 수 있는 자료입니다.

- 'Locking in WebKit' Webkit 블로그[9]
- 'Crate parking_lot' 공식 문서[10]

10.6 순차 잠금

순차 잠금^{sequence lock}은 기존의 스레드를 차단하는 잠금과는 다르게 데이터가 업데이트되는 동안은 물론 데이터를 읽을 준비가 된 경우에도 홀수 개의 아토믹 카운터를 사용합니다. 순차 잠금을 사용하면 더 큰 데이터를 아토믹하게 업데이트할 수 있습니다.

값을 쓰는 스레드는 데이터를 변경하기 전에 카운터를 짝수에서 홀수로 증가시켜야 하며, 그 후에는 카운터를 다시 증가시켜서 짝수 값을 만들어야 합니다.

모든 값을 읽으려는 스레드는 값을 읽기 직전과 직후의 카운터 값이 같은지를 확인하는 방식을 사용해 언제든 차단 없이 데이터를 읽을 수 있습니다. 즉, 카운터의 직전 값과 직후 값이 같고 모두 짝수라면 다른 스레드가 값을 도중에 변경시키지 않았다는 의미이기 때문에 올바른 데이터를 읽은 것입니다. 그렇지 않으면 여러 스레드가 동시에 수정 중인 데이터를 읽었을 수 있기 때문에 다시 값을 읽어야 합니다.

---

9 *https://oreil.ly/6dPim*
10 *https://oreil.ly/UPcXu*

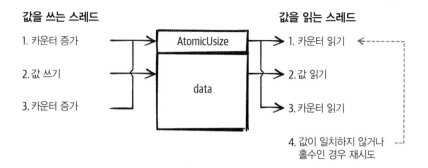

값을 쓰는 스레드 / 값을 읽는 스레드

1. 카운터 증가
2. 값 쓰기
3. 카운터 증가

AtomicUsize
data

1. 카운터 읽기
2. 값 읽기
3. 카운터 읽기
4. 값이 일치하지 않거나 홀수인 경우 재시도

덕분에 값을 읽는 스레드가 값을 쓰는 스레드를 차단하지 않으면서 다른 스레드에서 데이터를 사용할 수 있습니다. 순차 잠금은 운영체제 커널과 많은 임베디드 시스템에서 자주 사용됩니다. 값을 읽을 때는 메모리에 대한 읽기 접근 권한만 필요하고 포인터가 필요하지 않습니다. 따라서 값을 읽는 스레드를 신경 쓸 필요 없이 프로세스 간에 공유 메모리에서 안전하게 사용할 수 있는 훌륭한 데이터 구조가 될 수 있습니다. 예를 들어 리눅스 커널은 이 패턴을 사용해서 프로세스에 공유 메모리에 대한 읽기 전용 접근 권한을 부여함으로써 매우 효율적으로 타임스탬프를 제공합니다.

흥미로운 질문은 이를 메모리 모델에 어떻게 적용하는가입니다. 동일한 데이터에 대한 아토믹이 아닌 읽기 및 쓰기를 동시에 수행하면 읽기 데이터를 무시하더라도 정의되지 않은 동작이 발생합니다. 즉 전체 읽기 또는 쓰기가 단일 아토믹 연산일 필요는 없지만, 데이터 읽기와 쓰기는 모두 아토믹 연산만을 사용하여 수행되어야 합니다.

다음은 추가 정보를 확인할 수 있는 자료입니다.

- '리눅스 Seqlock' 위키백과[11]
- 러스트 RFC 3301, AtomicPerByte[12]
- 'Crate seqlock' 공식 문서[13]

---

11 https://oreil.ly/T28bW
12 https://oreil.ly/Qavc7
13 https://oreil.ly/yHd_7

10.7 교육용 자료

새로운 동시성 데이터 구조를 개발하고 이를 사용하기 편리하게 구현하는 러스트 구현체를 설계하는 데 많은 시간(몇 년이 걸릴 수도 있습니다)을 투자하는 것은 매우 즐거운 여정이 될 것입니다. 러스트, 아토믹, 잠금, 동시성 데이터 구조를 비롯해 동시성 전반에 대한 지식을 활용할 수 있는 다른 일을 찾고 있습니까? 그렇다면 새로운 교육 자료를 만들어 다른 사람들과 지식을 공유해보면 어떨까요?

러스트의 동시성과 관련된 주제를 처음 접하는 사람들을 위한 이해하기 쉬운 자료가 아직도 많이 부족합니다. 러스트는 모든 사람이 시스템 프로그래밍에 더 쉽게 접근할 수 있도록 하는 데 중요한 역할을 해왔지만, 여전히 많은 프로그래머가 저수준 동시성을 기피하고 있습니다. 아토믹이 종종 소수의 전문가 그룹에게만 맡겨야 하는 다소 신비로운 주제로 여겨지는데, 이는 안타까운 일입니다.

이 책이 큰 도움이 되길 바랍니다. 앞으로도 계속 더 많은 도서, 블로그 게시물, 기사, 동영상 강의, 컨퍼런스 강연 및 기타 러스트 동시성에 관련된 자료가 나오길 바랍니다.

여러분이 무엇을 만들어낼지 기대가 됩니다.

행운을 빕니다♥

INDEX

INDEX

INDEX

INDEX